五年制高等职业教育通用教材

语文

第二册

（第二版）

总主编　于黔勋

主　编　何　忠

副主编　梅亚萍

　　　　胡修江

高等教育出版社·北京

内容提要

本套教材是五年制高等职业教育通用语文教材。

全套教材按照五年制高等职业教育培养目标对语文课程的要求,根据五年制高等职业教育学制特点和学生身心发展规律安排教学内容。全套教材共6册,第1—4册供五年制高等职业学校1—3学年使用,其中,第1—3册为必学,第4册为选学;第5—6册供五年制高等职业学校4—5学年使用,为必学。

本书由7个单元组成,包括文选型单元6个、整本书阅读单元1个。文选型单元由阅读与欣赏、表达与交流两部分内容组成,各单元选文按文体和主题双线交织组建,以体现语文课程工具性与人文性相统一的基本特点,促进学生语言理解与运用、思维发展与提升、审美发现与鉴赏、文化传承与参与等语文学科核心素养的全面发展;课文分为教读和自读两类,体现教学内容的基础性和选择性;每两个单元安排一次语文综合实践,以提高学生综合运用语言文字的能力。整本书阅读单元由名家点评、作品简介、学习任务3部分内容组成,帮助学生建构整本书阅读的方法,积累阅读经验,提升阅读品位。

本书配有教学参考书、练习册,以方便教师教学及学生学习。

本书附有学习卡资源,请登录Abook网站(http://abook.hep.com.cn/)获取相关资源,详细说明见本书"郑重声明"页。

本书可供五年制高等职业学校语文教师及各专业学生使用。

图书在版编目(CIP)数据

语文 . 第二册 / 于黔勋总主编 ; 何忠主编 . -- 2 版
. -- 北京 : 高等教育出版社 , 2022.5
ISBN 978-7-04-057596-5

Ⅰ . ①语⋯ Ⅱ . ①于⋯ ②何⋯ Ⅲ . ①大学语文课 –
高等职业教育 – 教材 Ⅳ . ① H193.9

中国版本图书馆 CIP 数据核字 (2021) 第 267333 号

YUWEN

策划编辑	许 耘	责任编辑	许 耘	封面设计	李树龙	版式设计 李树龙
责任校对	张 薇	责任印制	刘思涵			

出版发行　高等教育出版社　　　　　　　　　　网　　址　http://www.hep.edu.cn
社　　址　北京市西城区德外大街4号　　　　　　　　　　　　http://www.hep.com.cn
邮政编码　100120　　　　　　　　　　　　　　网上订购　http://www.hepmall.com.cn
印　　刷　唐山市润丰印务有限公司　　　　　　　　　　　　　http://www.hepmall.com
开　　本　880mm×1240mm　1/16　　　　　　　　　　　　　http://www.hepmall.cn
印　　张　17.75　　　　　　　　　　　　　　　版　　次　2014 年 12 月第 1 版
字　　数　340 千字　　　　　　　　　　　　　　　　　　　　2022 年 5 月第 2 版
购书热线　010-58581118　　　　　　　　　　印　　次　2022 年 12 月第 2 次印刷
咨询电话　400-810-0598　　　　　　　　　　定　　价　42.00元

第二版前言

为贯彻落实立德树人根本任务，发展素质教育，我们组织了本次修订。本次修订，坚持以习近平新时代中国特色社会主义思想为指导，以社会主义核心价值观为统领，着力提升教材的思想性、科学性、时代性、系统性，以充分发挥语文课程的育人功能，更好地构筑中国精神、中国价值、中国力量。

一、突出以德铸魂

本次修订，一是遴选了部分中国革命文化作品，引导学生感受作品的精神力量和语言魅力，体会崇高的革命情怀，体认中国共产党人的初心和使命，坚定理想信念，陶冶情操，拥护中国共产党的领导和社会主义道路；二是遴选了部分社会主义先进文化作品，引导学生理解其精神高度、文化内涵与艺术价值，把握时代脉搏，聆听时代声音，体悟时代精神；三是将中华优秀传统文化、革命文化、社会主义先进文化全面融入学生言语实践之中，引导学生增强民族自尊心、爱国情感，坚定文化自信，促进学生形成正确的世界观、人生观和价值观。

二、完善阅读体系

本次修订，借鉴国内外母语教育研究的新成果，在每册教材中设计了一个整本书阅读单元，安排学生每学期阅读一部中外文学名著或科技著作，引导学生全面理解经典作品的思想内容，欣赏其艺术特色，提高审美能力和思维能力，培育人文情怀和科学精神。同时，注重整本书阅读策略和方法的指导，以帮助学生在阅读中建构整本书阅读的方法，积累阅读经验，提升阅读品位。

三、优化言语实践

一方面，根据语文学科核心素养的整体性、内隐性特点，结合语文课程的特点和语文学习的特点，每个单元增设综合性较强的、体现专题性质的"练习与思考"，融合听说读写训练，以更好地培养学生语文学科核心素养；另一方面，根据教与学的实际情况，重新设计全套教材中的语文综合实践，每两个单元安排一次，活动更加贴近学生实际和现实生活，更具情境性和可操作性。

　　本书修订工作由于黔勋、何忠负责，参与修订的人员有张艳、彭涛、胡修江、钱和生、范冬梅、于继国。

　　书中如有欠妥之处，欢迎使用者批评指正，反馈意见请发至信箱：zz_dzyj@pub.hep.cn。

编　者

2021年7月

第一版前言

本套五年制高等职业学校语文教材，是依据教育部《关于推进中等和高等职业教育协调发展的指导意见》（教职成〔2011〕9号）和《关于"十二五"职业教育教材建设的若干意见》（教职成〔2012〕9号）的精神及要求编写的，按照五年制高等职业教育培养目标对语文素养的要求，以及语文课程性质和改革取向确定教学内容，设计体例结构。

全套教材根据五年制高等职业教育的学制特点和学生身心发展规律安排教学内容，创设语文学习情境，强化语文实践，形成科学、系统的能力培养体系。全套教材共6册，第1—4册供五年制高等职业学校1—3学年使用，其中，第1—3册为必学，第4册为选学；第5—6册供五年制高等职业学校4—5学年使用，为必学。

本套教材各单元选文按文体组元，以帮助学生了解各类文体的基本特点，掌握和运用不同的表达方式；同时，每个单元选文又指向同一个人文主题，以体现语文课程工具性与人文性相统一的基本特点，促进学生语言文字运用能力、思维能力、审美能力和传统文化素养的全面提升。

本套教材十分重视语文学习情境的构建，每个单元都是一个相对独立而又与前后单元贯通的学习情境，着力推动学生在情境中开展语文实践活动。具体编写体例如下。

每个单元前附设导语及导读，每单元均由阅读与欣赏、表达与交流、语文综合实践活动三部分内容构成。

1. 单元导语

帮助学生领悟单元人文精神的核心内涵及意义，激发学生学习兴趣。

2. 单元导读

帮助学生明确单元学习目标及教学内容与要求，把握文体特点和学习方法。

3. 阅读与欣赏

由课文导读、课文、练习与思考3个部分组成，突出学习方法指导，帮助学生在课文营造的特定情境中进行阅读能力训练和情感体验。每单元安排5篇课文，其中，教读课文3篇，自读课文2篇（标有*号）。

4. 表达与交流

遵循"情境引领—感性认知—理性思考—实践掌握"的学习规律，安排情境（写作部分不设情境）、案例、相关知识以及口语实践或写作实践等内容，帮助学生在具体的语文实践中训练和提高口语交际与写作能力。

5. 语文综合实践

由活动目的、活动流程与要求、总结评价、活动资源4个部分组成。活动以单元教学目标及其教学内容与要求为核心，以校园生活、社会生活、职业生活为载体，帮助学生在具体实践中学语文，用语文，提高学生语文综合应用能力和人文素养。

本套教材由于黔勋担任总主编、何忠担任主编。本册教材由梅亚萍、胡修江担任副主编，编写人员有陈海鸥、钱和生、胡修江、黄辉、张艳、梅亚萍、徐亚军。

书中如有欠妥之处，欢迎使用者批评指正。

读者意见反馈信箱：zz_dzyj@pub.hep.cn。

编　者

2014年9月

目 录

第五单元　精神的家园

阅读与欣赏

表达与交流

　口语交际

　写作

语文综合实践

第六单元　思辨的力量

阅读与欣赏

第七单元　把握命运

第一单元

生活的印记

生活的印记，是曾经的旅程，是永存的记忆，是一部或宏大或细微的历史。

生活的印记，是历史的回声，是当下的鉴镜，是一段或精彩或平淡的故事。

生活的印记，沉淀在每一处陈迹、每一片土地之中；它们印刻着历史的踪迹，铭记着历史的责任。

生活的印记，弥漫在每一页书简、每一幅山水之中；它们蕴含着人类的精神，孕育着人类的进步。

筑路民工用舍生忘死书写的恢宏史诗，展现的是一个国家的巨大凝聚力。

汉家寨人用坚守精神传达的顽强信念，呈现的是一个民族传承千年的风骨。

生活的每一个印记，都是一面镜子，照亮着现实，也照亮着未来。

让我们铭记那些动人的画卷，牢记那些感人的场景，从中领悟生命的妙谛，汲取人生的智慧，更加坚实地走向未来。

单元导语

本单元安排了5篇以叙事为主要内容的记叙文。

学习本单元，我们要汲取国家、民族发展及个人成长过程中有价值的精神养分，学习欣赏叙事记叙文的基本方法，学习叙写事情的方法以及复述的技巧。

以叙事为主要内容的记叙文与写人记叙文一样，贵在一个"真"字。要写真人，记真事，抒真情。欣赏时，首先要通读全文，了解事情的来龙去脉。其次，了解文章各部分的关系，厘清文章的思路和结构。最后，分析作者对事情的态度和看法，体会事情的意义。在此过程中，还要分析文章的表现手法，品味文章的语言。

本单元5篇记叙文从不同层面展示了国家、民族发展及个人成长历程中有价值的精神，值得铭记。《血肉筑成的滇缅路》叙述了筑路民工为支援抗日付出巨大牺牲的感人事迹，歌颂了蕴含在普通民众身上的中华民族伟大的凝聚力。纪实性的新闻报道中蕴含着作者真切的感情。《汉家寨》叙述了作者进入汉家寨前后的旅行经历和所思所感，表现了生活贫困孤寂的汉家寨人坚守千年的精神。课文寓情于景，语言沉郁凝重，具有深沉的思想之美。《七十年前的开笔》叙写了作者七十年前第一次学写文章的情景，回忆了自己写作之初乃至人生之初，在父亲和先生指点下走上作文正道的经过。朴实平和的语言中浸染着对父亲和先生的感激之情。《送考》为我们描绘了一幅孩子们到省城考试的众生相，展现了孩子们考试前后特有的生活表现，以及丰富的内心世界。语言率性自然，心理描写生动传神。《"善良号"上的读书少年》叙写的是"我"在小客轮"善良号"上当洗碗工时，在厨师斯穆雷的鼓励和帮助下大量读书并不断成长的故事。语言描写极富个性，心理描写生动细致。

阅读时，我们能从课文记叙的事件中，深切体会到国家、民族和个人在发展过程中经历的苦难和留下的奋斗印迹，我们可以从中汲取精神养分，促进自我发展。

一　血肉筑成的滇缅路①

萧　乾

课文导读

这是一篇现场感强、充满人文情怀的通讯。阅读时，首先要通读全文，把握三部分的主要内容，想一想课文是如何通过描绘环境和叙事写人来表现"血肉筑成"这一主题的；其次，认真研读三个部分的写作视角，体会课文从面到点、从事到人、从概述到具体、从群像到典型的结构特点。

课文在叙事写人的过程中穿插了作者的议论，体现了通讯新闻性、文学性、评论性相结合的特点。阅读时，要仔细品味课文中评论性的句子，揣摩这些句子在突出主题、抒发感情方面的作用。

成千上万的筑路工为修筑滇缅路献出了自己的生命。课文最后说："那是为这条公路捐躯者的白骨，是构成历史不可少的原料。"你是如何理解这句话的？

一、罗　汉　们

有谁还记得幼时初初涉足"罗汉堂"的经验吗？高耸的石级，崇丽的堂宇，乳鸽雏燕在阴森黑暗的殿顶展翅盘旋，而四壁泥塑的"云层"上排列着那108尊：盘膝而坐的，挺

---

① 选自《萧乾》（人民日报出版社1996年版）。傅光明著，有改动。萧乾（1910—1999），北京人，记者、作家、翻译家。滇缅路，连接中国云南与缅甸、印度的公路干道，1937年12月底正式开始修建，1938年8月全线贯通，中国境内的筑路工程主要由沿线各县组织民工义务承担。公路翻越高黎贡山等横断山脉，跨越澜沧江、怒江等河流，其间地势险要。1938年10月日军占领广州，不久又占领越南海防，中国主要的对外交通路线均被切断，滇缅公路成为中国抗日战争时期最重要和唯一的国际战略补给线。

然而立的，龇①牙笑着的，瞪眼嗔怒的，庄严、肃穆，却又诙谐，一种无名的沉甸压在呼吸器官上。

旅行在崭新的滇缅路上，我重温了这感觉。不同的是，我屏息，我微颤，然而那不是由于沉甸，而是为那伟大工程所感动。正如蜿蜒山脊的万里长城使现代人惊愕得倒吸一口凉气，终有一天我们的子孙也将抱肘高黎贡山②麓，感慨万千地问：是可能的吗？973千米的汽车路，370座桥梁，140万立方尺的石砌工程，近2 000万立方尺的土方，不曾沾过一架机器的光，不曾动用巨款，只凭2 500万民工的抢筑：铺土，铺石，也铺血肉，下关至畹町③那一段1937年1月动工，3月分段试车，5月便全路通车。

你不信，然而车沿怒（潞）江岸，沿梅子箐④驶过，筑路的罗汉们却还在屈着腰，在炽热的太阳下操作。车驶到脚前他们才闪开，立在那陡岩绝壁的新缺口。山势巉峭森凛得怕人，亚热带古怪的藤蔓植物盘缠在硕大的木棉蜂桐上宛如梁柱。汽车爬坡时，喘嘘也正如幼时登罗汉殿石级那样吃力。千千万万筑路罗汉们：秃疮脑袋上梳着小辫的，赤背戴草笠的，头上包巾、颈下拖着葫芦形瘿瘤⑤的，捧着水烟筒的，盘坐捉虱的，扶着锹镐的，一个个站在路边，或蹲在山脚，定睛地望着。（嘿，悬崖上竟跑起汽车了，他们比坐车的还高兴！）罗汉们老到七八十，小到六七岁，没牙的老媪，花裤脚的闺女。当洋人的娃娃正在幼儿园拍沙土玩耍时，这些小罗汉们却赤了小脚板，滴着汗粒，吃力地抱了只簸箕往这些国防大道的公路上"添土"哪。那些羞怯的小眼睛仰头望到我时，真像是在说："你别嫌我岁数小，在这段历史上，至少我也撮了一把土呀!"

二、桥的历史

挖土铺石凭的还仅是一股傻力气，桥梁和崖石才是人类血肉的吞噬者。异于有钢架的火车桥，公路的桥梁时常是在不知不觉中便开过去了。有一天，也许你会跨过这已坦夷如平地的横断山脉，请侧耳细听，车轮下咯吱吱压着的有人骨啊！长城的修筑史已来不及搜集了，我们却该知道滇缅路上那些全凭人力搭成的桥梁是怎样筑成的。并不是"上帝说有桥，于是就有了桥"，每座桥都有它不平凡的来历。修胜备桥下桥基时，先得筑坝，把来

---

① ［龇（zī）］牙齿暴露在外边。

② ［高黎贡山］属青藏高原南部、横断山脉西部断块带，是著名的深大断裂纵谷区。

③ ［畹町（wǎndīng）］位于云南西部中缅边境的小镇，今属瑞丽，是我国通往缅甸及东南亚的咽喉，畹町口岸为国家一级口岸。

④ ［箐（qìng）］山间大竹林，也指树木丛生的山谷。

⑤ ［瘿瘤（yǐngliú）］又称甲状腺肿瘤，是常见的头颈外科疾病。

势凶猛的江水迎头拦住；然后用田塍①上那种水车，几十只几百只脚昼夜不停地踩，硬把江水一点点地淘干；然后还要筑围坝，最后下桥基。下桥基的那晚，刚好大雨滂沱。下一次，给水冲掉一次。这时，山洪暴涨了。为了易于管理，1 000多桥工是全部搭棚聚住在平坝上的。江水泛滥到他们的棚口，后来侵袭到他们的膝踝。可怕的魔手啊！水在不息地涨，终于涨到这千多人的胸脯。那是壮烈凄绝的一晚：千多名路工手牵着手，男女老幼紧拉成一条受难者的链索，面对着这洪泛(液体的坟土！)绝望地哭喊。眼看它拥上了喉咙，小孩子们多已没了顶，大人嚎啕的气力也殆尽。身量较高的，声嘶力竭地嚷："松不得手啊!"因为那样水势将更猖獗了。——半夜，水退了。早晨，甚至太阳也冒了芽。但点查人数的结果，昨夜洪流卷去了三四十个伙伴。

如果有人要为滇缅路建一座万人冢，不必迟疑，它应该建在惠通桥畔。怒江在全国河流中踞势之险峻、脾气之古怪，读者或已闻名了。《禹贡》②里的"黑水"据说就是它，老家在西藏泡河老，经西康循他念他翁山和柏舒拉岭而入滇，是中国西南部一条巨蟒。它的东岸屏他念他翁余脉的怒山，西岸便是害得汽车呜咽喘嘘3小时的高黎贡山（属喜马拉雅山系，来头自也很大！）。山巅虽然有时披雪，躺在山麓下的怒江，温度却时常在105度③，有时热到118度。江流多险滩，水质比重又轻；既无舟楫之便，即想利用江水冲运木料也不易。当惠通桥未修成时，每年死在渡江竹筏上的人畜不计其数。1931年有侨商捐修了一座铁索桥，造福往来商旅，功德无量。惠通桥工程虽浩大，还仅是沿用旧墩，加强原有载重力而已。但其艰险情形，听了已够令人咋舌的了。

惠通桥的铁工是印度人，木工是粤人，石工多是当年修筑滇越铁路的云南人（他们个个都有一段经历）。但还有并无专技却不容泯没的一工，那是"负木料者"。为了使桥身坚固，非使用栗木不可，10个月修桥，有半年时间都用在搬运木料上。如果栗木遍地皆是，自然就没有什么神话意味了。然而栗木稀少得有如神话中的"奇宝"。它们长在蛮老凹（属龙陵），藏在原始的深山密箐中。七八天的路程，摸着悬崖，在没人的鬼剑草丛中钻出钻入，崎岖得不可想象。半年来，有近百人经常在蔽不见日的古森林中，披荆斩棘地四下寻觅，砍伐下来，每天又有几百人抬运。好沉重的栗木啊！每15个人搬运一根：7个抬，8个保驾。这样搬了1 000根，才筑成了这座驮得动钢铁的桥。

---

① [田塍（chéng）]田间的土埂。

② [《禹贡》]《尚书》中的一篇，是中国古代文献中最古老系统的介绍理观念的著作。其地理记载囊括了各地山川、地形、土壤、物产等情况。

③ [105度]这里和下文的"118度"都是采用华氏温度计算气温的，换算成摄氏温度分别大约为40.5摄氏度和47.8摄氏度。

　　筑桥自然先得开路。怒江对岸鹰嘴形的惠通崖也不是好惹的家伙。那是高黎贡山的胯骨。120个昼夜，动员了数万工人才沿那段悬崖炸出一条路。那真是活生生一幅人与自然的搏斗图，而对手是那么顽强坚硬。一个修路的工头在向我描述由对岸望到悬崖上的工人时说："那直像是用面浆硬粘在上面一样，一阵风就会吹下江去。"说起失足落江时，他形容说："就像只鸟儿那么嗖地飞了下去。"随之怒江起个漩涡，那便是一切了。但这还是"美丽"点的死呢。惨莫惨于炸石的悲剧了。一声爆响，也许打断一条腿，也许四肢五脏都掷到了半空。由下关到畹町，所有悬崖陡壁都是这么斩开的啊！

　　一个没声响但是更贪婪的死神，是那穿黑袍的"瘴毒①"。正如阴曹地府里有牛头马面，当地人也为这神秘病疫起了许多名称。如龙陵、芒市段的双坡、放马厂、芭蕉窝等地，据说是流行着：一、泥鳅痧——症象同一般发痧，腹痛，土治法是把胸脯刮出红筋。但红筋若翻过肩膀，生望便濒绝了。二、哑瘴——发烧，把手放到脑顶上都觉发烫。随后又发冷，渐渐神志昏迷，不能讲话。据说患者延至三天必死。三、肛疔②——一位路工指导员曾染此症，病象是骤冷骤热，呕吐昏晕。死后发见肛门内有菜籽状疹豆。四、羊皮痧——头痛，皮肤起红点；燃之以火，噼啪作响。及红点一黑，人即完事。另外，还有无数种神秘病症。总之，永昌以南的路工死于瘴毒的数目很可惊人。如云龙一县即死五六百，筑梅子箐石桥的腾越二百石工，只有一半生还。

　　虽然有些人武断地否认瘴毒的存在，直谓为"恶性疟疾"，而许多云南朋友又把这"如一股旋风，腾地而起"的"五彩虹霓"说得那么神秘。我不谙医学，不便妄做论断。但只要看看边地筑路工人的生活情形，即知死亡以种种方式大量侵入，原是极其自然的。这些老少英雄们很多是来自远方的，像蒙化、顺宁、腾冲。公路并不经过他们的家乡——时常须走七八天的路才能抵达。他们负了干粮（还有没粮可带的穷人，白天筑路，晚上沿门讨饭），爬山越巅地走到工作地点，便在附近的山坳里扎了营。地势是低洼潮湿的，四面为巉岩围起。一路上，山箐里这些"棚"中腾起缕缕炊烟，棚子其实只有两根木棍做支架，上面散铺着树叶，低矮到仅容一个人"钻"进去。遇到阴雨，那和露宿实在分别不大，而赶工的时期刚好就在雨季。那小棚是寝室、厨房，又是便溺坑。白族路工炊饭的燃料是捏成饼形的牛粪。

　　这便是为烈日晒了一天的罗汉们晚上安歇的地方！

---

① ［瘴（zhàng）毒]瘴气毒雾。

② ［疔（dīng）]一种毒疮，坚硬而根深，状如钉。

三、历史的原料

龙潞段上有位老人，年纪已快60了，带着儿孙三代，同来修路。放工时，老先生盘膝坐在岩石上，捋着苍白胡须，用汉话、白族话对路工演讲这条国防大道的重要，并引用历史上举国反抗暴力的事迹。他不吸水烟筒，但喜欢闻鼻烟。生活是那样苦，他却永远笑着。他是用一个老人的坚忍感动着后生。在动人的故事中，这是唯一不令人听完落泪的了。到了保山，我才知道连这位老头儿也为瘴气摄去了。临死，他还望了望那行将竣工的公路，清癯①、满是皱纹的脸上，浮起一片安详的笑容。

沿途我访问了不下20位"监工"，且都是当日开天辟地的先驱者。追述起他们伙伴的惨剧，时常忍不住淌下泪来。干活太疲倦，因昏晕而掼下江的；误踏到炮眼上，崩成粉末的。路面高出山脚那么多，许多人已死掉，监工还不知道；及至找另外的尸首时才发现。像去年4月25日，腊勐②梅子箐发放工资时，因道狭人多，竟有路工被挤下江去。等第二天又有人跌下去时，才在岩石缝隙发现早先掉下去的。

残暴无情莫过于黑色炸药，它眼里没有壁立千仞的岩石，更何况万物之灵可不经一锤的人！像赵阿拴明明把炮眼打好，燃着。他背起火药箱，随了五个伙伴说说笑笑地往远处走了。火捻的延烧本足够他们走出半里地的，谁料到他背着的火药箱装得太满了，那粉末像雪山蛇迹般尾随在他们背后。訇的一声，岩石炸裂了，他们惬意地笑了。就在这时候，火却迅速地沿了那蛇迹追踪过来，而且直触着了他背着的火药箱。在笑声中，赵阿拴同他的伙伴们被炸到空中，然后落下江心去了。

更不容埋没的是金塘子那对好夫妇。男的打炮眼，一天挣4毛，女的3毛，工作是替他背火药箱。规定每天打6个炮眼，刚好日落西山，双双回家。

有时候我们怪马戏班子太不为观众的神经设想，而滇缅路上打炮眼的工作情形如果为心灵脆弱的人看到，也会马上昏厥的！想在一片峭岩绝壁上硬凿出9米宽的坦道，那不是唾手可成的。打炮眼的人是用一根皮带由腰间系住，一端绑在崖脚的树干上，然后，人如桥上的竹篮那么垂挂下来。挂到路线上，便开始用锤斧凿眼。仰头，重岩叠嶂，上面是乔木丛草，下面江水沸锅那么滚淘着，翻着乳白色的浪花。人便这样烤鸭般悬在峭壁上。待一锤锤把炮眼打好，这才往里塞炸药。这并不是最新式的爆炸物，因而在安全上是毫无保障的。为了防止它突然爆炸，须再覆上一层沙土，这才好点燃。人要像猿猴般即刻矫健地攀到崖上。慢了一步，人便与岩石同休了。

---

① ［清癯（qú）］清瘦。

② ［腊勐（měng）］位于云南保山。勐，云南西双版纳傣族地区旧时的行政区划单位。

　　那一天，这汉子手下也许特别勤快。打完6个炮眼，回头看看，日头距峰尖还老高的。金黄色的阳光晒在大龙竹和粗长的茅草上。山岚发淡褐色，景色异常温柔；而江面这时浮起一层薄雾，一切都在鼓励他工作下去。

　　"该歇手了吧！"背着火药箱的妇人在高处催着他。她本是个强壮女人，但最近时常觉得疲倦，一箱火药的重量可也不轻呢！

　　他啐了口唾沫，沉吟一阵。来，再打一个吧！

　　这"规定"外的一个炮眼表征什么呢？没有报偿，没有额外酬劳，甚而没人知道。这是一个淳朴的滇西农民，基于对祖国的赤诚而捧出的一份贡献。

　　但一个人的体力和神经的持久性毕竟有限，而自然规律原本无情，赤诚也不能改变物理因果。

　　这一回，他凿完了眼，塞完了药，却忘记敷上沙土。

　　訇的一声，没等这个好人爬远，爆炸了，人碎了；而更不幸的，火星触着女人的药箱，女人也炸得倒在崖边了。

　　江水还浩荡滚流着，太阳这时是已没山了，峰尖烘起一片红光，艳于玫瑰，而淡于火。

　　妇人被担到10千米外工程分段的茅屋里，她居然还有点微息。血如江水般由她的胸脯胁缝间淌着，头发为血浸过，已凝成稍粘的饼子。

　　过好一阵，而且就在这妇人和世界永别的前一刹那，她用搭在胸脯上的手指了指腹部，嘎声①地说"救救——救救这小的。……"

　　随后，一个痉挛，这孕妇仅剩一缝的黑眼珠也翻过去了。

　　这时，天已黑了，滇西高原的风在旷古森林中呼啸着，江水依然翻着白浪，宛如用尖尖牙齿嚼啃着这悲哀的夜，宇宙的黑袍。

　　有一天你旅行也许要经过这条血肉筑成的公路。你剥橘子糖果，你对美景吭歌，你可也别忘记听听车轮下面咯吱吱的声响。那是为这条公路捐躯者的白骨，是构成历史不可少的原料。

---

① ［嘎（shà）声］声音嘶哑。

练习与思考

一、拟人，就是把动物、植物或其他无生命的事物当成人来写，直接赋予他们人的言行或思想。阅读下列句子，结合课文内容，体会拟人修辞手法的作用。

1. 汽车爬坡时，喘嘘也正如幼时登罗汉殿石级那样吃力。

2. 怒江在全国河流中踞势之险峻、脾气之古怪，读者或已闻名了。

3. 山岚发淡褐色，景色异常温柔；而江面这时浮起一层薄雾，一切都在鼓励他工作下去。

二、萧乾的通讯"基本上是用文字从事的写生"。通读课文，说说萧乾是如何紧扣"血肉筑成"这一特点，用形象的描写来报道滇缅路的修筑情况的。

三、课文选取具有震撼力的场景及突出人物加以描绘，将我国西南边疆各族筑路民工舍生忘死的爱国精神表现出来。联系全文，从点面结合的角度选择一个场景或人物进行分析。

四、萧乾曾这样赞颂那些修筑滇缅公路的"罗汉"们："他们才是抗日战争的脊梁骨、历史的栋梁。"课文在叙述新闻事件的同时也穿插了作者的议论，请找出来，并体会这些句子表达的感情。

二　汉家寨①

张承志

课文导读

课文叙写了震撼作者心灵的一次经历。用墨如泼地写环境，惜墨如金地写人物，而课文深刻的主题就蕴含在这些描写中。阅读时，首先要通读全文，梳理课文的行文思路，了解课文的主要内容。其次，仔细研读课文，感受汉家寨自然环境、人物形象的特点，体会作者离开汉家寨时的感受和离开汉家寨之后的思想变化，探究作者赋予汉家寨的象征意义。

课文寓情于景，语言充满诗意，独具特色。阅读时，找出并诵读课文中描写景物和人物的句子，揣摩其表现手法及蕴含的作者的情感。

课文说："在美国，在日本，我总是倔强地回忆着汉家寨，仔细想着每一个细节。"为什么？

那是大风景和大地貌荟集的一个点。我从天山大坂上下来，心被四野的宁寂——那充斥天宇六合的恐怖一样的死寂包裹着，听着马蹄声单调地试探着和这静默碰击，不由得屏住了呼吸。

若是没有这匹马弄出的蹄音或许还好受些。300里空山绝谷，一路单骑，我回想着不觉一阵阵阴凉袭向周身。那种山野之静是永恒的；一旦你被它收容过，有生残年便再也无法离开它了。无论后来我走到哪里，总是两眼幻视、满心幻觉，天涯何处都像是那个铁色戈壁，都那么空旷宁寂、四顾无援。我只有凭着一种茫然的感觉，任那匹伊犁马负着我，一步步远离了背后的雄伟天山。

和北麓的蓝松嫩草判若两地——天山南麓是大地被烤伤的一块皮肤。除开一种维吾尔语叫uga的毒草是碧绿色以外，岩石是酥碎的红石，土壤是淡红色的焦土。山坳褶皱之间，风蚀的痕迹像刀割一样清晰，狰恶的尖石棱一浪浪堆起，布满着正对太阳的一面山坡。马在这种血一样的碎石中谨慎地选择着落蹄之地，我在曝晒中晕眩了，怔怔地觉得马的脚踝早已被那些尖利的石刀割破了。

---

① 选自《荒芜英雄路》（中信出版社2008年版）。

　　然而，亲眼看着大地倾斜，亲眼看着从高山牧场向不毛之地的一步步一分分地憔悴衰老，心中感受是奇异的。这就是地理，我默想。前方蜃气溟蒙处是海拔负154米的吐鲁番盆地最低处的艾丁湖。那湖早在万年之前就被烤干了，我想。背后却是天山；冰峰泉水，松林牧场都远远地离我去了。一切只有大地的倾斜；左右一望，只见大地斜斜地延伸。嶙峋石头，焦渴土壤，连同我的坐骑和我自己，都在向前方向深处斜斜地倾斜。

　　——那时，我独自一人，八面十方数百里内只有我一人单骑，向导已经返回了。在那种过于雄大磅礴的荒凉自然之中，我觉得自己渺小得连悲哀都是徒劳。

　　就这样，走近了汉家寨。

　　仅仅有一柱烟在怅怅升起，猛然间感到所谓"大漠孤烟直"并没有写出一种残酷。

　　汉家寨只是几间破泥屋，它坐落在新疆吐鲁番北、天山以南的一片铁灰色的砾石戈壁正中。无植被的枯山像铁碴堆一样，在三个方向汇指着它——三道裸山之间，是三条巨流般的黑戈壁，寸草不生，平平地铺向三个可怕的远方。因此，地图上又标着另一个地名叫三岔口；这个地点在以后我的生涯中总是被我反复回忆，咀嚼吟味，我总是无法忘记它。

　　仿佛它是我人生的答案。

　　我走进汉家寨时，天色昏暮了。太阳仍在肆虐，阳光射入眼帘时，一瞬间觉得疼痛。可是，那种将结束的白炽已经变了，汉家寨日落前的炫目白昼中已经有一种寒气存在。

　　几间破泥屋里，看来住着几户人。

　　不知从什么时候起，有了这样一个地名。新疆的汉语地名大多起源久远，汉代以来这里便有中原人屯垦生息，唐宋时又设府置县，使无望的甘陕移民迁到了这种异域。

　　真是异域——三道巨大空茫的戈壁滩一望无尽，前是无人烟的盐碱低地，后是无植被的红石高山。汉家寨，如一枚被人丢弃的棋子，如一粒生锈的弹丸，孤零零地存在于这巨大得恐怖的大自然中。

　　三个方向都像可怕的暗示。我只敢张望，再也不敢朝那些入口催动一下马蹄了。

　　独自伫立在汉家寨下午的阳光里，我看见自己的影子一直拖向地平线，又黑又长。

　　三面平坦坦的铁色砾石滩上，都反射着灼烫的亮光，像热带的海面。

　　默立久了，突然意识到什么。转过头来，左右两座泥屋门口，各有一个人在盯着我。一个是位老汉，一个是七八岁的小女孩。

　　他们痴痴地盯着我。我猜他们已经好久没有见过外来人了。老少两人都是汉人服饰，一瞬间我明白了，这地方确实叫作汉家寨。

我想了想，指着一道戈壁问道：

——它通到哪里？

老人摇摇头。女孩不眨眼地盯着我。

我又指着另一道：

——这条路呢？

老人只微微摇了一下头，便不动了。女孩还是那么盯住我不眨眼睛。

犹豫了一下，我费劲地指向最后一条戈壁滩。太阳正向那里滑下，白炽得令人无法瞭望。地平线上铁色熔成银色，闪烁着数不清的亮点。

我刚刚指着，还没有开口，那老移民突然钻进了泥屋。

我呆呆地举着手站在原地。

那小姑娘一动不动，她一直凝视着我，不知是为了什么。这女孩穿一件破红花棉袄，污黑的棉絮露在肩上襟上。她的眼睛黑亮——好多年以后，我总觉得那便是我女儿的眼睛。

在那块绝地里，他们究竟怎样生存下来，种什么，吃什么，至今仍是一个谜。但是这不是幻觉也不是神话。汉家寨可以在任何一张好一点的地图上找到。《宋史·高昌传》据使臣王延德旅行记，有"又两日至汉家砦"之语。砦就是寨，都是人坚守的地方。从宋至今，汉家寨至少已经坚守着生存了1 000多年了。

独自面对着那三面绝境，我心里想：这里一定还是有一口食可觅，人一定还是能找到一种生存下去的手段。

次日下午，我离开了汉家寨，继续向吐鲁番盆地前行。大地倾斜得更急剧了；笔直的斜面上，几百里铺伸的黑砾石齐齐地晃闪着白光。回首天山，整个南麓都浮升出来了，峥嵘嶙峋，难以言状。俯瞰前方的吐鲁番，蜃气中已经隐约现出了绿洲的轮廓。在如此悲凉严峻的风景中上路，心中涌起一股决绝的气概。

我走下第一道坡坎时，回转身来想再看看汉家寨。它已经被起伏的戈壁滩遮住了一半，只露出泥屋的屋顶窗洞。那无言的老人再也没有出现。我等了一会儿，最后遗憾地离开了。

千年以来，人为着让生命存活曾忍受了多少辛苦，像我这样的人是无法揣测的。我只是隐隐感到了人的坚守，感到了那坚守如这风景一般苍凉广阔。

走过一个转弯处——我知道再也不会有和汉家寨重逢的日子——我激动地勒转马缰。遥遥地，我看见了那堆泥屋的黄褐中，有一个小巧的红艳身影，是那小女孩的破红棉袄。

那时的天山已经完全升起于北方，横挡住大陆，冰峰和干沟裸谷相衬映，向着我倾泻般伸延的，是汉家寨那三岔戈壁的万吨铁石。

我强忍住心中的激动，继续着我的长旅。从那一日我永别了汉家寨。也是从那一日起，无论我走到哪里，都在不知不觉之间，坚守着什么。

我不知道那是什么。我只觉得它与汉家寨这地名天衣无缝。在美国，在日本，我总是倔强地回忆着汉家寨，仔细想着每一个细节。直至南麓天山在阳光照耀下的、伤痕累累的山体都清晰地重现；直至大陆的倾斜面、吐鲁番低地的白色蜃气，以及每一块灼烫的砾石都逼真地重现；直至当年走过汉家寨戈壁时有过的那种空山绝谷的难言感受充盈在心底胸间。

练习与思考

一、比喻，是用本质不同而又有相似点的甲事物来描写或说明乙事物的修辞方式。理解比喻修辞手法，要找出两个事物之间的相似点，分析其表达效果。说说下列句子运用比喻修辞手法的效果。

1. 和北麓的蓝松嫩草判若两地——天山南麓是大地被烤伤的一块皮肤。

2. 汉家寨，如一枚被人丢弃的棋子，如一粒生锈的弹丸，孤零零地存在于这巨大得恐怖的大自然中。

3. 三面平坦坦的铁色砾石滩上，都反射着灼烫的亮光，像热带的海面。

二、课文按照"走近汉家寨—走进汉家寨—离开汉家寨"的思路，抒写了所见所闻、所思、所感。作者说："仿佛它是我人生的答案。"阅读课文，说说作者从汉家寨得到的"人生的答案"是什么。

三、王国维说："一切景语皆情语。"阅读下列句子，联系课文内容，体会作者的情感。

1. 我从天山大坂上下来，心被四野的宁寂——那充斥天宇六合的恐怖一样的死寂包裹着，听着马蹄声单调地试探着和这静默碰击，不由得屏住了呼吸。

2. 无植被的枯山像铁碴堆一样，在三个方向汇指着它——三道裸山之间，是三条巨流般的黑戈壁，寸草不生，平平地铺向三个可怕的远方。

3. 遥遥地，我看见了那堆泥屋的黄褐中，有一个小巧的红艳身影，是那小女孩的破红棉袄。

四、初读课文，汉家寨的老人和小女孩给你怎样的印象？作者认为老人和小女孩没有走出汉家寨是源于"坚守"的信念。你认同这种说法吗？结合课文中小女孩的形象谈谈你对"坚守"的看法。

三 七十年前的开笔①

聂绀弩

课文导读

课文叙写的是作者七十年前第一次学写文章时的情景。阅读时，首先通读全文，梳理课文的主要内容，搞清楚作者开笔的经过，想一想作者为什么事隔七十多年对此仍记忆犹新，从而了解作者走上写作正途的原因，感受作者在朴实平和的语言中浸染着的对父亲和先生的感激之情。其次，仔细分析作者开笔写文章的过程，想一想课文为什么要花较多笔墨写父亲与他的一次谈话，体会课文巧妙的构思和曲折有致的叙事手法。

课文在叙事中穿插了大量的人物语言描写。阅读时，要仔细品味，揣摩人物语言是如何透露人物心理、刻画人物性格和推动情节发展的。

一个七八岁的儿童，只是说了自己准备写什么，还没有写出来，先生为什么就认定他的作文是"最好"的？先生的话语和举动给了作者怎样的影响？

我是庚戌年②开笔的。即辛亥革命的前一年，宣统③二年。这年正月十六日发蒙④。一个月读完了《三字经》，又一个多月读完《学而》⑤，读到《先进》不几页，放暑假，在家里休息。

我的父亲是两弟兄。伯伯，即我的生父，是个单身汉，母亲生我后就死了；爹即叔父，他和妈（叔母）未生儿女，就养我为他们的儿子。

我身体瘦弱，不爱玩，尤其不敢同别的孩子打架，因为"屁"（勇之反面），每打必输，就只好躲在自己房里看闲书。我不知道自己在大人看来是不是很讨厌，但也觉得似乎谁也不喜欢我。

天气热，屋矮小，不通风，爹在房里躺不住，就在堂屋里的一边搭个铺。有一个晚

---

① 选自《聂绀弩全集》第四卷（武汉出版社2004年版）。有改动。聂绀弩（1903—1986），湖北京山人，作家。

② ［庚戌（xū）年］这里指1910年。中国古代以天干和地支组合方式纪年、月、日、时。

③ ［宣统］清朝最后一个皇帝爱新觉罗·溥仪的年号。

④ ［发蒙］启发蒙昧。旧时指教儿童、少年开始识字读书。

⑤ ［《学而》］《论语》第一章的篇名。《论语》中各篇一般都是以第一章的前二三个字作为该篇的篇名。下文《先进》也是篇名。

上，有个隔壁小女孩来玩，那女孩比我小一岁，很乖巧，爹很喜欢她，高兴地教她打拳，自己先做个动作，叫她跟着学。她很聪明，教一遍就会。爹把盘子里的蜜樱桃用手拈①了一颗送到她口里，她道了谢，就欢天喜地跳跳蹦蹦地回家去了。

这一切，我都看在眼里了。我坐在清油灯背后的暗处，心里想道："我爹什么时候也给我嘴里放一颗什么吃的呢？"

"聂绀弩！"好奇怪，像有人喊我的学名，不觉本能地答道："有！"喊声极低沉，但立刻悟出是爹在喊我。奇怪，不喊小名喊学名，在家里是头一次。

"筛②杯茶来！"爹说。我立刻在包壶桶里倒了茶送去。茶只八分满，这是倒茶的规矩。不知怎的，送上茶时，手发颤，茶洒到铺上了。爹不接茶，却注视着我的两眼。

"哪样搞的，哭了？"我本没掉泪，爹一说，我就再也憋不住，泪雨哗地一下子洒下，有的滴到茶杯里了。妈坐在铺的另一边，看见这情况，咧了咧嘴，说了句"这小心眼儿的"，就起身进房里去了。

爹接了茶，指了指妈坐过的那座位说：

"你坐下！"我就坐下了。爹问我：

"你几岁？"

"我八岁了。"

"上学多久了？"

"今年刚上的。"

"已经读书了，不管读了多久，总要懂一点事了。你哭，告诉我是为了什么？"
我回答不出，反而抽抽噎噎③哭出声来了。

"是不是因为我不喜欢你？"爹说，"我不喜欢你，就是不喜欢我的儿子。我不喜欢自己的儿子，却喜欢隔壁家一个不相干的女孩子，你想想有这道理吗？你读书，我到先生那儿了解过了，除了不很会背书以外，对于一个刚发蒙的学生来说，都是最好的。你读《三字经》的时候，能够告诉别人《学而》的字。你偷听先生跟别的大的学生讲书，听得很有味儿，好像比那个大的学生还懂得多些，先生都看在眼里了。先生说，你还听见先生跟大的学生讲平仄④，对对子。有一次，先生出一个'人口'叫一个大的学生对，他没对好。你脱口而出对'天门'，先生吃了一惊，问，'天门？什么天门'？你说，'天门县的

---

① ［拈（niān）］用手指取物。

② ［筛］斟（酒或茶）。

③ ［抽抽噎（yē）噎］形容低声哭泣。

④ ［平仄（zè）］平声和仄声，泛指诗文的韵律。

天门！'这些先生都告诉了我。我跟先生商定，彼此都不要当面夸你。你小，怕把你夸骄傲自满了。这些事我能不喜欢？过两年，你要开笔做文章，要是文章做得好，我更喜欢你。那就不是会不会打拳的事情了。"

我突然问："什么叫做文章？"

"比如说，出一个题目，你把那个题目的意思讲出来，发挥出来，用文话写在纸上，就叫做文章。比如说出一个题目叫'入则孝'，意思是说子女在家里要孝顺父母，你把这意思用文字写出来，就叫做文章。文章有正面的意思，有反面的意思。子女孝顺父母是正面的意思，发挥出来就是为什么要孝顺父母，孝顺有什么好处；不孝顺父母是反面的意思，发挥出来就是不孝顺有什么坏处。这就叫做文章。"

我说："这还不容易吗？"

爹说："容易？有人读书一辈子也不会做。"

"出个题目我做做。"

"出'学而时习之'。"

我想了一想，照他说的意思说给他听，说读书要时刻温习，温习有什么好处，不温习有什么坏处。他说："这还不是文章，你还要用文字、用文话把它写下来，你现在就写。"

我就马上磨墨拿纸，歪歪斜斜地写了几句给他看。他看时摇头晃脑，也不对我讲话，只喊妈："你出来哟！你儿子会做文章了！"

但正式开笔却在以后。下学期开学了，忘记过了多久，有一次三、八日做文章的日子，先生出了题目，忽然宣布："聂绀弩今天也参加作文。"许多早已作文的大的学生都拿眼睛看我，那样子好像说："他也做文！"我看看黑牌上写着两个题目：一、子产不毁乡校①，二、天下有道则庶人不议②。任作一个。这两个题目，我都不知道，我都不知道是什么书上的。先生跟大家讲：子产是郑国的相，郑国的什么地方有一个乡校，这是一个公共场所，不管上不上课，常有人在那里议论国家大事，有时候把国家大事贬得不值一钱。有人听见了，去告诉子产，说应该把这个乡校封闭掉。子产说："不用，他们说得对，我们就照他的办；他们说得不对，我们就不办，或者办了的，就改掉。这对国家不是有好处么？"这就叫"子产不毁乡校"。"天下有道则庶人不议"，这是说天下有道，则礼乐征伐自天子出，天子如果是有道明君，他就出得对，没人有话说；如果他出得不对，就会有人说话，甚至老百姓都议论。这个题目有两层意思，一层是天下有道则庶人不议，一层是天

---

① ［子产不毁乡校］语出《左传·襄公三十一年》。

② ［天下有道则庶（shù）人不议］语出《论语·季氏》。庶人，旧时泛指无官爵的平民。

下无道则庶人也议。有道在前，无人议在后；无道在前，庶人议在后。这就叫"天下有道则庶人不议"。

先生讲了以后，大家摇着头，口内哼哼嗡嗡想文章。我也照那样子，哼来哼去，就把心里想的意思变成可以说出来的话，再把可以说出来的话变成可以写在纸上的文章。先打稿子，再抄正了交卷。我照先生讲的意思，写了正面又写反面。忽然想起一件事，问先生：

"如果照先生讲的做好了，不也都是先生的意思么？自己一句也没有做，怎算做文章？"

先生点了点头，又望了大家一眼，好像问：

"他说得有道理么？"

大家不做声。

先生说："文章不是天生会做的，正像字不是天生认得的一样。要有人教，有人带路，才慢慢会做，做得好起来。我讲的只是最浅的意思，是文章做法的一种，你们学会了一种，就容易再学别种，由浅入深，随便怎样做都行。"

"那么，"我说，"如果把两个题目写进一篇文章里去也可以么？"

"我不懂你的意思。"先生说。

我说："天子的礼乐征伐出得不对，这就是无道了。庶人免不了要议论。如果天子听见了那种议论，不管议论得好不好，对不对，就照子产不毁乡校的办法办，议得对的就听，议得不对的不听，再不管别的，那不就是从无道变成有道了么？这就把两个题目写成一篇文章了。"

先生说："可以，完全可以。这意思很新。"

我说："我还有一个怪想法。我觉得天下有道则庶人议；天下无道则庶人不议。"

"怎么讲呢？"

"天下有道，上面不滥施刑罚，庶人说点什么也不要紧，所以敢议；天下无道，上面滥施刑罚，庶人怕惹祸，有话也不敢说，所以不议。"

"聂绀弩，这是你说的么？"

"是刚刚想到的。"

先生突然变了脸，好像要哭，却又点头带笑地说："这意思好。你小，又头一次作文，还不能知道说了些什么，更不知道它的深浅。写出来吧，不管写得通顺不通顺。"随即向大家说："今天的作文，以聂绀弩的最好！"

以上的情景，是七十年后的今天的回忆，用今天的一个老人的话说的。七十年前一个七八岁的儿童，用什么话表达了那些意思，而且表达得先生听懂了，这却一点也记不起了，但那些意思其实也不是我的。先生对大些的学生开讲，我常常旁听。不知哪一回先生讲了这类的话，我在这回把它用上了。如斯而已。

总之，我就这样开了笔，写了一生的第一篇文章。

1980年春天写于北京

练习与思考

一、设问和反问都是无疑而问的修辞手法。设问是自问自答，能给人悬念，引起关注，催人思考。反问则是用疑问的形式来表示确定的意义，用以增强语气。判断下列问句的类型，再结合课文内容，分析其表达效果。

1. 我说："这还不容易吗？"爹说："容易？有人读书一辈子也不会做。"

2. "是不是因为我不喜欢你？"爹说，"我不喜欢你，就是不喜欢我的儿子。我不喜欢自己的儿子，却喜欢隔壁家一个不相干的女孩子，你想想有这道理吗？你读书，我到先生那儿了解过了……"

3. 忽然想起一件事，问先生："如果照先生讲的做好了，不也都是先生的意思么？自己一句也没有做，怎算做文章？"

二、作者回忆七十年前开笔写文章，却花较多笔墨叙写父亲与他的一次谈话，为什么？

三、事隔七十年，作者为什么对自己当年开笔写文章这件事还记忆犹新？

*四 送 考 ①

丰子恺

课文导读

　　丰子恺，既是漫画家，又是作家。在《送考》中，他用文字的形式，为我们描绘了一幅孩子们到省城考试的众生相，展现了孩子们考试前后特有的生活表现，以及丰富的内心世界。心理描写生动传神，语言率性自然、朴实无华。阅读时，首先要梳理清楚送考的过程，想一想作者重点描写了哪些场景，孩子们有哪些表现，他们的心理发生了怎样的变化，从而整体把握课文内容。

　　课文记叙、描写、议论水乳交融。学习时找出这样的文字，体会它们的含义和作用，体悟作者对儿童的关爱以及对压抑儿童天性的教育方式的不满，从而深入理解作者的生活态度和课文内涵。

　　作者说，省立学校"似乎能够考得进去，便有无穷的后望，可以一辈子荣华富贵，吃用不尽似的"。考进了省立学校，就真的可以如此吗？

　　今年的早秋，我不待手植的牵牛花开花，就舍弃了它们，送一群孩子到杭州来投考。

　　种牵牛花，扶助它们攀缘，看它们开花、结子，是我过去的秋日的乐事。今秋我虽然依旧手植它们，但对它们的感情不及以前好。因为我看出了它们一种弱点：一味想向上爬，盲目地好高。我在墙上加了一排竹钉，在竹钉上绊了一条绳，让它们爬；过了一二晚，它们早就爬出这排竹钉之上，须得再加竹钉了。后来我搬了梯子加竹钉，加到我离去它们的时候，墙上已有了七八排竹钉，牵牛花的卷蔓比芭蕉更高，与柳梢相齐，离墙顶不过三四尺了。看它们的意思还想爬上去，好像要爬到青云之上方始满足似的。为此我讨嫌它们，不待它们开花结子就离弃它们，伴送一群小学毕业生到杭州来投考。

　　这一群小学毕业生中，有我的女儿和我的亲戚朋友家的儿女。送考的也还有好几个人，父母、亲戚或先生。我名为送考，其实没有重要责任，一切都有别人指挥。我是对家里的牵牛花失了欢，想换一个地方去度送这早秋，而以送考为名义的。因此我颇有闲

---

① 选自《丰子恺散文》（浙江文艺出版社2007年版）。有改动。丰子恺（1898—1975），浙江桐乡人，作家、漫画家。

心情，可以旁观他们的投考。

坐船出门的一天，乡间旱象已成。运河两岸，水车同体操队伍一般排列着，咿哑之声不绝于耳。村中农夫全体出席踏水：已种田而未全枯的当然要出席，已种田而已全枯的也要出席，根本没有种田的也要出席。有的车上，连夫人、老太婆和十二三岁的孩子也出席。这不是平常的灌溉，这是人与自然奋斗的伟观！我在船窗中听了这种声音，看了这般情景，不胜感动。但那班投考的孩子们对此如同不闻不见，只管埋头在《升学指导》《初中入学试题汇解》等书中。我喊他们：

"喂！抱佛脚没有用的！看这许多人工作！这是百年来未曾见过的状态，大家看！"

但他们的眼向两岸看了一看就回到书上，依旧埋头在书中。后来却提出种种问题来考我：

"穿山甲欢喜吃甚么东西的？"

"无烟火药是用什么东西制成的？"

"挪威的海岸线长多少英里？"

我全被他们难倒，一个问题都回答不出来。我装着长者的神气对他们说："这种题目不会考的！"他们都笑起来，伸出一根手指点着我，说："你考不出！你考不出！"我虽羞，但并不成怒，管自①笑着倚船窗上吸香烟。后来听见他们里面有人在教我："穿山甲欢喜吃蚂蚁的！……"我管自看那踏水的，不去听他们的话；他们也管自埋头在书中，不来睬我，直到舍舟登陆。

乘进火车里，他们又拿出书来看；到了旅馆里，他们又拿出书来看；一直看到赴考的前晚。在旅馆里我们又遇到了几个朋友的儿女，他们也是来报考的，于是大家合作起来。赴考这一天，我五点钟就被他们吵醒，就起个早来送他们。许多童男童女各人挟了文具，带了一肚皮"穿山甲欢喜吃蚂蚁"之类的知识，坐黄包车去赴考。有几个十二三岁的女孩愁容满面地上车，好像被押赴刑场似的，看了真有些可怜。

到了晚快②，许多孩子活泼泼地回来了。一进房间就凑作一堆讲话：那个题目难，这个题目易；你的答案不错，我的答案错。议论纷纷，沸反盈天。讲了半天，结果有的脸上表示满足，有的脸上表示失望。然而嘴上大家准备不取。男孩子高声地叫："我横竖不取的！"女孩子恨恨地说："我取了要死！"

他们每人投考的不止一个学校，有的考二校，有的考三校。大概省立的学校是大家

_____

① ［管自］只管，只顾。

② ［晚快］傍晚。

都要投考的。其次，市立的、公立的、私立的、教会的，则各人所选不同。但在大多数的投考者和送考者的观念中，似乎是把杭州的学校这样地排列着高下等第的。明知自己知识不足，算术做不出；明知省立学校难考取，要十个人里头取一个，但宁愿多出一块钱的报名费和一张照片，去碰碰运气看。万一考得取，可以爬得高些。省立学校的"省"字仿佛对他们发散无限的香气，大家讲起了不胜欣羡①。

从考毕到发表②的几天之内，投考者之间的空气非常沉闷。有几个女生简直是寝食不安，茶饭无心。他们的胡思梦想在谈话之中反反复复地吐露出来：考得得意的人，有时好像很有把握，在那里探听省立学校的制服的形式了；但有时听见人说"十个人里头取一个，成绩好的不一定统取"，就忽然心灰意懒，去讨别个学校的招生简章了。考得不得意的人嘴上虽说"取了要死"，但从她们屈指计算发表期的态度上，可以窥知她们并不绝望。世间不乏侥幸的例子，万一取了，她们好比死而复生，其欢喜岂不更大么？然而有时她们忽然觉这太近于梦想，问过了"发表还有几天"之后，立刻接上一句"不关我的事"。

我除了早晚听他们纷纷议论之外，白天统在外面跑，或者访友，或者觅画。有一个学校录取案发表的一天，奇巧轮到我同去看榜。我觉得看榜这一刻工夫心绪太紧张了，不教他们亲自去看，同时我也不愿意代他们去看，便想出一个调剂紧张的方法来：我同一班学生坐在学校附近一所茶店里，教他们的先生一个人去看，看了回到茶店里来报告他们。然而这方法缓和得有限。在先生去了约一刻钟之后，大家眼巴巴地望他回来。有的人伸长了脖子向他的去处张望，有的人跨出门槛去等他。等了好久，那去处就变成了十目所视的地方，凡有来人必牵惹许多小眼睛的注意；其中穿夏布长衫的人，在他们尤加触目惊心，几乎可使他们立起身来。久待不来，那位先生竟无辜地成了他们的冤家对头。有的女学生背地里骂他"死掉了"，有的男学生料他被公共汽车碾死了。但他到底没有死，终于拖了一件夏布长衫，从那去处慢慢地踱回来。"回来了，回来了！"一声叫后，全体肃静，许多眼睛集中在他的嘴唇上，听候发落。这数秒间的空气的紧张，是我这支自来水笔所不能描写的啊！

"谁取的""谁不取"，——从先生的嘴唇上判决下来。他的每一句话好像一个霹雳，我几乎想包耳朵。受到这霹雳的人有的脸孔惨白了，有的脸孔通红了；有的茫然若失了，有的手足无措了；有的哭了，但没有笑的人。结果是不取的一半，取的一半。我抽了一口大气，开始想法子来安慰哭的人，我胡乱造出些话来说那学校办得怎样不好，所以不取并不

---

① ［欣羡］非常羡慕。

② ［发表］发布（录取名单的）表，即发榜。

可惜。不期说过之后，哭的人果然笑了，而满足的人似乎有些怀疑了。我在心中暗笑，孩子们的心，原来是这么脆弱的啊！教他们吃这种霹雳，真是残酷！

以后各校录取案发表的时候，我有意回避，不愿再看那种紧张的滑稽剧。但听说后来的缓和得多，因为小胆儿吓过几回，有些儿麻木了。不久，所有的学生都捞得了一个学校。于是找保人，缴学费，忙了几天。这时候在旅馆听到谈话都是"我们的学校长，我们的学校短"一类的话了。但这些"我们"之中，其亲切的程度有差别。大概考取省立学校的人所说的"我们"是亲切的，而且带些骄傲的。考不取省立学校而只得进他们所谓不好的学校的人的"我们"，大概说得不大亲切些。他们预备下半年再去考省立学校，迟早定要爬高去。

旱灾比我们来时更进步了，归乡水路不通，下火车后，须得步行三十里。考取学校的人，都鼓着勇气，跑回家去取行李。雇人挑了，星夜起程跑到火车站，乘车来杭入学。考取省立学校的人尤加起劲，跑路不嫌辛苦，置备入学用品也不惜金钱。似乎能够考得进去，便有无穷的后望，可以一辈子荣华富贵，吃用不尽似的。

我吃不消跑路，被旱灾阻留在杭了。我教我的儿女们也不须回家，托人带信去教家里人把行李送来。行李送来时，带到了关于牵牛花的消息：据说我所手植的牵牛花到今尚未开花，因为天时奇旱的缘故。我姊给我的信上说："你去后我们又加了几排竹钉。现在爬是爬得很高，几乎爬上墙顶了，但是旱得厉害，枝叶都憔悴，爬得高也没有用，看来今年不会开花结子的。"

一九三四年九月十日于西湖招贤寺

练习与思考

一、阅读课文，概括"送考"的过程，说说考生的心理发生了怎样的变化。

二、阅读下列句子，联系课文内容，回答括号中的问题。

1. 我虽羞，但并不成怒，管自笑着倚船窗上吸香烟。（"我"为什么羞而不怒？）

2. 女孩子恨恨地说："我取了要死！"（女孩子为什么要说这么极端的话？）

3. 他们都笑起来，伸出一根手指点着我，说："你考不出！你考不出！"（孩子们为什么会"笑起来"？）

三、结合课文，说说作者为什么详细描写牵牛花的生长情态。

*五 "善良号"上的读书少年 ①

〔俄〕高尔基

课文导读

《童年》《在人间》《我的大学》，是无产阶级革命文学导师高尔基的自传体小说三部曲，描写了作者从社会底层攀上文化高峰、走上革命道路的艰难历程。课文选自《在人间》。主人公阿廖沙（即作者）在小客轮"善良号"上当洗碗工，得到好心的厨师斯穆雷的鼓励和帮助，大量阅读书籍，心智也逐渐成熟起来。

课文语言描写极富个性，心理描写生动细致。阅读时，要在厘清"我"和斯穆雷交往过程的基础上，细细品味人物语言和心理，分析"我"对斯穆雷的情感发生的变化及其原因，从而深刻把握课文内涵。

临别前，斯穆雷对阿廖沙说："念书吧，这是最好的事情！"结合本文谈一谈：读书有哪些好处？

斯穆雷②喝伏特加③喝得很凶，可是他从来没有醉倒过。一清早他就在那儿喝，一瓶酒四次就喝完了。以后，一直到晚上，他又不停地喝啤酒。他的脸喝得渐渐变成紫褐色，一对黑眼睛渐渐大起来，好像吃惊的样子。

傍晚的时候，他常常在抽水机那边坐下，身子高大，穿着一身白衣服，忧郁地望着流动的远方，好久好久地坐着不出声。在这种时候，大家特别害怕他，可是，我却有点怜悯④他。

有时我大着胆子走近他的身边去。他费劲地把眼睛移到我这边来：

"什么事？"

"没有什么。"

"好吧……"

---

① 节选自《在人间》（上海译文出版社2001年版）。安东译。有改动。题目为编者所加。高尔基（1868—1936），苏联作家。

② 〔斯穆雷〕小客轮"善良号"上的厨师。

③ 〔伏特加〕俄罗斯的传统烈酒。

④ 〔怜悯（mǐn）〕哀怜，同情。

可是有一次就在这样的时刻，我终于问他了：

"你干吗老让大家都怕你？你是个和善的人啊。"

出乎我的意料，他并没有生气：

"我只是对你才和善呀。"

可是，立刻又实在地、深思地补充说：

"不过，也许是这样，我对什么人都和善，只是不表露出来罢了。这不能让人瞧出来，让人瞧出来了就会吃亏。什么人都一样，会爬到和善人的头顶上，跟在泥沼地里往土堆上爬一样……而且，把你踩倒。去，去拿啤酒来吧……"

他一杯又一杯地喝完了一瓶，把髭须①舔一舔，又说：

"你这小鸟儿要是再大一点儿，我会告诉你许多事情。我有许多值得告诉人的东西，我可不是一个傻瓜……你念书吧，书里边什么重要的知识都有。书不是平常的东西！你想喝啤酒吗？"

"我不爱喝。"

"好，那就别喝。喝醉酒可是一件糟糕的事。伏特加是魔鬼的东西。我要是个富翁，就一定送你去念书。一个人没有学问，就跟一条牛没有区别，不是套上轭②架，便是给人宰了吃肉，它也只能摇晃尾巴……"

船长太太借了一本果戈理③的书给他。我念了《可怕的复仇》④，心里很满意，可是斯穆雷却怒吼起来："生编硬造，无稽⑤之谈！我知道，还有别的书……"

他从我手里把书夺过去，跑到船长太太那儿，另拿了一本来，不大高兴地命令我道：

"你念《塔拉斯》⑥……他姓什么来着？你找出来，她说这是一本顶好的书……不知道是谁觉得好，是她觉得好，也许我就觉得不好。她把自己的头发剪了，瞧瞧，干吗不把耳朵也剪掉呢？"

当我念到塔拉斯向奥斯达普挑战那一段的时候，厨师大笑起来。

"对啦，可不是嘛！你有学问，我有力气！真能写！这些骆驼……"

他很注意地听着，却不时地表示不满的意见：

---

① ［髭（zī）须］胡子。

② ［轭（è）］牛马等拉东西时架在脖子上的器具。

③ ［果戈理（1809—1852）］俄国作家。

④ ［《可怕的复仇》］果戈理著，描写了乌克兰民间传说中反抗异族侵略的英雄丹尼洛·布鲁尔巴施的故事。

⑤ ［无稽（jī）之谈］没有根据的说法。稽，考查。

⑥ ［《塔拉斯》］果戈理创作的一部关于乌克兰民族解放斗争的长篇历史小说。

"唉，胡说八道！不能一刀把一个人从肩头劈到屁股的呀！不能呀！也不能挑在长矛上，长矛会断啊！我自己当过兵……"

安德烈的倒戈，又引起他的憎恶。

"不要脸的家伙，是吗？呸……"

可是一念到塔拉斯杀了儿子的地方，他就两脚从床上放下来，双手支在膝盖上，屈起身子哭起来。——两行眼泪慢慢地顺着脸颊滚下来，滴到舱板上。他抽搐①着鼻子嘟囔：

"唉，天哪，……唉，我的天哪……"忽然他望着我叫起来：

"念呀！"

他又哭了。到了奥斯达普临死，叫着"爹，你听见了没有"的时候，他哭得更厉害，更伤心了。

"一切都完啦，"斯穆雷哽咽着说，"一切都完了！念完了吗？过去可真有过好样的人，你瞧这塔拉斯，怎么样？是啊，这才是人物呢……"他从我手里拿去了书，仔细地看着，眼泪滴在封面上。

"好书！简直是一场大快事！"

后来，我们一起念《艾凡赫》②。斯穆雷非常喜欢金雀花王朝的理查一世。

"这是一位真正的国王！"他认真地对我说。可是在我看来，这本书实在没有多大味道。

一般说来，我们俩趣味是不相投的，我所醉心的是《汤姆·琼斯》③，即旧译本《弃儿汤姆·琼斯小史》。可是斯穆雷不赞成：

"汤姆跟我有什么关系？我要他干吗？肯定还有别的书……"

有一天，我对他说，我知道还有别的书，这是一种秘密的禁书，必须半夜里躲在地下室里读。

他睁大了眼，胡子都竖了起来，说：

"啊，什么？你胡说些什么？"

"不是胡说，以前我也瞧见人家念这种书，他们还哭呢……"

厨师阴沉沉地盯住我的脸问：

---

① ［抽搐（chù）］肌肉不随意地收缩，多见于四肢和颜面。

② ［《艾凡赫》］英国作家司各特的小说，描写英格兰金雀花王朝的第二位国王狮心王理查一世被囚前后的故事。金雀花王朝，英格兰中世纪最强大的一个封建王朝（1154—1485）。理查一世征战沙场总是一马当先，如狮子般勇猛顽强，所以绰号"狮心王理查"。

③ ［《汤姆·琼斯》］英国作家菲尔丁的小说，描写弃儿汤姆·琼斯成长和奋斗的经历。

"谁哭？"

"那个在一旁听着的年轻姑娘，另外还有一个女的吓得跑掉了……"

"你醒醒吧，你在说胡话。"说着，他慢慢地闭上眼睛；沉默了一会儿，又叨唠起来：

"当然总会在什么地方有……一种秘密的书。不会没有……不过我已经这么一把年纪，而且我的性子又是……嗯，可是，……"

他能滔滔不绝地整整谈一个钟头……

我不知不觉地有了念书的习惯，变成一卷在手，其乐陶陶了。

我想做一件使他高兴的事，送他一本书。在喀山①码头上，我花了五戈比②买了一本《一兵士拯救彼得大帝的传说》③。但那时候他恰巧喝醉了酒，在生气。我就踌躇了没送他，自己先念起来。这本书使我大为满意，一切都写得这样朴素，明白易懂，有趣味而且简练。我相信它一定会使我的老师满意。

可是当我把这本书送给他时，他默不作声，一把捏在手里，搓成一团，扔到船栏外边去了。

"这就是你的书，傻瓜！"他板起了脸，"我好像教狗一样教你，你还是想野东西，啊？"

他跺了跺脚，叫了起来：

"你知道这是什么书呀？书中的胡说八道我都念过了！书里写的你以为是真话吗？喂，你说！"

"我不知道。"

"我可知道！把一个人的脑袋砍下了，身子从梯子上跌下来，这时候，别的人是再不会爬到干草棚去的。当兵的并不是傻瓜！他们放一把火，把这些草烧掉就完了！你懂了没有？"

"懂了。"

"懂了就好！彼得大帝的事我知道，可是这书里写的，都不是事实！你走开去吧……"

我明白厨师的话是对的。可是我依然喜欢那本书。以后又买了一本来，重新念了一遍。真奇怪，果然我瞧出那本书不好的地方来了。这使我不好意思起来，从此我更加注意地和更信赖地对待厨师，而他不知什么缘故，更频繁地而且很感慨地说："唉，要怎么样教育你才好呢！这地方，不是你待的……"我也觉得这儿不是地方。谢尔盖待我很坏。我

---

① ［喀山］俄罗斯联邦鞑靼自治共和国首府，位于伏尔加河中游左岸。

② ［戈比］俄罗斯等国的辅助货币。

③ ［《一兵士拯救彼得大帝的传说》］当时的一本通俗小说。

几次看见他从我桌子上拿去茶具，瞒着食堂管事，偷偷送到客人那儿去。我知道这是盗窃行为。斯穆雷屡次关照我："当心，不要把自己桌子上的茶具给堂倌！"

还有许多对我不好的事情。我常想船一靠岸就逃走，逃到森林里去。但是牵挂着斯穆雷，他对我越来越和善。还有轮船的不断地航行，也深深地吸引着我。顶不痛快的是停泊的时候。我总期待着马上就要发生什么事情。我将从卡马河航到别拉雅河、维亚特卡河^①去，若是沿伏尔加河航行，则我将看见新的河岸，新的城市和新的人物。

但是这样的事情没有发生。我在船上的生活突然地而且可耻地结束了。一天傍晚，当我们正从喀山往下诺夫哥罗德^②去时，食堂管事把我叫到他自己房间里。我一进去，他把门关上，对坐在垫有毛毯的椅子上阴沉着脸的斯穆雷说："他来啦。"

斯穆雷粗声大气地问我：

"你有没有把餐具给谢尔盖？"

"他趁我没看到时，自己拿走的。"

食堂管事轻声地说：

"他没看到，可是知道。"

斯穆雷用拳头打了一下自己的膝头，然后搔着膝头说道："你等等，别着急嘛……"说着沉思起来，沉默了一会问我：

"谢尔盖给过你钱吗？"

"没有。"

"一次也没有？"

"一次也没有。"

"这小伙子不会撒谎。"斯穆雷对食堂管事说。管事却低声回答："反正都一样。好，请便吧。"

"我们走吧！"厨师向我喊了一声，走到我桌子边来，拿手指头在我头顶上轻轻弹了一下，对我说："傻瓜！我也是傻瓜！我本来应当照顾你……"到了下诺夫哥罗德，食堂管事给我结了账，我得了约莫八个卢布：这是我挣到的第一笔大款子。

斯穆雷跟我告别的时候，凄凉地说：

"唔……往后可要注意啦，懂了没有？漫不经心是不成的呀……"他把一个五彩嵌珠的烟荷包塞进我手里。

---

① ［卡马河航到别拉雅河、维亚特卡河］都是俄国伏尔加河的主要支流。伏尔加河，位于俄罗斯西南部，全长3 692千米，是欧洲最长的河流，也是世界最长的内陆河，流入里海。

② ［下诺夫哥罗德］俄罗斯中部一个历史悠久的城市，位于伏尔加河与奥卡河交汇处。

"好，把这个送给你！这手工做得很好。是我的一个干女儿给我绣的……好，再见吧！念书吧，这是最好的事情！"

他把我挟在腋下，稍微举起来吻了吻，再把我稳稳地放在码头的垫板上。我难过起来，为他也为我自己。我望着他走回船上去，差点儿大哭一场。他那巨大的、结实的身体，孤单地挤在码头脚夫中间，慢慢走去……后来，我还遇到过很多像他这样善良、孤独而愤世的人！

练习与思考

一、阅读课文，概括"我"与斯穆雷交往的过程，想一想随着交往的加深，"我"对斯穆雷的情感发生了怎样的变化。

二、课文中人物的语言极富个性，生动表现了人物的内心世界和情感。阅读下列句子，联系课文内容，回答括号中的问题。

1. "一切都完了！念完了吗？过去可真有过好样的人，你瞧这塔拉斯，怎么样？是啊，这才是人物呢……"（这段话反映了斯穆雷怎样的情感？）

2. "……不过我已经这么一把年纪，而且我的性子又是……嗯，可是，……"（此时斯穆雷到底想要说什么？）

3. "好，那就别喝。喝醉酒可是一件糟糕的事。"（斯穆雷既然知道喝醉酒是糟糕的事情，为什么还经常喝醉？）

三、阅读课文，说说"我"在书籍的影响下是怎样逐渐成长起来的。

四、本单元的5篇课文侧重于叙事，文体丰富多样，以叙事散文为主，也有新闻通讯和小说。课文虽然所叙事件不同，手法多样，但都表现了作者对生活以及生活中的人物的真挚感情。仔细阅读本单元课文，完成下列任务。

1. 读书、学习是生活中必不可少的内容。本单元《七十年前的开笔》《送考》《"善良号"上的读书少年》运用语言描写、心理描写等多种手法描写人物读书、学习时的一个个片段。阅读课文，找出课文中的典型例句，体会这些句子在叙述事件、表现人物方面的作用。

2. 生活需要信仰。用血肉修筑滇缅路的"罗汉们"，为了民族的生存不怕牺牲，无私奉献；汉家寨人虽然生活贫困孤寂，但是凭坚守精神在汉家寨生活了上千年，他们的精神成了中华民族精神的重要内容。阅读课文，认真体会"罗汉们"的筑路精神和汉家寨人坚守精神的深刻内涵及其对我们的启示，和同学们交流。

3. 人生中有很多第一次，有些会给我们留下深刻的印象，有些早已烟消云散。《七十年前的开笔》叙写了作者七十年前第一次学写文章时的情景。正是因为得到了师长的深切关爱和正确启蒙，作者走上了文学道路。你有什么印象最深刻的"第一次"吗？请你写下来，跟同学们交流。

表达与交流

口语交际

复 述

【情境】

　　药店里，药剂专业的实习生郭艳正在整理货架上的药品。突然，她听到一阵咳嗽声，抬头一看，一位老奶奶缓缓走了进来，手里还拿着一张医生的处方。郭艳马上微笑着迎上去："奶奶，您需要买什么药？"

　　老奶奶把处方递过去，郭艳一看，是一盒普通的止咳颗粒。买好药，老奶奶说："小姑娘，我识字不多，家里也只有我一个人，你能不能把上面的话跟我说说，挑重要的，简单点，说多了我也记不住。"

　　郭艳应该怎样向老奶奶介绍呢？她能满足老人的要求吗？

　　附：《××止咳颗粒说明书》

××止咳颗粒说明书

【药品名称】××止咳颗粒

【主要成分】苦杏仁、桔梗、桑白皮、麦冬、知母、黄芩、陈皮、甘草、天南星、枳壳。

【性状】本品为浅黄色至黄褐色的颗粒；味甜，微苦。

【适应证/功能主治】清肺止咳。用于肺热咳嗽，痰黄黏稠，百日咳。

【规格型号】每袋装10g。

【用法用量】开水冲服。一次2袋，一日3次，小儿酌减。

【贮藏】密封。

【包装】铝塑复合膜包装。每盒装12袋。

【有效期】18个月。

【案例】

郭艳说："奶奶，我跟您老介绍一下这种药。您听好了。根据医生所开的处方，能看出您的病就是普通感冒引起的咳嗽，吃两天药就会好的，不用担心。您买的这种药属于中成药，就是用中草药制成的，不会有副作用。它的主要作用是化痰、止咳，对缓解您老的咳嗽能起很大作用。奶奶，您记着，一天吃3次，每次饭后吃1次，就不会忘了。每次要冲两包，我一会儿帮您重新分一下，您1次吃1份就可以了。冲的时候要用开水，等药粒全都化好了，趁热喝下去。这是两天的药，吃完后您老的病就好了。记住了吗，奶奶？"

解析：

这是一则针对特定对象恰当运用复述技巧的案例。面对一个识字不多的老人，郭艳首先从医生所开的处方上判断出老人的病是普通感冒，所以首先安慰老人，让老人不要担心，表现出较好的职业素养。在复述药物说明书时，她抓住最重要的"功能主治"和"用法用量"两项，重点突出，简单明了。在语言表达上，把说明书上的专业用语转化成通俗的口语，通过"化痰""止咳""缓解咳嗽""两包""用开水"等生活语言，让老奶奶能听得懂、记得住，较好地满足了老人的要求。同时，还注意使用"不用担心""您记着""趁热喝下去"等充满关爱的语句，有效地拉近了和老人的情感距离，增加了老人的信任感，显示出郭艳较高的服务水平。

【相关知识】

复述，就是在理解的基础上，用自己的话把读过的、听过的语言材料加以讲述或转述。在日常生活、学习和工作中，复述是一种基本的、用途广泛的口语交际方式，是交际双方建立亲和感的重要技巧之一。它不仅可以提高我们的思考力和记忆力，同时还可以锻炼我们的语言加工能力和口语表达能力。

复述一般分为详细复述、概要复述和扩展复述三种方式。详细复述是一种最接近原材料的复述形式，必须用自己的语言，按照原材料的内容和顺序述说，内容不能增减、修改，细节不能遗漏，语言要尽量保持原材料的风格。概要复述是经过浓缩和概括，用简明扼要的语言讲述原材料的基本内容，复述时要抓住中心，突出重点，删除无关紧要的枝节内容。扩展复述是对原材料内容加以丰富、补充的一种复述，目的是使复述内容更加完整、生动、有感染力。

　　复述，首先要做到忠实于原文，把握主线。复述必须忠实于原材料，不得随意歪曲替换主要内容、观点、情节。对于记叙性材料，复述时要交代清楚时间、地点、人物，事情的起因、经过、结果等；对于议论性材料，复述时要讲清其论点、论据以及论证的逻辑过程；对于说明性材料，复述须包括事物的特点、性质、形状等内容。即使是概要复述，也要抓住中心，突出重点，不遗漏关键信息，防止以简曲意，保持原材料的基本内容结构。如"案例"中郭艳在向老奶奶介绍药品时，完全按照药品说明书上的"功能主治"和"用法用量"进行复述。

　　其次，要做到条理分明，表述清晰。复述不同于机械背诵，必须在理解原材料的基础上，厘清线索，突出重点，明确主次，做到脉络清晰连贯，详略得当。特别是在处理较为凌乱的语言材料时，更要善于提炼要点，概括、归纳材料内容，厘清顺序和逻辑关系，复述时做到有条不紊，条理清晰。

　　最后，要做到口语表述自然生动。复述是一种口语表达形式，语言要明白、生动、活泼。要避免使用复杂句、专业术语、特定行业用语等，能运用听众易懂的语言把复杂的内容简单化，把专业的内容通俗化，多用口语，多用短句。同时，也可在准确把握材料的基础上，运用描述、渲染等手法，使表达准确、生动、形象。如"案例"中的郭艳，面对一位"识字不多"的老奶奶，将药品说明书上的专业术语转换成了日常生活语言，便于老奶奶理解和记忆。

　　复述时，还要注意几点。一是要听清看明，充分理解。无论复述的内容来自书报、广播、电视、电影，还是听人讲述，都要看听仔细，不要发生错漏，在充分理解记忆的基础上对原材料进行加工和整理。二是选择记忆，列出要点。对于复述的内容，不可能全部记得一清二楚，要选择重要的内容记忆，在心中列出要点，最后用自己的语言把信息复述出来。三是表明态度，适当点评。可根据复述的内容，简要地进行点评，表明自己的褒贬、好恶等看法和态度，当然，点评不要背离或者歪曲原材料，要精当，不能喧宾夺主。

【口语实践】

　　一、阅读下面的对话，根据前后语境，利用复述的技巧，将对话补充完整，促进推销顺利进行。

　　推销员：你好，想买点什么？

顾客：我想买护肤品。

推销员：_____

顾客：我这个年纪买这么高档的化妆品干什么！我只是想保护皮肤，可不像年轻人那样要漂亮。

推销员：_____

顾客：听你一说，我以前还真是忽视了这些，好，就买这个牌子的吧！

二、阅读故事《纪昌学射》，将这个故事复述给同学听，要求能在说清基本情节的基础上加入一定的对话，并通过肖像、神情、动作等表述，把飞卫和纪昌的形象塑造出来。

纪昌学射

甘蝇是古代擅长射箭的人。拉上满弓还未发射，鸟兽便都趴下了。有个弟子飞卫向甘蝇学习射箭，技艺超过其师傅。纪昌又向飞卫学习射箭。飞卫说："你先学不眨眼睛，然后才能谈及射箭。"

纪昌回到家，仰卧在妻子的织布机下，眼睛注视着梭子练习不眨眼睛。两年后，即使用锥尖刺纪昌的眼皮，他也不会眨眼。他把这件事告诉飞卫，飞卫说："功夫还不到家，还要学会看东西才可以——把小的东西看得像大的东西一样清晰，看细微的东西像显著的东西一样容易，然后再来告诉我。"

纪昌用牦牛毛系着虱子悬挂在窗户上，从南面来练习看。十天过后，虱子在纪昌眼中渐渐变大；三年之后，感觉虱子像车轮般大了，周围其余东西都像山丘般大。于是，纪昌用燕国牛角装饰的弓，北方蓬秆造成的箭射向虱子。箭穿透虱子中心，而拴虱子的毛却没断。纪昌把这件事告诉飞卫，飞卫高兴地跳着拍胸说："你掌握技巧了。"

写 作

现代文 叙事：写出事情的波澜

【案例】

特殊的面试

　　经过一轮又一轮的筛选，我们5个来自不同地方的应聘者终于从数百名竞争者中，像大浪淘沙一般脱颖而出，成为进入最后一轮面试的佼佼者。

　　我们5个人都是一路过关斩将的"英雄好汉"，彼此各有所长，势均力敌，谁都可以胜任今天要应聘的职务。换句话说，就是谁都有可能被聘用，同时谁都有可能被淘汰。正因为这样，才使得最后一轮的角逐更加具有悬念，更加紧张激烈。

　　我虽然身居高手当中，但心里相对还是比较踏实的。因为凭我在初试、复试、再复试中取得的成绩，我想我成功获胜是没有什么问题的。于是，胜利的自信和成功的愉悦提前写在了我的脸上。

　　按照公司的规定，我们要在这天早上9点钟准时到达面试现场。面对如此重要的机遇，没得说，我们当中不仅没有人迟到，还都不约而同提前半个多小时就赶到了。

　　距面试开始时间还早，为了打破沉寂的僵局，精明的我们有一搭没一搭地闲聊着。面对眼前随时会威胁自己命运的对手，在交谈中彼此都显得比较矜持和保守，甚至夹着一丝虚伪……

　　忽然，一个青年男子急急忙忙地赶来了。他的到来成了我们转移这毫无内容的话题的借口，我们纳闷着，惊奇地看着他，因为在前几轮面试中都不曾见过他。

　　他似乎感到有些尴尬，于是主动开口自我介绍，说他也是前来参加面试的，由于太粗心，忘记带钢笔了，问我们几个是否带了，想借来填写一份表格。

　　我们面面相觑。我想，本来竞争就够激烈了，半路还要杀出一个"程咬金"，岂不是会使竞争更加激烈么！要是我们不借笔给他，那不就减少了一个竞争对手，从而加大了成功的可能？我们几个有心灵感应似的你看着我，我看着你，最终没有人吱声，尽管我们身上都带着钢笔。

　　这时，他看到我的口袋里夹了一支钢笔，眼前立刻掠过一丝惊喜："先生，可以借给我用用吗？"我立刻手足无措，慌里慌张地说："哦……我的笔……笔尖刚才摔坏了！"

　　这时，我们5人当中比较沉默寡言的"眼镜"走了过来，递了一支钢笔给他，说："看这支笔怎么样，备用的，可能不大好写，你凑合着用。"

　　他接过笔，十分感激地连连称谢，弄得"眼镜"不好意思，忙说"不用谢，不用谢"。我们4个依然不吱声，好像什么也没发生过一样。但我心里却埋怨"眼镜"多事，因为他又给我们增加了竞争对手。奇怪的是，那个后来者在纸上写了些什么就转身出去了。

　　一转眼，规定的面试时间已经过去20分钟了，面试室却仍旧丝毫不见动静。我们终于有些按捺不住了，就去找有关负责人询问情况。谁料里面走出来的却是那个似曾相识的面孔，说："结果已经见分晓，这位先生被聘用了。"他上前握住"眼镜"的手，转过头给我们一个意味深长的笑脸。

　　接着，他又不无遗憾地补上几句："本来，你们能过五关斩六将来到这儿，已经是很难能可贵的了。作为一家追求上进的公司，我们不愿意失去任何一个人才。但是很遗憾，是你们自己不给自己机会啊！"

　　我们这才如梦初醒，可是已经太迟了。因为我们对别人的冷漠，丢掉了已经到嘴的肥肉；"眼镜"却得益于他的善良，成了这次应聘中唯一的幸运儿。这次面试必将成为我们人生永恒的一课，并会影响我们今后的生活。

解析：

　　这是一篇材料典型、思路清晰、结构完整、感情真挚的记叙文。作者选取青年学生十分关心的职业面试的事例，让学生感到十分亲切；详写"面试前"和"面试中"，略写"面试后"，疏密有致，引人入胜；文章铺垫有力，表现手法多样，多处运用心理描写和烘托陪衬的手法，很好地表现了人物的内心世界和事情发展的必然趋势；语言通俗易懂，干净利落，富有表现力；结尾的议论给人以思考和启迪，起到了深化文章主旨的作用。

【相关知识】

　　叙事，即叙述事情，是有目的地把事情发生、发展的整个过程记叙下来，表现事情的某种意义，反映作者对事情的某种态度和看法。

　　"文似看山不喜平"，叙事关键是要写出事情的波澜。所谓"波澜"，就是作者根据事情本身的复杂性和读者的阅读心理来构思的一种技巧。要把事情写得波澜曲折、引人入胜，需注意以下几点。

一、选择有典型意义的事情

典型事情就是有代表性、有普遍意义的事情，它能以少胜多，具有更强的说服力和感染力。选择典型事情指的是材料不仅要能表现主旨，而且还要富有时代特点，能够以小见大，有现实意义。我们在生活中要处处留心，善于观察，勤于思考，尽量选择生活中自己熟悉的、感受深刻的事情来写，这样写起来才会得心应手，才能反映出真情实感。《特殊的面试》叙写得十分生动，而且事情也很有典型意义，能给人启发和教育。

二、写出事情本身的曲折性、复杂性

社会生活是复杂的，其本身就有许多曲折和变化。文章是社会生活的反映，好文章就是要把社会生活的复杂性反映出来。只要如实地有层次地展现事情的矛盾冲突，反映事情本身的曲折性、复杂性，文章就能显示出一定的波澜。如案例中，5位应聘者参加最后一轮的面试，"我"自以为会成为胜利、成功的那一位，然而，在经过特殊的隐形面试之后，结局让人意想不到。这样写来，情节看似波澜不惊，却写出了事件的复杂性、曲折性，产生了不同的效果。

三、恰当地运用写作技巧

一是灵活使用记叙顺序。同一件事情，按照什么样的顺序叙述出来，对读者的感官和情感影响是不一样的。顺叙是指按照事情发展的先后次序来叙述，容易把事情记叙得有头有尾，脉络清晰。倒叙是把事情的结局或事情发展中的高潮、精彩部分置于开头，然后再按事情的发展顺序进行叙写。这不仅可以吸引读者，取得先声夺人的效果，而且有助于引发读者思考，有利于读者理解文章的主旨。插叙是在原有的顺叙过程中，暂时中断叙述线索，插入与中心相关的内容，然后再接着原先的写作思路进行叙述。这不仅可以增加文章的容量，有利于主旨的挖掘，而且还能使文势起伏，富于变化。补叙是将中心事情的某些环节或片段放在事情产生某种结果以后予以补充叙述，往往能造成悬念，使记叙波澜起伏。如《送考》按时间顺序写了赶考路上、考试和发榜前后3个场景，每个场景均采用顺叙的方式，脉络清晰，很有层次感。

二是安排好文章详略。详略是根据主旨表现的需要，对材料进行取舍和增减。主要事情和事情的高潮部分应浓墨重彩加以铺写，尽情渲染；次要事情和事情的开头、结尾部分则可三言两语，概括叙述，以使文章主旨突出，疏密有致。如《"善良号"上的读书少年》，详写斯穆雷听"我"读《塔拉斯》时的语言、表情和动作，淋漓尽致地展现出他的性格和品质；略写他听别的书的评论，有的只用叙述语言一笔带过。

　　三是运用烘托、照应、铺垫、抑扬等方法。烘托主要是通过侧面描写，使所要表现的对象鲜明突出。侧面描写也叫间接描写，即通过对周围人物或环境的描写来表现主要对象。如《汉家寨》运用侧面描写，借写自己"不由得屏住了呼吸""一路单骑""一阵阵阴凉袭向周身""两眼幻视、满心幻觉""一种茫然的感觉"等感受，来烘托汉家寨四野的宁寂。照应是指文章的上下文要相互呼应。如《七十年前的开笔》，前文有"我"暑期"歪歪斜斜地写了几句"得到父亲夸赞的描写，后文有开学不久先生突然宣布"我"与大的学生一同作文，引得大家惊诧的情节。这就是照应。铺垫是在人物出场前或者事情发生前，预先布置局势，安排一些情节、场景作为征兆，以渲染气氛。如《汉家寨》将在戈壁中荒凉、孤立的汉家寨比喻成"丢弃的棋子""生锈的弹丸"，就形象生动地写出了汉家寨空寂、苍凉、荒芜的生存条件，为下文歌颂汉家寨人的坚守精神做了铺垫。抑扬，是指写人写事时，先写不好的方面，然后再写出好的方面，给读者造成心理上的冲击。

【写作实践】

　　一、以"我们的节日"为题，写一篇作文。

　　二、阅读下面的材料，按要求作文。

　　"轻轻地我走了，正如我轻轻地来"。三年的初中生活已悄然过去。回首逝去的日子，既有顺境，也有逆境；既有鲜花，也有泪水。激励与挫折，成功与失败，历历往事一定时常萦绕在你的心间。

　　请以"我的初中生活"为题，写一篇叙事类记叙文。

　　要求：

　　1. 选择有典型意义的几件事情，写出事情的波澜；

　　2. 叙事完整、具体，详略得当；

　　3. 600字左右。

应用文 启事

【情境】

20××年7月10日下午3点左右，小李乘坐五路公交车回家，下车后，发现随身携带的一个小挎包遗忘在公交车的座位上了。挎包内装有小李的身份证、驾驶证、工作证、银行卡等重要证件。小李很着急，立即赶到公交公司说明了情况，请求帮助查找。公交公司的人提醒他写一则寻物启事，张贴在公交车站台"告知栏"。

小李应该怎样拟写这则寻物启事，以帮助他寻找到丢失的物品？

【案例】

寻物启事

本人7月10日下午3点左右乘坐五路公交车时，不慎遗失随身小挎包。小挎包为帆布材质，棕色，约40cm×30cm大小，内装有本人身份证、驾驶证、工作证、银行卡等物品。有拾到者请与本人联系。定有重谢！

联系电话：×××××××××××

启事人：李××

20××年7月10日

解析：

这是一则寻物启事，格式规范，要素齐全，语句流畅。启事中点明了遗失物品的时间、地点等基本情况，丢失的小挎包的特征、其中装有的物品，以及联系方式和联系人，明确了寻找范围，有助于及时找回物品。

【相关知识】

启事是单位或个人将自己的要求向公众说明或请求协助办理，公开张贴，或登载在媒体上的一种文体。启事是人们在日常生活工作中使用较为普遍的一种应用文体，具有广泛性、告知性、期请性、传播方式灵活性等特点。

启事种类繁多，根据启事的性质和内容，一般可以分为两大类。一是请求协作类，目的是希望得到别人的帮助和配合，事务性、实用性较强，如寻物、寻人、招领、征稿、征物、招聘、征婚、校庆、开幕、婚礼、寿诞等事项启事；二是声明知会类，主要是让别人知晓某事或某种心意，并不需要别人采取相应的行动，公关宣传性质较强，如开业、停业、迁址、更名、遗失等事项启事。

各种启事的格式与写法不尽相同，一般由标题、正文、落款3个部分组成。

一、标题

标题可以直接写"启事"；也可以写明启事的性质，如《招领启事》《开业启事》等。有的还可以写明启事的基本内容，如《关于市邮政局迁址的启事》《××市教育局关于公开招考中小学教师的启事》。如果事情重要或紧迫，可写《重要启事》或《紧急启事》。标题在正文之上居中书写，所用字体通常大于正文字体，以求醒目。

二、正文

表述启事的内容，主要写明写启事的原因、目的，启事的事项、要求等。不同的启事写作要求不尽相同。

请求协作类启事，一是写明自己发生了什么事或有什么情况。如寻物启事要写明遗失物品的时间、地点、物品特点等；招领启事不宜过多暴露捡拾物品的具体特征，以防被冒领；招聘启事应写明招聘的原因、岗位、条件、待遇、人数以及招聘的时间、地点、方式等，以便应聘者判断自己是否适合应聘。二是写明要求别人怎么做。如招聘启事要写明应聘者须携带的证件、证书、成绩证明等。

声明知会类启事，一是交代启事相关的背景缘由。如迁址启事要写明迁址原因。二是明确声明知会的事项。如更名启事，要介绍单位简况，然后说明经什么部门批准，自何时起将单位原名称"××××"改为"××××"，更名后隶属关系有无变动，以及新印章的启用时间等；遗失启事，要写清楚遗失证件的种类、编号、发证机关等关键信息，并声明从何时起作废。三是补充相关事项。写上与知会事项有关的次要事项，如更名启事正文后可加上"务请认准××商标，谨防假冒"的字样；开业启事正文后可写上"新店开张，全部商品八折优惠，欢迎惠顾"等。

三、落款

在正文右下方，写上启事单位全称或个人姓名（如标题中已经标出单位名称，则不再写），另起一行写启事的日期。凡是以单位名义张贴的启事，应加盖公章，以示负责。有的启事为方便联系，还要写明启事单位或启事人的地址、联系电话等。

写作启事要注意：一是标题简短醒目；二是一文一事，开门见山，简明扼要；三是语言通俗易懂，语气恳切，用词恰当，以获得读者的支持、帮助或参与。

【写作实践】

一、阅读下面的征稿启事，指出其中的不妥之处，并改正。

征稿启事

为丰富校刊《晨曦》的内容，特征求下列栏目的稿件：情满校园，青葱岁月，读书随笔，心情絮语和小荷尖角等。

来稿要求观点鲜明新颖，文字简洁生动，字迹清晰美观，篇幅以不超过千字为宜。请写明真实姓名和所在班级。

祝大家学习进步！

《晨曦》编辑部20××年4月10日

二、请根据下面的材料，写一则开业启事。

王佳佳大学毕业后，在母校所在地××街1号商铺开了一家奶茶店，取名为思源奶茶店，将于20××年×月×日开业，主要经营各种奶茶、冰激淋、果汁、小零食等。开业的一个月内，奶茶店将免费办理会员卡，并可享受买奶茶八折优惠。她想写一则开业启事张贴在校园里和奶茶店门外，吸引广大师生前来。请你帮她拟写这则启事。

第二单元

自然的情怀

庄子说："天地与我并生，万物与我为一。"

我们与自然相偕相伴，相依相存，和谐共生。

我们是自然的一部分，自然是我们的精神乐园。

自然，是一幅美丽的画卷，让我们从缤纷的色彩中领略生命的灿烂；

自然，是一曲美妙的旋律，让我们从灵动的音符中聆听生命的真谛；

自然，是一本无言的大书，让我们从伟大的哲思中汲取生命的养分。

荷塘月色的和谐与宁静，燕园清塘的安宁与淡泊，故都之秋的清静与悲凉，瓦尔登湖的清澈与纯美，黄山的雄姿与奇丽……给予我们无尽的感悟与启迪。

康德说："我们对大自然的思考越是深沉和持久，它们唤起的那种越来越大的惊奇和敬畏就会充溢我们的心灵。"

情怀源于深邃的心灵和纯正的智慧。那么，让我们满怀敬畏之心，徜徉在自然的美好情境中，开启情怀，去了解生命，感悟人生，提升境界。

单元导语

本单元安排了5篇写景散文。

学习本单元，我们要感受自然景色的美丽多彩，领会作家对自然的态度，感悟人生。要学习欣赏散文的方法，还要学习写景的方法和专题演讲的技巧。

散文贵在有"我"，重在表达作者的所见所闻所思所感。写景散文往往通过对具体景物的逼真描绘传达抒情主体的精神意蕴。欣赏写景散文，首先要在反复诵读的基础上，整体感知景物的特点，感受文中蕴含、渗透的作者的情感。其次，要抓住线索，厘清作者写景的顺序或作者的情感变化过程，揣摩作者的构思，欣赏散文的结构美。再次，要通过联想和想象，有意识地走进作品描写的意境之中，分析作者设境立意的方法，欣赏散文的艺术手法。最后，揣摩文中的关键词句，品味作者的个性化语言，欣赏散文的语言美，深刻体悟作者的思想感情和文章的主旨。

《荷塘月色》描绘了一幅充满诗情画意的荷塘月色图，含蓄而又委婉地抒发了作者渴望宁静、和谐生活的情感。语言典雅，生动传神。《清塘荷韵》将荷花的生长过程与作者的心情变化融为一体，营造了生动细腻、柔和宁静的美丽画面，赞美了荷顽强的生命力，表达了作者恬淡、超然的生命态度。《故都的秋》通过对北京一系列秋色的描绘，渲染了一种清、静、悲凉的意境，表达了作者对平静、清幽生活的向往。语言清丽，意味隽永。《瓦尔登湖》(节选)以拟人化手法赋予瓦尔登湖以生命，真切细致地描绘了瓦尔登湖的自然风光之美，表达了作者悠远的生命感想。《黄山记》以酣畅的文笔、虚实相生的手法勾勒了黄山的雄姿美景，赞美了大自然的伟大力量。

流连于自然的美景之中，体悟大自然的情怀的同时，我们对大自然一定会有更多、更深的了解，我们也一定会更加懂得如何尊重自然，爱护自然。

六 荷塘月色①

朱自清

课文导读

这是一篇把作者复杂的心绪寓于清幽、朦胧荷塘月色中的写景散文。

课文叙述了作者深夜独游清华园荷塘的经过，处处写景，时时言情。阅读时，首先在通读全文的基础上，通过联想与想象，再现作者笔下的景物，体察景物的特点，感受作者寄寓在景物之中的情感。其次，弄清作者夜游荷塘的原因，探寻作者感情抒发和深化的过程，体会课文情景交融的表现手法。同时，根据"行踪"和"感情"两条线索，厘清全文结构，欣赏课文精巧的结构美。

欣赏散文要研究散文语言。课文大量运用叠词及拟人、比喻等修辞手法，语言清新优美、典雅华丽。欣赏本文时，要通过反复诵读，仔细品味文中诗情画意的语言，体味它在准确传情达意的基础上的节奏美和音韵美。

作者说："我且受用这无边的荷香月色好了。"是的，我们应该沉醉于自然，尽情享受自然，从大自然的美景中获得一种心灵的慰藉。

这几天心里颇不宁静。今晚在院子里坐着乘凉，忽然想起日日走过的荷塘，在这满月②的光里，总该另有一番样子吧。月亮渐渐地升高了，墙外马路上孩子们的欢笑，已经听不见了；妻在屋里拍着闰儿③，迷迷糊糊地哼着眠歌。我悄悄地披了大衫，带上门出去。

---

① 选自《朱自清全集》第一卷（江苏教育出版社1996年版）。朱自清（1898—1948），江苏扬州人，作家。

② ［满月］圆月。

③ ［闰儿］指作者的次子朱闰生。

沿着荷塘，是一条曲折的小煤屑路。这是一条幽僻①的路；白天也少人走，夜晚更加寂寞。荷塘四面，长着许多树，蓊蓊郁郁②的。路的一旁，是些杨柳，和一些不知道名字的树。没有月光的晚上，这路上阴森森的，有些怕人。今晚却很好，虽然月光也还是淡淡的。

路上只我一个人，背着手踱③着。这一片天地好像是我的；我也像超出了平常的自己，到了另一世界里。我爱热闹，也爱冷静；爱群居，也爱独处。像今晚上，一个人在这苍茫的月下，什么都可以想，什么都可以不想，便觉是个自由的人。白天里一定要做的事，一定要说的话，现在都可不理。这是独处的妙处，我且受用这无边的荷香月色好了。

曲曲折折的荷塘上面，弥望④的是田田⑤的叶子。叶子出水很高，像亭亭⑥的舞女的裙。层层的叶子中间，零星地点缀着些白花，有袅娜⑦地开着的，有羞涩地打着朵儿的；正如一粒粒的明珠，又如碧天里的星星，又如刚出浴的美人。微风过处，送来缕缕清香，仿佛远处高楼上渺茫的歌声似的。这时候叶子与花也有一丝的颤动，像闪电般，霎时传过荷塘的那边去了。叶子本是肩并肩密密地挨着，这便宛然⑧有了一道凝碧的波痕。叶子底下是脉脉⑨的流水，遮住了，不能见一些颜色；而叶子却更见风致⑩了。

月光如流水一般，静静地泻在这一片叶子和花上。薄薄的青雾浮起在荷塘里。叶子和花仿佛在牛乳中洗过一样，又像笼着轻纱的梦。虽然是满月，天上却有一层淡淡的云，所以不能朗照；但我以为这恰是到了好处——酣眠固不可少，小睡也别有风味的。月光是隔了树照过来的，高处丛生的灌木，落下参差的斑驳⑪的黑影，峭楞楞⑫如鬼一般；弯弯的

---

① ［幽僻］幽静而偏僻。

② ［蓊（wěng）蓊郁郁］形容树木蓬勃茂盛的样子。

③ ［踱（duó）］慢步行走。

④ ［弥望］满眼。弥，满。

⑤ ［田田］形容荷叶相连的样子。汉乐府《江南曲》中有"莲叶何田田"的句子。

⑥ ［亭亭］形容女子身材修长或花木形体挺拔。

⑦ ［袅娜（niǎonuó）］柔美的样子。

⑧ ［宛然］仿佛。

⑨ ［脉（mò）脉］这里形容水没有声音，好像深含感情的样子。

⑩ ［风致］美的姿态。

⑪ ［斑驳］原指一种颜色中杂有别的颜色，这里有深浅不一的意思。

⑫ ［峭楞楞］寂静无声地直立着。

杨柳的稀疏的倩影^①，却又像是画在荷叶上。塘中的月色并不均匀；但光与影有着和谐的旋律，如梵婀玲^②上奏着的名曲。

荷塘的四面，远远近近，高高低低都是树，而杨柳最多。这些树将一片荷塘重重围住；只在小路一旁，漏着几段空隙，像是特为月光留下的。树色一例^③是阴阴的，乍看像一团烟雾；但杨柳的丰姿^④，便在烟雾里也辨得出。树梢上隐隐约约的是一带远山，只有些大意罢了。树缝里也漏着一两点路灯光，没精打采的，是渴睡人的眼。这时候最热闹的，要数树上的蝉声与水里的蛙声；但热闹是它们的，我什么也没有。

忽然想起采莲的事情来了。采莲是江南的旧俗，似乎很早就有，而六朝^⑤时为盛；从诗歌里可以约略知道。采莲的是少年的女子，她们是荡着小船，唱着艳歌^⑥去的。采莲人不用说很多，还有看采莲的人。那是一个热闹的季节，也是一个风流^⑦的季节。梁元帝^⑧《采莲赋》里说得好：

于是妖童媛女，荡舟心许^⑨；鷁首徐回，兼传羽杯^⑩；櫂将移而藻挂，船欲动而萍开^⑪。尔其纤腰束素，迁延顾步^⑫；夏始春余，叶嫩花初，恐沾裳而浅笑，畏倾船而敛裾^⑬。

可见当时嬉游的光景了。这真是有趣的事，可惜我们现在早已无福消受^⑭了。

---

① ［倩（qiàn）影］美丽的影子。倩，美丽。

② ［梵婀（ē）玲］英语"violin"的译音，即小提琴。

③ ［一例］一概，一律。

④ ［丰姿］美好的风度姿态。

⑤ ［六朝］三国的吴、东晋和南朝时宋、齐、梁、陈，先后以建康（现江苏南京）为都城，合称六朝。

⑥ ［艳歌］专门吟唱男女爱情的歌曲。

⑦ ［风流］这里的意思是年轻男女不拘礼法地表露自己的爱情。

⑧ ［梁元帝］南朝梁代皇帝萧绎。

⑨ ［妖童媛（yuàn）女，荡舟心许］艳丽的少男和美貌的少女，摇着小船互相默默地传情。妖，艳丽。媛女，美女。许，默认。

⑩ ［鷁（yì）首徐回，兼传羽杯］船慢慢地来回摇荡着，双方传递着酒杯。鷁首，古时画鷁于船头，所以把船头叫鷁首。鷁，水鸟。徐，慢慢地。回，转。兼，指双方。羽杯，酒杯。

⑪ ［櫂（zhào）将移而藻挂，船欲动而萍开］桨要划动，却被水草挂着；船要移动，就把浮萍分开了。櫂，同"棹"，划船的一种工具，形状和桨相似。

⑫ ［尔其纤腰束素，迁延顾步］那细细的腰肢，裹着洁白的绸子，走走退退，不住地回头看。尔其，那，指少女。束，系。素，白色的绸子。迁延，进进退退。顾，回头看。

⑬ ［恐沾裳而浅笑，畏倾船而敛裾（liǎnjū）］因担心水珠溅湿衣裳而低低浅笑，又害怕船儿倾斜赶紧提一提衣襟。恐，担心。浅笑，微微一笑。畏，害怕。敛裾，这里是提着衣襟的意思。裾，衣襟。

⑭ ［消受］享受。多用于否定。

于是又记起《西洲曲》^①里的句子：

采莲南塘秋，莲花过人头；低头弄莲子，莲子清如水。

今晚若有采莲人，这儿的莲花也算得"过人头"了；只不见一些流水的影子，是不行的。这令我到底惦着江南了。——这样想着，猛一抬头，不觉已是自己的门前；轻轻地推门进去，什么声息也没有，妻已睡熟好久了。

1927年7月，北京清华园。

练习与思考

一、课文的线索是作者的行踪和感情的变化。阅读课文，找出直接表现作者感情的语句，体会作者的感情是如何发展变化的。

二、写景散文为了形象生动地表现景物特点，常常运用修辞手法描写景物。品析下表中的句子，体会修辞手法在表现景物特点时的效果。

句子	修辞手法	表达效果
月光如流水一般，静静地泻在这一片叶子和花上		
有袅娜地开着的，有羞涩地打着朵儿的		
树缝里也漏着一两点路灯光，没精打采的，是渴睡人的眼		
微风过处，送来缕缕清香，仿佛远处高楼上渺茫的歌声似的		

三、准确、形象、生动、优美是写景散文的语言特色。比较下列句子中加点的词与括号里的词，说说它们不同的表达效果。

1. 层层的叶子中间，零星地点缀（开）着些白花，有袅娜（已经盛开）地开着的，有羞涩（含苞欲放）地打着朵儿的；正如一粒粒的明珠，又如碧天里的星星，又如刚出浴

---

① ［《西洲曲》］南朝乐府民歌中的名篇。诗中描写了一位少女从初春到深秋，从现实到梦境，对钟爱之人的苦苦思念，洋溢着浓厚的生活气息和鲜明的感情色彩。此处所引为其中四句，"莲"即"怜"，是托"莲"来表达相思。

的美人。

2. 月光如流水一般，静静地泻（照）在这一片叶子和花上。薄薄的青雾浮（升）起在荷塘里。

3. 月光是隔了树照过来的，高处丛生的灌木，落下参差的斑驳的（乱七八糟的）黑影，峭楞楞如鬼一般；弯弯的杨柳的稀疏的倩影，却又像是画（印）在荷叶上。

4. 荷塘的四面，远远近近，高高低低（远近高低）都是树，而杨柳最多。

四、在文中，作者拥有两个世界：生活其中的现实世界与"自我的心灵升华世界"。在某种意义上，"自我的心灵升华世界"是作者的一个"梦"。说说你对这个"梦"的理解。

七 清塘荷韵 ①

季羡林

课文导读

这是一篇写景状物、借景抒情的散文佳作。

阅读课文，首先要整体感知课文，思考作者是如何将荷花生长变化的过程与作者心情的变化融为一体的，领会课文结构。其次，反复诵读描写荷花的语段，体会作者用多种方式描写景物的手法，体会"荷韵"所在，感受作者对自然、对生命的关爱之情，领会课文主旨。最后，品味课文语言，通过分析写景角度、品析修辞手法及辨析词句等方法，感受课文简洁朴素的语言特色，体会作者朴实凝练的语言功底。

"既然冬天到了，春天还会远吗？"这是一种积极向上的乐观主义精神。让我们走进作者创设的"荷韵"之中，聆听人与自然的生命颂歌。

楼前有清塘数亩，记得30多年前初搬来时，池塘里好像是有荷花的，我的记忆里还残留着一些绿叶红花的碎影。后来时移事迁，岁月流逝，池塘里却变得"半亩方塘一鉴开，天光云影共徘徊"②，再也不见什么荷花了。

我脑袋里保留的旧的思想意识颇多，每一次望到空荡荡的池塘，总觉得好像缺点什么。这不符合我的审美观念。有池塘就应当有点绿的东西，哪怕是芦苇呢，也比什么都没有强。最好的最理想的当然是荷花。中国旧的诗文中，描写荷花的简直是太多太多了。周敦颐的《爱莲说》，读书人不知道的恐怕是绝无仅有的。他那一句有名的"香远益清"是脍炙人口的。几乎可以说，中国没有人不爱荷花的。可我们楼前池塘中独独缺少荷花。每次看到或想到，总觉得是一块心病。

有人从湖北来，带来了洪湖的几颗莲子，外壳呈黑色，极硬。据说，如果埋在淤泥中，能够千年不烂。因此，我用铁锤在莲子上砸开了一条缝，让莲芽能够破壳而出，不至永远埋在泥中。这都是一些主观的愿望，莲芽能不能够出，都是极大的未知数。反正我总算是尽了人事，把五六颗敲破的莲子投入池塘中，下面就是听天命了。

---

① 选自《季羡林散文》(浙江文艺出版社1999年版)。有改动。季羡林（1911—2009），山东临清人，学者。

② [半亩方塘一鉴开，天光云影共徘徊]语出宋代朱熹诗《观书有感》。

这样一来，我每天就多了一件工作：到池塘边上去看上几次。心里总是希望，忽然有一天，"小荷才露尖尖角"①，有翠绿的莲叶长出水面。可是，事与愿违，投下去的第一年，一直到秋凉落叶，水面上也没有出现什么东西。经过了寂寞的冬天，到了第二年，春水盈塘，绿柳垂丝，一片旖旎②的风光。可是，我翘盼③的水面上却仍然没有露出什么荷叶。此时我已经完全灰了心，以为那几颗湖北带来的硬壳莲子，由于人力无法解释的原因，大概不会再有长出荷花的希望了。我的目光无法把荷叶从淤泥中吸出。

但是，到了第三年，却忽然出了奇迹。有一天，我忽然发现，在我投莲子的地方长出了几个圆圆的绿叶，虽然颜色极惹人喜爱，但是却细弱单薄，可怜兮兮地平卧在水面上，像水浮莲的叶子一样。而且最初只长出了五六个叶片。我总嫌这有点太少，总希望多长出几片来。于是，我盼星星，盼月亮，天天到池塘边上去观望。有校外的农民来捞水草，我总请求他们手下留情，不要碰断叶片。但是经过了漫漫的长夏，凄清的秋天又降临人间，池塘里浮动的仍然只是孤零零的那五六个叶片。对我来说，这又是一个虽微有希望但究竟仍是令人灰心的一年。

真正的奇迹出现在第四年上。严冬一过，池塘里又溢满了春水。到了一般荷花长叶的时候，在去年飘浮着五六个叶片的地方，一夜之间，突然长出了一大片绿叶，而且看来荷花在严冬的冰下并没有停止运动，因为在离开原有五六个叶片的那块基地比较远的池塘中心，也长出了叶片。叶片扩张的速度，扩张范围的广大，都是惊人的快。几天之内，池塘内不小一部分，已经全为绿叶所覆盖。而且原来平卧在水面上的像是水浮莲一样的叶片，不知道是从哪里聚集来了力量，有一些竟然跃出了水面，长成了亭亭的荷叶。原来我心中还迟迟疑疑，怕池中长的是水浮莲，而不是真正的荷花。这样一来，我心中的疑云一扫而光：池塘中生长的真正是洪湖莲花的子孙了。我心中狂喜，这几年总算是没有白等。

天地萌生万物，对包括人在内的动植物等有生命的东西，总是赋予一种极其惊人的求生存的力量和极其惊人的扩展蔓延的力量，这种力量大到无法抗御。只要你肯费力来观察一下，就必然会承认这一点。现在摆在我面前的就是我楼前池塘里的荷花。自从几个勇敢的叶片跃出水面以后，许多叶片接踵而至。一夜之间，就出来了几十枝，而且迅速地扩散、蔓延。十几天的工夫，荷叶已经蔓延得遮蔽了整个池塘。从我撒种的地方出发，向东西南北四面扩展。我无法知道，荷花是怎样在深水中淤泥里走动。反正从露出水面的荷叶来看，每天至少要走半尺的距离，才能形成眼前这个局面。

---

① ［小荷才露尖尖角］语出宋代杨万里诗《小池》。

② ［旖旎（yǐnǐ）］本意为旌旗随风飘扬的样子，引申为柔和美丽。

③ ［翘（qiáo）盼］翘首盼望。

光长荷叶，当然是不能满足的。荷花接踵而至，而且据了解荷花的行家说，我门前池塘里的荷花，同燕园其他池塘里的都不一样。其他地方的荷花，颜色浅红；而我这里的荷花，不但红色浓，而且花瓣多，每一朵花能开出十六个复瓣，看上去当然就与众不同了。这些红艳耀目的荷花，高高地凌驾于莲叶之上，迎风弄姿，似乎在睥睨①一切。幼时读旧诗："毕竟西湖六月中，风光不与四时同。接天莲叶无穷碧，映日荷花别样红。"②爱其诗句之美，深恨没有能亲自到杭州西湖去欣赏一番。现在我门前池塘中呈现的就是那一派西湖景象。是我把西湖从杭州搬到燕园里来了，岂不大快人意也哉！前几年才搬到朗润园来的周一良先生赐名为"季荷"。我觉得很有趣，又非常感激。难道我这个人将以荷而传吗？

前年和去年，每当夏月塘荷盛开时，我每天至少有几次徘徊在塘边，坐在石头上，静静地吸吮荷花和荷叶的清香。"蝉噪林逾静，鸟鸣山更幽。"我确实觉得四周静得很。我在一片寂静中，默默地坐在那里，水面上看到的是荷花的绿肥、红肥。倒影映入水中，风乍起，一片莲瓣堕入水中，它从上面向下落，水中的倒影却是从下边向上落，最后一接触到水面，二者合为一，像小船似的漂在那里。我曾在某一本诗话③上读到两句诗："池花对影落，沙鸟带声飞。"④作者深惜第二句对仗不工。这也难怪，像"池花对影落"这样的境界究竟有几个人能参悟⑤透呢？

晚上，我们一家人也常常坐在塘边石头上纳凉。有一夜，天空中的月亮又明又亮，把一片银光洒在荷花上。我忽听扑通一声，是我的小白波斯猫毛毛扑入水中，她大概是认为水中有白玉盘，想扑上去抓住。她一入水，大概就觉得不对头，连忙矫捷地回到岸上，把月亮的倒影打得支离破碎，好久才恢复了原形。

今年夏天，天气异常闷热，而荷花则开得特欢。绿盖擎天，红花映日，把一个不算小的池塘塞得满而又满，几乎连水面都看不到了。一个喜爱荷花的邻居，天天兴致勃勃地数荷花的朵数。今天告诉我，有四五百朵；明天又告诉我，有六七百朵。但是，我虽然知道他为人细致，却不相信他真能数出确实的朵数。在荷花底下，石头缝里，旮旮旯旯⑥，

---

① ［睥睨（pì nì）］眼睛斜着看，形容高傲的样子。

② ［毕竟西湖六月中，风光不与四时同。接天莲叶无穷碧，映日荷花别样红］宋代诗人杨万里诗《晓出净慈寺送林子方》。

③ ［一本诗话］指清代袁枚的《随园诗话》。

④ ［池花对影落，沙鸟带声飞］清初诗人陈恭尹的诗句。

⑤ ［参悟］探究并领会（道理、意义）。

⑥ ［旮（gā）旮旯（lá）旯］方言，所有的角落。

不知还隐藏着多少菁葖①儿，都是在岸边难以看到的。粗略估计，今年大概开了将近一千朵。真可以算是洋洋大观了。

连日来，天气突然变寒，好像是一下子从夏天转入秋天。池塘里的荷叶虽然仍然是绿油一片，但是看来变成残荷之日也不会太远了。再过一两个月，池水一结冰，连残荷也将消逝得无影无踪。那时荷花大概会在冰下冬眠，做着春天的梦。它们的梦一定能够圆的。"既然冬天到了，春天还会远吗？"②

我为我的"季荷"祝福。

练习与思考

一、课文以时间为序，以情感为线索，描写了荷塘美丽的景色。阅读课文，找出课文中描写荷花生长情况以及作者"盼荷"的行动与心情的句子，填写下表。

时段	"我"的行动	荷花的生长情况	"我"的心情变化
第一年			
第二年			
第三年			
第四年			
以后岁月			

二、课文描写荷花，既有动静结合手法，也有正面描写与侧面烘托。同时还运用了比喻、拟人、对比、引用等多种修辞。品析下列句子描写荷花的手法及表达效果。

1. 我在一片寂静中，默默地坐在那里，水面上看到的是荷花的绿肥、红肥。倒影映入水中，风乍起，一片莲瓣堕入水中，它从上面向下落，水中的倒影却是从下边向上落，最后一接触到水面，二者合为一，像小船似的漂在那里。

2. 一个喜爱荷花的邻居，天天兴致勃勃地数荷花的朵数。今天告诉我，有四五百朵；明天又告诉我，有六七百朵。

---

① ［菁葖（gūtū）儿］骨朵儿，没有开放的花苞。

② ［既然冬天到了，春天还会远吗？］语出英国诗人雪莱的诗作《西风颂》。雪莱用此句预言革命的春天即将来临，给生活在黑夜及困境中的人们带来鼓舞和希望。

3. 那时荷花大概会在冰下冬眠，做着春天的梦。它们的梦一定能够圆的。

三、课文中引用古诗文增加了课文的意蕴，也给课文平添清新淡然的诗意之美。找出这些古诗文，联系上下文品味其作用。

四、如果说周敦颐笔下的荷是志行高洁的隐者，朱自清笔下的荷是抚慰心灵的舞者，那么季老笔下的荷应该是什么呢？请结合原文，说说你的理解。

八　故都的秋①

郁达夫

课文导读

这是一篇写景抒情散文，蕴含着作者对故都自然风景的眷恋和对美执着追求的情怀。

课文寓情于景，借景抒情，写出了故都之秋的特色，表达了作者内心对故都之秋的独特感受。阅读时，要联系作者写作时的心境，结合自己对秋的观察和体验，领悟作品中景物描写和作者直接抒怀的文字中蕴含的浓郁情感。

欣赏这篇散文要抓住"可是啊，北国的秋，却特别地来得清，来得静，来得悲凉"这一文眼，厘清作者的写作思路，明确其选材、组材的意图，整体把握课文内容。再通过对作品中优美、精彩语句的诵读，思考作者是如何运用凝练的语言准确描摹景物状态的，体味课文明白晓畅、简洁清丽的语言特点。

作者说："秋天，这北国的秋天，若留得住的话，我愿把寿命的三分之二折去，换得一个三分之一的零头。"让我们与作者一同置身于北国的秋景中，感受秋天，品味秋天，思索秋天。

秋天，无论在什么地方的秋天，总是好的；可是啊，北国的秋，却特别地来得清，来得静，来得悲凉。我的不远千里，要从杭州赶上青岛，更要从青岛赶上北平来的理由，也不过想饱尝一尝这"秋"，这故都的秋味。

江南，秋当然也是有的；但草木凋得慢，空气来得润，天的颜色显得淡，并且又时常多雨而少风；一个人夹在苏州上海杭州，或厦门香港广州的市民中间，混混沌沌地过去，只能感到一点点清凉，秋的味，秋的色，秋的意境与姿态，总看不饱，尝不透，赏玩不到十足。秋并不是名花，也并不是美酒，那一种半开、半醉的状态，在领略秋的过程上，是不合适的。

不逢北国之秋，已将近十年了。在南方每年到了秋天，总要想起陶然亭②的芦花，钓

---

① 选自《郁达夫全集》第三卷（浙江大学出版社2007年版）。略有改动。

② [陶然亭] 位于北京城南陶然亭公园内。亭名出自白居易诗句"更待菊黄家酿熟，共君一醉一陶然"。

鱼台①的柳影，西山②的虫唱，玉泉③的夜月，潭柘寺④的钟声。在北平即使不出门去吧，就是在皇城人海之中，租人家一椽⑤破屋来住着，早晨起来，泡一碗浓茶，向院子一坐，你也能看得到很高很高的碧绿的天色，听得到青天下驯鸽的飞声。从槐树叶底，朝东细数着一丝一丝漏下来的日光，或在破壁腰中，静对着像喇叭似的牵牛花（朝荣）的蓝朵，自然而然地也能够感觉到十分的秋意。说到了牵牛花，我以为以蓝色或白色者为佳，紫黑色次之，淡红者最下。最好，还要在牵牛花底，教长着几根疏疏落落的尖细且长的秋草，使作陪衬。

北国的槐树，也是一种能使人联想起秋来的点缀。像花而又不是花的那一种落蕊，早晨起来，会铺得满地。脚踏上去，声音也没有，气味也没有，只能感出一点点极微细极柔软的触觉。扫街的在树影下一阵扫后，灰土上留下来的一条条扫帚的丝纹，看起来既觉得细腻，又觉得清闲，潜意识下并且还觉得有点儿落寞，古人所说的梧桐一叶而天下知秋⑥的遥想，大约也就在这些深沉的地方。

秋蝉的衰弱的残声，更是北国的特产；因为北平处处全长着树，屋子又低，所以无论在什么地方，都听得见它们的啼唱。在南方是非要上郊外或山上去才听得到的。这嘶叫的秋蝉，在北平可和蟋蟀耗子一样，简直像是家家户户都养在家里的家虫。

还有秋雨哩，北方的秋雨，也似乎比南方的下得奇，下得有味，下得更像样。

在灰沉沉的天底下，忽而来一阵凉风，便息列索落地下起雨来了。一层雨过，云渐渐地卷向了西去，天又青了，太阳又露出脸来了；着⑦着很厚的青布单衣或夹袄的都市闲人，咬着烟管，在雨后的斜桥影里，上桥头树底去一立，遇见熟人，便会用了缓慢悠闲的声调，微叹着互答着地说：

"唉，天可真凉了——"（这了字念得很高，拖得很长。）

"可不是吗？一层秋雨一层凉啦！"

---

① ［钓鱼台］在北京阜成门外三里河，玉渊潭公园北面，环境清幽，"台下有泉涌出，汇成池，其水至冬不竭"（《明一统志》）。

② ［西山］北京西郊群山的总称。是京郊名胜。

③ ［玉泉］指玉泉山，是北京西山东麓支脉。

④ ［潭柘（zhè）寺］在北京西山的潭柘山麓，距城30余千米，相传"寺址本在青龙潭上，有古柘千章，寺以此得名"。

⑤ ［一椽（chuán）］一间屋。椽，本指放在房檩上架着屋面板和瓦的木条。

⑥ ［梧桐一叶而天下知秋］《淮南子·说山训》："以小明大，见一叶落而知岁之将暮。"《太平御览》卷二十四引作"一叶落而知天下秋"。

⑦ ［着（zhuó）］穿（衣）。

北方人念阵字，总老像是层字，平平仄仄起来①，这念错的歧韵，倒来得正好。

北方的果树，到秋来，也是一种奇景。第一是枣子树：屋角，墙头，茅房边上，灶房门口，它都会一株株地长大起来。像橄榄又像鸽蛋似的这枣子颗儿，在小椭圆形的细叶中间，显出淡绿微黄的颜色的时候，正是秋的全盛时期；等枣树叶落，枣子红完，西北风就要起来了，北方便是尘沙灰土的世界。只有这枣子、柿子、葡萄，成熟到八九分的七八月之交，是北国的清秋的佳日，是一年之中最好也没有的Golden Days②。

有些批评家说，中国的文人学士，尤其是诗人，都带着很浓厚的颓废色彩，所以中国的诗文里，颂赞秋的文字特别多。但外国的诗人，又何尝不然？我虽则外国诗文念得不多，也不想开出账来，做一篇秋的诗歌散文钞③，但你若去一翻英德法意等诗人的集子，或各国的诗文的Anthology④来，总能够看到许多关于秋的歌颂与悲啼。各著名的大诗人的长篇田园诗或四季诗里，也总以关于秋的部分，写得最出色而最有味。足见有感觉的动物，有情趣的人类，对于秋，总是一样的能特别引起深沉、幽远、严厉、萧索的感触来的。不单是诗人，就是被关闭在牢狱里的囚犯，到了秋天，我想也一定会感到一种不能自已的深情；秋之于人，何尝有国别，更何尝有人种阶级的区别呢？不过在中国，文字里有一个"秋士"⑤的成语，读本里又有着很普遍的欧阳子的《秋声》⑥与苏东坡的《赤壁赋》等，就觉得中国的文人，与秋的关系特别深了。可是这秋的深味，尤其是中国的秋的深味，非要在北方，才感受得到底。

南国之秋，当然是也有它的特异的地方的，譬如廿四桥的明月⑦、钱塘江的秋潮⑧、普陀山⑨的凉雾、荔枝湾的残荷，等等，可是色彩不浓，回味不永。比起北国的秋来，正像是黄酒之与白干，稀饭之与馍馍，鲈鱼之与大蟹，黄犬之与骆驼。

---

① ［平平仄仄起来］意即推敲起字的韵律来。

② ［Golden Days］意思是"黄金般的日子"。

③ ［钞］文学作品等经过选录而成的集子。同"抄"。

④ ［Anthology］英语"选集"。

⑤ ［秋士］古时指到了暮年仍不得志的知识分子。

⑥ ［欧阳子的《秋声》］指宋代文学家欧阳修的《秋声赋》。

⑦ ［廿四桥的明月］杜牧《寄扬州韩绰判官》诗："青山隐隐水迢迢，秋尽江南草未凋。二十四桥明月夜，玉人何处教吹箫。""廿四桥"即二十四桥，在江苏扬州瘦西湖，相传隋炀帝曾在月夜令宫女二十四人吹箫于此，故名。

⑧ ［钱塘江的秋潮］钱塘江位于浙江，出杭州湾，入东海，江口为喇叭状。每年中秋节前后涨潮时，受江口地形收缩和水深骤减影响，江面波涛汹涌，潮水以排山倒海之势奔腾向前，形成"钱塘怒潮"景观。

⑨ ［普陀山］位于浙江舟山群岛的一座小岛上。

秋天，这北国的秋天，若留得住的话，我愿把寿命的三分之二折去，换得一个三分之一的零头。

1934年8月，在北平

练习与思考

一、"文眼"是指作者在文章中着力刻画和描摹的中心点，是文章主旨的凝聚点。课文的"文眼"是"北国的秋，却特别地来得清，来得静，来得悲凉"，可课文开头与结尾都写南国之秋，文中还提到中外的文人、诗人，甚至牢狱里的囚犯对秋的情感，这与"文眼"是否相背离？

二、"文中有我，重在抒情"是散文的鲜明特征。品味下列句子，说说作者是如何通过景物描写抒发情感的。

1. 说到了牵牛花，我以为以蓝色或白色者为佳，紫黑色次之，淡红者最下。最好，还要在牵牛花底，教长着几根疏疏落落的尖细且长的秋草，使作陪衬。

2. 北国的槐树，也是一种能使人联想起秋来的点缀。像花而又不是花的那一种落蕊，早晨起来，会铺得满地。脚踏上去，声音也没有，气味也没有，只能感出一点点极微细极柔软的触觉。扫街的在树影下一阵扫后，灰土上留下来的一条条扫帚的丝纹，看起来既觉得细腻，又觉得清闲……

3. 秋蝉的衰弱的残声，更是北国的特产；因为北平处处全长着树，屋子又低，所以无论在什么地方，都听得见它们的啼唱。在南方是非要上郊外或山上去才听得到的。这嘶叫的秋蝉，在北平可和蟋蟀耗子一样，简直像是家家户户都养在家里的家虫。

三、课文语言清新晓畅，抑扬有致，既传达出一种情趣和神韵，又产生如诗如乐的美感。细细品味下列两组语句，说说修改前后的不同表达效果。

1. 原文：可是啊，北国的秋，却特别地来得清，来得静，来得悲凉。

　　修改：可是啊，北国的秋，却特别地来得清、静、悲凉。

2. 原文：秋天，这北国的秋天，若留得住的话，我愿把寿命的三分之二折去，换得一个三分之一的零头。

　　修改：我愿用三分之二的寿命留住这北国的秋天。

*九 瓦尔登湖（节选）①

［美］梭 罗

课文导读

这是一篇蕴涵着对大自然与人类关系独特理解的写景散文。

在作者的眼里，瓦尔登湖充满性情。课文将瓦尔登湖的美丽与神韵表现得淋漓尽致。学习时，先通读全文，整体感知课文内容，体味写景中穿插的叙事、议论和抒情文字，感受作者对美丽风光的陶醉，和对人类文明发展给大自然造成破坏的痛惜之情。在了解作者独特个人经历的基础上，体会作者对瓦尔登湖的美丽及神韵的欣赏与他的自然观之间的关系，从作者的思想基础上去挖掘情感的源头。透过对文中重要词语的品味，体会课文通过质朴本色的语言描绘优美意境的手法。

走进文中的瓦尔登湖，那独有的虚静与孤寂、思想与灵光，会如涓涓细流注入我们的心灵，引发我们无尽的哲思和悠远的生命感想。

湖是风景中最美、最有表情的姿容。它是大地的眼睛，望着它的人可以测出自己天性的深浅。湖边的树木宛若睫毛一样，而四周森林蓊郁的群山和山崖是它的浓密突出的眉毛。

我第一次划船在瓦尔登湖上游弋②的时候，它四周完全被浓密而高大的松树和橡树围着，有些山凹中，葡萄藤爬过了湖边的树，盘成一弯凉亭，船只可以在下面惬意③地通过。湖岸边的山太峻峭，山上的树木又太高，所以从西端望下来，这里像一个圆形剧场，水上可以演出山林舞台剧。我年纪轻一点的时候，就在那儿消磨了好些光阴，像和风一样地在湖上漂浮。一个夏天的上午，我先把船划到湖心，而后背靠在座位上，似梦非梦地漂流着，直到船撞在沙滩上，惊醒的我才欠起身来，看看命运已把我推送到哪一个岸边来了。在那种日子里，慵懒④是最诱惑人的事情，我就这样偷闲地度过了许多个上午。我宁愿把一天中最宝贵的光阴这样虚掷。我是富有的，虽然与金钱无关，因为我拥有阳光照耀

---

① 选自《瓦尔登湖》（上海译文出版社1997年版）。徐迟译。有改动。梭罗（1817—1862），美国作家。

② ［游弋（yì）］泛指在水中游动。

③ ［惬（qiè）意］舒服。

④ ［慵（yōng）懒］懒散不振作。

的时辰以及夏令的日月，我挥霍着它们。可是，自从我离开这洒满古典生态阳光的湖岸之后，伐木人竟大砍大伐起来了。从此要有许多年不可能在林间的甬道上徜徉了，不可能在这样的森林中遇见湖水了。人类的艺术创造之力如果消失了，那是情有可原的——森林已被砍伐，怎能希望鸟儿歌唱？

现在，湖底的树干、古老的独木舟、黑魆魆①的四周的林木，都没有了，村民本来是连这个湖在什么地方都不知道的，如今却想到用一根管子来把这些湖水引到村中洗碗洗碟子了。这是和恒河②之水一样圣洁的水！而他们却想转动一个开关，拔起一个塞子就利用瓦尔登的湖水了！这恶魔似的铁马，那震耳欲聋的机器喧嚣声已经传遍全乡镇了，它已经用肮脏的工业脚步使湖水混浊了，正是它，把瓦尔登湖岸上的树木和风景吞噬了。

虽然伐木人已经把湖岸这一段和那一段的树木先后砍光了，爱尔兰人也已经在那儿建造了他们的陋室，铁路线已经侵入了它的边境，冰藏商人已经豪取过它的冰，然而，它仍然顽强地生存着，还是我在青春时代所见的湖水——它虽然有那么多的涟漪，却并没有一条永久性的皱纹。它永远年轻，我还可以站在那儿，看到一只飞燕坦然掠下，从水面衔走一条小虫，正和从前一样。今天晚上，这感情又来袭击我了，仿佛20多年来我并没有每天都和它在一起厮守一样——啊，这是瓦尔登湖，还是我许多年之前发现的那个充满着神秘和活力的林中湖泊。这儿，去年冬天被砍伐了一片森林，而另一片林子已经拔地而起，在湖边蓬勃华丽地生长着。还是同样水潋潋的欢乐、内在的喜悦、创造者的喜悦，是的，这可能就是我的喜悦。

这湖当然是一个大勇者的作品，没有一丝一毫的虚伪！他用他的手围起了这一泓湖水，在他的思想中愈来愈深化，愈来愈清澈，并把它传给了康科德③，我从康科德河的水面上又看到了同样的倒影，我几乎要惊呼：瓦尔登湖，是你吗？！

　　　　这不是我的梦，
　　　　用于装饰一行诗；
　　　　我不能更接近天使和乐园
　　　　甚于我之生活在瓦尔登。
　　　　我是它的圆石岸，

----

① ［黑魆（xū）魆］形容黑暗。

② ［恒河］位于印度的北部，是南亚的一条主要河流。

③ ［康科德河］流经康科德镇的一条小河。

飘拂而过的风;

在我掌中的一握,

是它的水,它的沙,

而它的最深邃僻隐处

高高躺在我的思想中。

火车从来不停下来欣赏湖光山色,然而我想,那些司机和那些买了月票的旅客,常看到它,他们多少会留心这些风景的。每天他们至少有一次机会与庄严、纯洁的瓦尔登湖相遇。对它,就算只有一瞥,也已经可以洗净现代繁华大街上的污浊和引擎上的油腻了。

练习与思考

一、课文在写景中穿插了叙事、议论和抒情。指出下列句子运用的表达方式,并分析其作用。

1. 一个夏天的上午,我先把船划到湖心,而后背靠在座位上,似梦非梦地漂流着,直到船撞在沙滩上,惊醒的我才欠起身来,看看命运已把我推送到哪一个岸边来了。

2. 这恶魔似的铁马,那震耳欲聋的机器喧嚣声已经传遍全乡镇了,它已经用肮脏的工业脚步使湖水混浊了,正是它,把瓦尔登湖岸上的树木和风景吞噬了。

3. 它虽然有那么多的涟漪,却并没有一条永久性的皱纹。

二、课文语言质朴、本色,而又意蕴隽永。结合上下文,体味下列语句的含义。

1. 湖是风景中最美、最有表情的姿容。它是大地的眼睛,望着它的人可以测出自己天性的深浅。湖边的树木宛若睫毛一样,而四周森林蓊郁的群山和山崖是它的浓密突出的眉毛。

2. 在那种日子里，慵懒是最诱惑人的事情，我就这样偷闲地度过了许多个上午。我宁愿把一天中最宝贵的光阴这样虚掷。我是富有的，虽然与金钱无关，因为我拥有阳光照耀的时辰以及夏令的日月，我挥霍着它们。

3. 人类的艺术创造之力如果消失了，那是情有可原的——森林已被砍伐，怎能希望鸟儿歌唱？

三、在作者的心目中，瓦尔登湖是大自然的伟大创造。请从课文中找出具体语句，并简要复述。

*十 黄 山 记①

徐 迟

课文导读

这是一篇别出心裁的游记散文。

作者从宇宙变迁、人类发展的高度去认识黄山，增加了课文大气磅礴的特色和深厚的内涵。学习时，要在诵读中领略黄山之美，感受作者之情，理解课文主旨，体会课文大开大阖、遒劲奔放的风格。

欣赏散文，要善于探究文章的构思。课文以"奇、险"总领全文，承"险"展开，缘"奇"着墨，结构布局独出机杼，严谨有度。欣赏时，在整体感知课文内容的基础上，厘清4大部分之间的联系，把握作者的行文思路，欣赏课文的结构美；并通过反复诵读，细细品味文中生动传神的比喻、大胆精彩的夸张、节奏紧凑的句式、错彩镂金的词语，欣赏课文的语言美。

课文说："大自然是崇高、卓越而美的。"我们应在领略大自然的崇高、卓越时，更深地体味人类亲近自然、享受自然的情怀。

一

大自然是崇高、卓越而美的。它煞费心机，创造世界。它创造了人间，还安排了一处胜境。它选中皖南②山区。它是大手笔③，用火山喷发的手法，迅速地，在周围120千米，面积千余平方千米的一个浑圆的区域里，分布了这么多花岗岩的山峰。它巧妙地搭配了其中36大峰和36小峰。高峰下临深谷；幽潭傍依天柱④。这些朱砂的、丹红的、紫霭色的群峰，前拥后簇，高矮参差。三个主峰，高风峻骨，鼎足而立，撑起青天。

这样布置后，它打开了它的云库，拨给这区域的，有倏⑤来倏去的云、扑朔迷离的雾、绮丽多彩的霞光、雪浪滚滚的云海。云海五座，如五大洋，汹涌澎湃。被雪浪拍击

---

① 选自《徐迟散文选集》(上海文艺出版社1979年版)。徐迟（1914—1996），浙江湖州人，作家。

② 〔皖南〕指安徽省内长江以南地区。

③ 〔大手笔〕指名作家或大艺术家的作品。这里比喻气势、排场之宏大。

④ 〔天柱〕古代神话中的擎天之柱。

⑤ 〔倏（shū）〕极快地。

的山峰，或被吞没，或露顶巅，沉浮其中。然后，大自然又毫不悭吝①地赐予几千种植物。它处处散下了天女花和高山杜鹃。它还特意委托风神带来名贵的松树树种，播在险要处。黄山松铁骨冰肌；异萝松天下罕见。这样，大自然把紫红的峰、雪浪云的海、虚无缥缈的雾、苍翠的松，拿过来组成了无穷尽的幻异的景。云海上下，有三十六源、二十四溪、十六泉，还有八潭、四瀑。一道温泉，能治百病。名种走兽之外，又有各种飞禽。神奇的音乐鸟能唱出八个乐音。希世②的灵芝草，有珊瑚似的肉芝。作为最高的效果，它格外赏赐了只属于幸福的少数人的、极罕见的摄身光③。这种光最神奇不过。它有彩色光晕如镜框，中间一明镜可显见人形。三个人并立峰上，各自从峰前摄身光中看见自己的面容身影。

这样，大自然布置完毕，显然满意了，因此它在自己的这件艺术品上，最后三下两下，将那些可以让人从人间通入胜境去的通道全部切断，处处悬崖绝壁，无可托足。它不肯随便把胜境给予人类。它封了山。

二

鸿蒙④以后多少年，只有善于攀援的金丝猴来游。以后又多少年，才来到了人。第一个来者黄帝，一来到，黄山命了名。他和浮丘公、容成子上山采药。传说他在三大主峰之一，海拔1 840米的光明顶之旁，炼丹峰上，飞升了。

又几千年，无人攀登这不可攀登的黄山。直到盛唐，开元天宝年间，才有个诗人来到。即使在猿猴愁攀登的地方，这位诗人也不愁。在他足下，险阻山道挡不住他。他是李白。他逸兴⑤横飞，登上了海拔1 860米的莲花峰，黄山最高峰的绝顶。有诗为证：丹崖夹石柱，菡萏金芙蓉，伊昔升绝顶，俯视天目松⑥。李白在想象中看见，浮丘公引来了王子

---

① ［悭吝（qiānlìn）］吝啬，小气。

② ［希世］同"稀世"，世间很少有的。

③ ［摄身光］一般为直径两米左右的，呈现红、橙、黄、绿、青、蓝、紫七种颜色的光环，环中虚明如镜，有人形黑影。摄身光是太阳光照射在云层水气上的一种折射反映，在山间有云海雾气和斜射的太阳光的特殊环境中才能产生。

④ ［鸿蒙］古人认为天地开辟之前是一团混沌的元气，这种自然的元气叫作鸿蒙。

⑤ ［逸兴］超逸豪放的兴致。

⑥ ［丹崖夹石柱，菡萏（hàndàn）金芙蓉，伊昔升绝顶，俯视天目松］语出唐代诗人李白的诗《送温处士归黄山白鹅峰旧居》，下文"乘桥蹑（niè）彩虹"也出于此诗。菡萏，荷花的别称。

乔①，"吹笙舞松风②"。他还想"乘桥蹑彩虹"，又想"遗形入无穷"，可见他游兴之浓。

又数百年，宋代有一位吴龙翰，"上丹崖万仞之巅，夜宿莲花峰顶。霜月洗空，一碧万里③"。看来那时候只能这样，白天登山，当天回不去。在山顶露宿，也是一种享乐。

可是这以后，元明清数百年内，大多数旅行家都没有能登上莲花峰顶。汪瓘④以"从者七人，二僧与俱"，组成一支浩浩荡荡的登山队，"一仆前持斧斤，剪伐丛莽；一仆鸣金继之；二三人肩糗⑤执剑戟以随。"他们只到了半山寺，狼狈不堪，临峰翘望，败兴而归。只有少数人到达了光明顶。登莲花峰顶的更少了。而三大主峰之中的天都峰，海拔只有1 810米，却最险峻，从来没有人上去过。那时有一批诗人，结盟于天都峰下，称"天都社"。诗倒是写了不少，可登上去的，没有一个。

登天都，有记载的，仅后来的普门法师、云水僧、李匡台、方夜和徐霞客。

三

白露之晨，我们从温泉宾馆出发。经人字瀑，看到了从前的人登山之途，五百级罗汉级。这是在两大瀑布奔泻而下的光滑的峭壁上琢凿出来的石级，没有扶手，仅可托足，果然惊险。但我们现在并不需要从这儿登山。另外有比较平缓的、相当宽阔的石级从瀑布旁侧的山林间，一路往上铺砌。我们甚至还经过了一段公路，只是它还没有修成。一路总有石级。装在险峻地方的铁栏杆很结实；红漆了，更美观。林业学校在名贵树木上悬挂小牌子，写着树名和它们的拉丁学名，像公园里那样的。

过了立马亭、龙蟠坡，到半山寺，便见天都峰挺立在前，雄峻难以攀登。这时山路渐渐地陡峭，我们快到达那人间与胜境的最后边界线了。

然而，现在这边界线的道路全是石级铺砌的了，相当宽阔，直到天都峰趾。仰头看吧！天都峰，果然像过去的旅行家所描写的"卓绝云际"。他们来到这里时，莫不"心甚欲往"。可是"客怨，仆泣"，他们都被劝阻了。"不可上，乃止"，他们没上去。方夜

---

① ［王子乔］传说中的仙人名。汉代刘向《列仙传·王子乔》中记载："王子乔者，周灵王太子晋也。好吹笙，作凤凰鸣。游伊洛之间，道士浮丘公接以上嵩高山。三十余年后，求之于山上，见柏良曰：'告我家，七月七日待我于缑（gōu）氏山巅。'至时，果乘鹤驻山头，望之不得到，举手谢时人，数日而去。"

② ［吹笙舞松风］语出唐代诗人李白的诗《至陵阳山登天柱石，酬韩侍御见招隐黄山》。下文"遗形入无穷"同出此诗。

③ ［上丹崖万仞之巅……一碧万里］见吴龙翰《古梅遗稿·黄山纪游》。吴龙翰，字式贤，号古梅，安徽歙（shè）县人。约宋度宗咸淳年间乡贡，后被荐举编校国史院实录。

④ ［汪瓘（guàn）］字民莹，号篁（huáng）南子，安徽歙县人，明代医家。喜爱诗文，著有《武夷游稿》。

⑤ ［糗（qiǔ）］本义为炒熟的米、麦，这里泛指干粮。

在他的《小游记》中写道："天都险莫能上。自普门师蹑其顶，继之者惟云水僧一十八人集月夜登之，归而几堕崖者已四。又次为李匡台，登而其仆亦堕险几毙。自后遂无至者。近踵^①其险而至者，惟余侣耳。"

那时上天都确实险。但现今我们面前，已有了上天的云梯。一条鸟道^②，像绳梯从上空落下来。它似乎是无穷尽的石级，等我们去攀登。它陡则陡矣，累亦累人，却并不可怕。石级是宽阔的，两旁还有石栏，中间挂铁索，保护你。我们直上，直上，直上，不久后便已到了最险处的鲫鱼背。

那是一条石梁，两旁削壁千仞。石梁狭仄^③，中间断却。方夜到此，"稍栗"。我们却无可战栗，因为鲫鱼背上也有石栏和铁索在卫护我们。这也化险为夷了。

如是，古人不可能去的，以为最险的地方，鲫鱼背、阎王坡、小心壁，等等，今天已不再是艰险的，不再是不可能去的地方了。我们一行人全到了天都峰顶。千里江山，俱收眼底；黄山奇景，尽踏足下。

我们这江山，这时代，正是这样，属于少数人的幸福已属于多数人。虽然这里历代有人开山筑道，却只有这时代才开成了山，筑成了道。感谢那些黄山石工，峭壁见他们就退让了，险处见他们就回避了。他们征服了黄山。断崖之间架上桥梁，正可以观泉赏瀑。险绝处的红漆栏杆，本身便是可羡的风景。

胜境已成为公园，绝处已经逢生。看呵，天都峰、莲花峰、玉屏峰、莲蕊峰、光明顶、狮子林，这许多许多佳丽处，都在公园中。看呵，这是何等的公园！

四

只见云气氤氲^④来，飞升于文殊院、清凉台，飘拂过东海门、西海门，弥漫于北海宾馆、白鹅岭。如此之漂泊无定；若许之变化多端。毫秒之间，景物不同；同一地点，瞬息万变。一忽儿阳光普照；一忽儿雨脚奔驰。却永有云雾，飘去浮来，整个的公园，藏在其中。几枝松，几个观松人，溶出溶入，一幅幅，有似古山水，笔意简洁。而大风呼啸，摇撼松树，如龙如凤，显出它们矫健多姿。它们的根盘入岩缝，和花岗石一般颜色，一般坚贞。它们有风修剪的波浪形的华盖；它们因风展开了似飞翔之翼翅。从峰顶俯视，它们如苔藓，披覆住岩石；从山腰仰视，它们如天女，亭亭而玉立。沿着岩壁折

---

① ［踵（zhǒng）］跟随。

② ［鸟道］形容险峻狭窄的山路。意思是只有飞鸟可度。李白《蜀道难》："西当太白有鸟道。"

③ ［狭仄（zè）］狭窄。

④ ［氤氲（yīnyūn）］形容烟或云气浓郁。

缝，一个个地走将出来，薄纱轻绸，露出的身段翩然起舞。而这舞松之风更把云雾吹得千姿万态，令人眼花缭乱。这云雾或散或聚；群峰则忽隐忽现。刚才还是倾盆雨、迷天雾，而千分之一秒还不到，它们全部停住、散去了。庄严的天都峰上，收起了哈达①；俏丽的莲蕊峰顶，揭下了蝉翼似的面纱。阳光一照，丹崖贴金。这时，云海滚滚，如海宁潮②来，直拍文殊院宾馆前面的崖岸。硃砂峰被吞没；桃花峰到了波涛底；耕云峰成了一座小岛；鳌鱼峰游泳在雪浪花间。波涛平静了，月色耀眼。这时文殊院正南前方，天蝎星座③的全身，如飞龙一条，伏在面前，一动不动。等人骑乘，便可起飞。而当我在静静的群峰间，暗蓝的宾馆里，突然睡醒，轻轻起来，看到峰峦还只有明暗阴阳之分时，黎明的霞光却渐渐显出了紫蓝青绿诸色。初升的太阳透露出第一道光芒。从未见过这鲜红如此之红；也未见过这鲜红如此之鲜。一刹那间火球腾空；凝眸处彩霞掩映。光影有了千变万化；空间射下百道光柱。万松林无比绚丽；云谷寺豪光四射。忽见琉璃宝灯一盏，高悬始信峰顶。奇光异彩，散花坞如大放焰火。焰火正飞舞，那暗鸣变色，叱咤的风云又汇聚起来。笙管齐鸣，山呼谷应。风急了。西海门前，雪浪滔滔。而排云亭前，好比一座繁忙的海港，码头上装卸着一包包柔软的货物。我多么想从这儿扬帆出海去。可是暗礁多，浪这样险恶，准可以撞碎我的帆桅，打翻我的船。我穿过密林小径，奔上左数峰。上有平台，可以观海。但见浩瀚一片，辽无边际；海上蓬莱，尤为诡奇。我又穿过更密的林子，翻过更奇的山峰，蛇行经过更险的悬崖，踏进更深的波浪。一苇可航④，我到了海心的飞来峰上。游兴更深了，我又踏上云层，到那黄山图上没有标志，在任何一篇游记之中无人提及，根本没有石级，没有小径，没有航线，没有方向的云中。仅在岩缝间、松根中、雪浪褶皱里，载沉载浮，我到海外去了。浓云四集，八方茫茫。忽见一位药农，告诉我，这里名叫海外五峰。他给我看黄山的最高荣誉，一枝灵芝草，头尾花茎俱全，色泽鲜红像珊瑚。他给我指点了道路，自己缘着绳子下到数十丈深谷去了。他在飞腾，在荡秋千。黄山是属于他的，属于这样的药农的。我又不知穿过了几层云，盘过几重岭，发现我在炼丹峰上，光明顶前。大雨将至，我刚好躲进气象站里。黄山也属于他们。这几个年轻的科学工作者。他们邀我进入他们的研究室。倾

---

① ［哈（hǎ）达］藏族和部分蒙古族人表示敬意或祝贺用的长条丝巾或纱巾，多为白色，也有黄、蓝等颜色。这里比喻黄山云气的洁白轻飘。

② ［海宁潮］即"钱塘潮"。

③ ［天蝎星座］黄道十二星座中最显著的星座。夏季出现在南方天空，形状像一只蝎子，尾指向东南。

④ ［一苇可航］《诗经·卫风·河广》："谁谓河广？一苇杭（同"航"）之。"一苇，一束芦苇。

盆大雨倒下来了。这时气象工作者祝贺我，因为将看到最好的景色了。那时我喘息甫^①定，他们却催促我上观察台去。果然，雨过天又青。天都突兀而立，如古代将军。绯红的莲花峰迎着阳光，舒展了一瓣瓣的含水的花瓣。轻盈的云海隙处，看得见山下晶晶的水珠。休宁的白岳山^②，青阳的九华山^③，临安的天目山^④，九江的匡庐山^⑤。远处如白练一条浮着的，正是长江。这时彩虹一道，挂上了天空。七彩鲜艳，银海衬底。妙极！妙极了！彩虹并不远，它近在目前，就在观察台边。不过十步之外，虹脚升起，跨天都，直上青空，至极远处。仿佛可以从这长虹之脚，拾级^⑥而登，临虹款步^⑦，俯览江山。而云海之间，忽生宝光。松影之阴，琉璃一片，闪闪在垂虹下，离我只二十步，探手可得。它光彩异常。它中间晶莹。它的比彩虹尤其富丽的镜圈内有面镜子。摄身光！摄身光！

这是何等的公园！这是何等的人间！

一九六二年

练习与思考

一、有人认为如果把课文的第一、二两个部分删去，课文的第三、四两部分仍可以构成一篇优秀的游记散文。认真阅读课文，说说你的看法。

---

① ［甫］刚，才。

② ［白岳山］又名齐云山，在安徽黄山休宁县，有石钟楼、石鼓楼、香炉峰、烛台峰，皆为奇景。

③ ［九华山］位于安徽池州青阳县境内，为著名游览、避暑胜地。与山西五台山、浙江普陀山、四川峨眉山并称为中国佛教四大名山。

④ ［天目山］位于浙江杭州临安区。古名浮玉山，"天目"之名始于汉，山有东西两峰，顶上各有一池，长年不枯，宛若双眸凝望苍穹，因而得名。天目山多奇峰、竹林，为浙西名胜地。

⑤ ［匡庐山］即庐山，地处江西九江之南，东临鄱阳湖，北望长江，"三山五岳"中"三山"之一。以雄、奇、险、秀闻名于世，素有"匡庐奇秀甲天下"之美誉，是久负盛名的风景名胜区和避暑游览胜地。

⑥ ［拾（shè）级］沿着阶梯一步步向上。拾，同"涉"。

⑦ ［临虹款步］到彩虹上面慢慢走动。

二、课文在写景的同时，为什么要描写"一位药农"、气象站里的"几个年轻的科学工作者"，以及黄山石工？

三、结构相同或相似、语气连贯的一组句子叫作整句。从课文中找出几组整句，说说这些句子的作用。

四、本单元的5篇课文都倾注着作者对自然的某种情怀。学习时，既要感受自然景色的美丽多彩，又要体会作者面对自然的情怀，从而培养自己感悟自然、热爱自然之情，提升自己的人生境界。仔细阅读本单元课文，完成下列任务。

1.《荷塘月色》和《清塘荷韵》都是写荷佳作，二者既有相同的情趣，又有不同的特色与风格。前者选择的是夜深人静之时的一个片段，后者则是30多年间与荷塘为邻的所见所闻所思所为。试从写作背景、主题、写景方法、语言特点4个角度进行比较阅读，分析两篇课文的相同点与不同点。

2. 美学家说，一片自然风景就是一个心灵的世界。秋日里，毛泽东读到的是壮丽："看万山红遍，层林尽染，漫江碧透，百舸争流。鹰击长空，鱼翔浅底，万类霜天竞自由"；故都的秋色里，郁达夫看到的是"清、静、悲凉"。那么，你眼中的秋景又是怎样的呢？

3. 人类需要与自然构建和谐关系。《瓦尔登湖》（节选）表达了对现代工业文明对自然造成破坏的厌恶和批判，告诫人们要善待自然，珍惜自然；《黄山记》则讴歌了那些"开山筑道"，把黄山胜境让每一个人都能领略到的劳动者。这二者矛盾吗？请你谈谈人类怎样才能构建与自然的和谐关系，并写一篇500字左右的演讲词。

表达与交流

口语交际

专题演讲

【情境】

　　最近，一些不文明的现象在校园内时有发生：泡泡糖随地吐，废物随手丢，在课桌板凳、墙壁栏杆乱刻乱画，践踏草坪，折枝摘花，用语粗鲁，不遵守公共秩序，不尊敬师长，等等。为杜绝这些丑陋的行为，提高同学们的文明素养，学校团委、学生会决定在全校举办一次"让文明之花更鲜艳"的专题演讲比赛。机电专业五年一贯制（2）班的朱霞同学决定参加这次专题演讲比赛。

　　那么，朱霞同学应如何在演讲中呼吁同学们远离不文明的行为呢？

【案例】

让文明之花更鲜艳

　　文明是高雅的象征，文明是有修养的表现，文明是和谐的基石，文明是成功的后盾。

　　在中华传统美德的大花园里，盛开着一朵朵美丽又芬芳的文明之花。孔子的"己所不欲，勿施于人"，孟子的"老吾老以及人之老，幼吾幼以及人之幼"，无不流淌着文明的血液，闪烁着人性的光芒。可是，在我们身边，一系列丑陋的、不文明的行为，各种极端自私、没有修养的行为，好像长在文明之花上的一条条虫子，蚕食着文明的花朵。当一朵朵文明之花慢慢枯萎时，我们该如何是好？——

　　有同学泡泡糖随地吐，废弃物随手丢。这时，我们怎么可以漠视那尽情飞舞的果皮纸屑，而不向文明之花伸出双手呢？

有同学乱刻乱画，让洁白的墙壁留下串串脚印。这时，我们怎么忍心那课桌板凳满身挂彩，墙壁栏杆伤痕累累，还向文明之花发出幸灾乐祸的大笑？

有同学为了走条捷径，不顾小草的呻吟而践踏草坪；为了占为己有，不顾花朵的疼痛而折枝摘花。这时，我们怎可让文明之花伤心哭泣？

有同学不守公共秩序，随处追逐打闹，走路推推搡搡，拥挤插队，满口粗话。这时，我们怎可让文明之花遍体鳞伤？

有同学大肆挥霍、高消费，背着师长翻爬围墙、私自出校，在隐蔽的角落吞云吐雾。这时，我们怎可将中华传统美德抛之脑后，怎可将校纪校规置于不顾，怎可让可恶的烟圈在文明之花上缭绕？

"九层之台，起于累土"。一点一滴的积累，一言一行的积淀，就会汇聚成一条汹涌澎湃的文明长河。中华民族悠远灿烂的文明，不就是这么积淀、凝聚而成的吗！作为青青校园里的大学生，我们有着保护文明之花的责任和使命。让我们伸出双手，接过中华文明的接力棒，自觉行动起来，抵制不良行为，从我做起。管住我们的口，不随地吐痰，不大声喧哗，不说脏话粗话；管住我们的手，不乱丢乱扔，不破坏公共设施，不打架斗殴；管住我们的脚，不践踏草坪，不插队拥挤，不翻爬围墙、无假外出；管住我们的心，不攀比，不盲目消费，不放任情感；管住我们的脑，不莽撞不冲动，行事用智慧、有办法。从我做起，做一个文明的使者——与人相处，亲切和善；路上相遇，灿烂微笑；见到师长，主动问候；撞倒同学，真诚道歉；他人有难，热情帮助……举手投足间传递文明信息，点滴小事中折射文明光辉。受人尊敬并被大家推崇的文明之举犹如琼浆甘露，滋润得文明之花更加灿烂。

顺手捡起的是一张纸片，纯洁的是我们的精神；有意擦去的是一块污渍，净化的是我们的灵魂；自觉排成的是一行队伍，展现的是我们的品德；不忍踩踏的是一片草坪，高尚的是我们的情操；和风细雨的是一句话语，提升的是我们的内涵；从容努力的是一致言行，厚重的是我们的素养。

做文明人，就是做有修养的人。校园的文明之花，需要我们用真心去浇灌，用诚心去施肥，用恒心去培育。行动起来吧！关注细节，积淀文明，时刻用坐、言、起、行与文明交谈；从我做起，引领文明风气，说文明话，做文明事，当文明人。让文明之花绚烂绽放在你我心中，让文明之花在校园内开得更鲜艳、更夺目、更芬芳！

解析：

这是一篇主题鲜明的专题演讲稿。一开头，用排比句式提出自己对"文明"的理解，以激昂的语势增强了感染力。主体部分，紧紧围绕演讲主题不蔓不枝地展开演讲。先引用孔子、孟子的名言说明中华传统文明源远流长，引出校园内种种不文明的行为，并用反问的句式对其进行抨击。接着，提出文明的行为需要积淀、凝聚，并列举了种种应有的文明行为。这与前面种种不文明表现形成了鲜明的对比，爱憎分明，让大家一听就知道主张什么，反对什么，强调什么。简洁的结尾，发出倡导，促进听众思考、回味，令人振奋。同时，排比、拟人、比喻等修辞手法的运用和短句、整句的结合，既让语言生动形象，又以激情感染听众。

【相关知识】

演讲又叫讲演、演说，指在人数较多的场合，以有声语言为主，借助态势语言，就某一问题发表见解、阐述事理或抒发感情的一种口语表达形式，具有宣传思想、感召听众、激发情感等作用。随着人类各种社会活动的不断增多，演讲作为一种交流思想、传播信息的语言艺术，已成为社会生活中不可或缺的技能之一。

情境设置的是一个全命题专题演讲比赛活动。专题演讲，也叫命题演讲，指经过充分准备后就某一专题或指定的题目或限定的范围发表的演讲。它包含两种形式：全命题演讲和半命题演讲。全命题演讲的题目一般是由演讲活动的组织部门来确定的。半命题演讲指演讲者根据演讲活动的组织部门限定的范围，自己拟定题目进行演讲。

怎样才能让专题演讲出彩呢？

一、演讲前，做好充分准备

演讲前的准备包括材料准备、实践准备和心理准备3个方面。材料准备，指演讲者根据命题者的要求或意图，确定好演讲的主题和演讲的题目，撰写专题演讲稿。实践准备，是指演讲者写好演讲稿以后，熟记讲稿，预先演练。心理准备，则是指演讲者在准备过程中不断进行正面的自我心理暗示，为自己创造心理优势。

材料准备，即撰写专题演讲稿，是进行专题演讲准备工作中的重头戏。专题演讲常常是在某一个特定场合由几个人分别就某一个专题进行演讲。所以，撰写专题演讲稿之前，应在做好围绕主题收集材料、选择材料的基础上，认真思考如何提出鲜明的观点，并且做到角度新颖、立意深刻。新颖，即避免老生常谈，力求别出心裁，与他人演讲的内容"不撞车"。深刻，就是要求主题有深度，不是简单地就事论事，而要能联系社会实际，由此及彼、由现象到本质地进行剖析。接着，应考虑好先讲什么，再讲什么，怎么开头，怎么结尾，怎么过渡等问题，拟写演讲提纲，写好演讲稿。

演讲稿的结构基本上分3大部分，即开头、正文（主体）和结尾。开头，也叫开场白。它在演讲中处于显要的地位，具有重要的作用。好的演讲，一开头就应该用最简洁的语言，把听众的注意力和兴奋点调动起来，这样，才能达到出奇制胜的效果。"案例"的开头，用短短的四句排比句，不仅诠释了文明的内涵，而且增强了感染的气势。正文要注意层次、节奏、衔接。层次要思路清晰，环环相扣；节奏要张弛有度，避免平铺直叙；衔接是指把演讲中的各部分内容联结起来，使之具有浑然一体的整体感。如"案例"的正文，先引用哲人的话简述中华文明的传统，然后列举当今校园中的不文明现象，接着陈述文明行为的表现，最后将人的文明行为与人的品德、素养联系起来。由现象到本质，层次分明，结构严谨。结尾要干净利落，不能拖泥带水。演讲最好在听众兴趣发展至高潮时果断收束，这是演讲最为有效的结尾。

演讲，主要是靠口头语言传达信息，它不是书面语言供人阅读。因此，专题演讲稿的语言要自然、朴实，句式要灵活，不妨边写边讲，让专题演讲稿语言朗朗上口，适合口头表达。

二、演讲时，善用体态语言，增强感染力

演讲，既有"讲"，也有"演"。专题演讲除了口头语言表达以外，还应该借助体态语言，表达自己的思想和观点。体态语言一般指手势、体势、面部表情、眼色等。在演讲中要注意自己面部表情的变化，尽量让它与有声语言同步，与内心的情绪感受协调一致；用眼神来传达内心世界，与听众或观众交流；用手势和体势来配合演讲，增强内容的表达与演讲效果。体态语可以是演讲之前就设计好的，也可以在演讲中即兴发挥，但都要以自然、得体为度。重演轻讲，就会喧宾夺主，冲淡演讲的内容，削弱演讲效果。正确把握体态语言才能起到锦上添花的作用，才能让演讲具有更强的感染力。

演讲中，根据具体情况控制语音、语速、语调，往往可以增强自信心。一般来说，语速不要太快，否则会给人一种紧张的感觉；但也不应太慢，以免显得迟钝沉闷，没有激情。演讲时，适当的停顿不仅会显得张弛有度，同时能给听众提供一个理解回味和集中注意力的时机。演讲过程中，切忌眼光游移或盯住某一处（如讲稿），要时时关注听众的反应，根据现场的具体情况随时调整自己的演讲内容。如有意外情况出现，应遇乱不惊，妥

善应变。演讲结束时，应向听众致谢。

专题演讲要注意的：一是目的明确、重点突出，做到有的放矢。二是角度新颖，立意有深度。三是推敲语言，讲求语言的感染力。四是手势动作力求简洁自然。五是关注听众反应，适时调控气氛。

【口语实践】

一、好的开头是成功的一半。演讲的开场白有多种方式，如：有的开门见山，直接揭示演讲中心；有的说明情况，介绍背景；有的提出问题，激发听众关注和思考；有的讲故事，描述场面，等等。总之，专题演讲要尽快营造一个融洽的演讲氛围，并快速引出演讲的话题或观点。请以"人生需要磨难"为演讲题，设计一段有特色的开场白并试着演讲。

二、如何维护好人们赖以生存的环境，这是现代人思考的重要问题。张颖同学要参加一场"将环保进行到底是我们的神圣使命"的专题演讲比赛。为此，她上网搜集、摘录了如下一些资料。

2013年，"雾霾"成为年度关键词。这一年的1月，4次雾霾笼罩30个省（区、市），在北京，仅有5天不是雾霾天。有报告显示，中国较大的500个城市中，只有不到1%的城市达到世界卫生组织推荐的空气质量标准。与此同时，世界上污染最严重的10个城市有7个在中国。如果你认为污染只是北方特色，那就大错特错了。2013年年底，上海、南京等华东地区是遭遇雾霾侵袭最严重地区，上海多地多次出现PM2.5数据超过的500现象。此外，广东甚至海南等省同样遭遇雾霾侵袭。不夸张地说，雾霾已经成为中国环境污染第一词。

数据显示：我国四分之一国土持续雾霾，六成地下水污染严重，1.5亿亩耕地受重金属污染……空气、水、土壤，我们赖以生存的三大要素，正在遭遇空前危机。

许多全国人大代表、政协委员表达了自己内心的担忧："环境污染让中国到了'最危险的时刻'""当生活的基本条件受到威胁时，环境问题已经变成危机了""这样发展下去，挣来的钱最终全要为医药'买单'"。

中央提出了"建设美丽中国"的战略部署；有识之士喊出了"共同治理污染，还我青山绿水"的口号。推进生态文明建设，既是各级政府的职责，也是每个公民神圣的使命。

　　如果你是张颖同学，将如何根据已搜集到的资料做好这次演讲呢？

　　请以张颖的身份，从提供的资料中提取有关信息，结合自己的认识，撰写一篇《将环保进行到底是我们的神圣使命》的专题演讲稿，设计演讲时的体态语，并进行演讲练习。

写　作

现代文　写景：写出景物的特征

【案例】

鉴湖风景如画（节选）
许钦文

艺术家依照自然景物作画，叫作写生。所谓风景如画，是说风景的美好。拿画来形容风景的好，是因为有些画是经过艺术家美化了的风景的写照。"风景如画"这意义，我日前在绍兴才深刻地体会到。

我坐着踏桨船，到小云栖等地方去看看，觉得路上风景实在可爱。偏门外，虽然由石条叠成圆洞的高高的跨湖桥已于抗日战争时期毁掉，可是快阁所在，是爱国大诗人陆放翁写过"新炊麦饭满村香"的地方，大片银波粼粼的水，远处衬着青青的山，湖光山色依然。在那青山绿水之间，金黄黄的早稻穗和碧油油的晚稻苗间隔在田间；还有杨柳、柏树排列在河岸和田塍上。且不说经过鱼荡的箔时，那竹笆刮着船底的清脆悦耳声，在菱荡旁垂钓鲈鱼的渔翁的悠然的姿态，平常我也只有在那画上见到过。绍兴绝大部分是平地，所以河流通常总是静止的样子。水面如镜，这就成了"镜湖"，也称"鉴湖"。一个魁星阁，一座三眼桥；几株柏树，一丛松树；砖墙的楼房，茅草的平屋；摇着橹的出畈船和供行人休息的路亭，等等，分开来个别观看，没有什么特别，可是配置在稽山镜水之间，这就千变万化，形成了许多醒目的景象。有名的峨眉山，所谓风景奇特，五步一小变，十步一大变的，我欣赏过一个星期。虽然多变化，可是气势太局促，岩石峰峦，近近地迫在眼前，往往看得透不过气来的样子。会稽山脉在鉴湖水上观望，似乎淡淡的几笔，远远的，只是衬托的背景。可是我能想见：那里是禹陵、兰亭等古迹的所在，崇山峻岭之间长着茂林修竹，雄伟、庄严，也是秀丽的。坐在船上摇动着，也可以说是"五步一小变，十步一大变"的，却处处使人眼开眉展，爽神悦目的。我坐在踏桨船上，一桨一桨地踏过去，眼前的景物渐渐地转变，一幅一幅的图画，好像是在看优美的风景片的电影，真是百看不厌！杜甫有诗说："越女天下白，鉴湖五月凉。"这凉是清凉爽快，无论何时，看着鉴湖的风景，总是觉得爽快呀！

（选自《六十年散文选介（1919—1979）》，中国少儿出版社1981年版，

有改动）

解析：

案例是一篇游记散文的节选，作者以精粹的笔墨，描绘了家乡会稽山水的秀美。"风景如画"是作者游览鉴湖的体会，也是鉴湖景物的特色。在第二自然段中，作者按游踪顺序，抓住鉴湖"风景如画"的特点，描绘了快阁、菱塘垂钓、魁星阁、湖上稽山等"如画"图。在行文中，作者还运用了对比的手法。抗日战争前后对比，说明战争破坏了风景，毁灭了人类文明；和峨眉山对比，突出了会稽山山水明朗开阔，让人"眼开眉展，爽神悦目"的特点。让读者也随之产生鉴湖"风景实在可爱""无论何时，看着鉴湖的风景，总是觉得爽快"的美好感觉。

【相关知识】

写景就是描写景物。往往通过对景物本身的描写，来突出景物自身的特点及它带给人们的某种身心体验；或有重点地选取不同的景物，来表达某种特定的情感。在景物描写过程中，应让读者产生情景交融、情景相生的艺术效果。

描写景物必须遵循以下基本要求。

一、抓住景物的特点

世界上的景物林林总总、变化多姿，各以其独特的面貌与其他景物相区别。写景时，把握了景物的独特之处，才能真正把握它们的特点；用准确的语言表达出来，才能给读者留下鲜明深刻的印象。如《故都的秋》的作者，就是抓住了故都秋的"清、静、悲凉"的特征，让读者对故都的秋有了深刻的感受。

要抓住景物的特征，就要多观察。观察景物的方法有多种，从观察点的角度看主要有两种：一种是定点观察，即立足于一个固定点，或仰视，或俯视，或环顾，或远眺，或近觑，以得到不同角度的视觉形象。如《荷塘月色》写月下荷塘的时候，由远而近，由上到下，描绘了一幅水墨荷叶图。远看"弥望的是田田的叶子"；近观荷叶如"舞女的裙"，荷花如"明珠""星星"。平视是整个荷塘的荷叶、荷花、荷波；下看则是"不能见一些颜色"的流水。一种是移步观察，即随着行踪先后，观察不同空间的景物。如"案例"中作者按游踪顺序，分别观察不同的景物，从而产生4幅不同的图画。

观察景物不仅要动用视觉，还应该用嗅觉、听觉、触觉等多种感官去感受景物；还要善于比较，"比较是一切理解和思维的基础"，只有通过比较观察，才能找出所观察景物与其他景物的异中之同或同中之异，才能全面认识和把握景物特征。

二、有明确的立意

写景的文章与其他文章一样，都须有明确的立意。单纯客观地描写景物，即使有几分像，也无法感染读者，无法给读者留下美好的心理享受。情是写景的灵魂，在写景的同时，要善于综合运用叙述、描写、说明、抒情、议论等多种表达方式，充分借助比喻、排比、拟人等修辞手法，展开合理的想象、丰富的联想，将自己对景物的独特感受融入其中，使客观景物与主观情思互相交融，让山水有情，草木知意。如《故都的秋》运用描写、议论、抒情等多种表达方式，以及比喻、对比等修辞手法描写故都秋色，而"还要在牵牛花底，教长着几根疏疏落落的尖细且长的秋草，使作陪衬""古人所说的梧桐一叶而天下知秋的遥想"等，则运用想象、联想，使文章内容更充实，韵味更深厚。

三、合理安排写景顺序

合理安排写景的顺序，描写的景物才能层次分明。可以按空间、方位的顺序写，如由远及近，由外到内，由上往下，等等；也可以按时间顺序写，如可以按春、夏、秋、冬的季节变换，或按清晨、中午、傍晚的先后；还可以按整体和局部的关系写，如先写全景再描述局部，或先描写局部再写全景。有时也可以将几种顺序结合起来使用。如《荷塘月色》全文是按作者夜游的行踪顺序安排结构；而在写荷塘景色时，则先写荷塘内的荷花、荷叶等，再写荷塘边的树木远山等，由内到外，层次分明。

写景还应注意：一是重点突出，详略得当，避免写成"流水账"；二是适当选择人和动物的活动作为衬托，使描写具有动静结合的美感。

【写作实践】

一、走进大自然，春天的柳絮、夏日的荷花、秋天的落叶、冬天的飞雪，无不绚丽多彩。选取并仔细观察一幅自然画面，抓住其特征，写一篇300字左右的景物观察日记。

二、细细观察校园的景色，写一篇写景抒情散文。要求：

1. 抓住校园景物特征；

2. 能按一定的顺序组织结构，层次分明；

3. 综合运用多种表达方式和恰当的修辞手法；

4. 融入自己对校园景物的独特感受；

5. 不少于500字。

二、细细观察校园的景色，写一篇写景抒情散文。要求：

1. 抓住校园景物特征；

2. 能按一定的顺序组织结构，层次分明；

3. 综合运用多种表达方式和恰当的修辞手法；

语文综合实践

拥抱美丽中国

中国，美在哪里？大自然生机勃勃，阳光雨露润泽万物，天蓝、地绿、水净，这是美丽中国的山河美；美好的生活、诗意的栖居，这是美丽中国的生活美；优美的艺术、先进的文化，这是美丽中国的精神美。

让我们走进美丽中国，拥抱美丽中国，品味美丽中国。

任务一：读一读"美丽中国"

"美丽中国/你风光万里/悠然屹立/屹立在这壮丽的天地"，一曲《美丽中国》，以其沉稳、淳厚的韵味，唱出了对伟大祖国的深深热爱与无限深情。自古以来，赞美祖国秀美山川、歌颂人民幸福生活的诗文数不胜数。请选择你喜欢的一篇，诵读、感受、领悟，并参加班级开展的"'美丽中国'经典诗文诵读比赛"。

要求：

1. 参赛作品应为名家名作，以3~5分钟为宜。

2. 有效运用语气、语调、表情等语言表现手段和表演艺术，个性化地表达作品内容和情感。

3. 评出优秀选手参加学校及有关单位组织的诵读比赛。

任务二：写一写"可爱家乡"

我们在自己的家乡生活了十六七年，但是你了解自己的家乡吗？你的家乡有优美迷人的山川，有日新月异的城镇，有勤劳善良的人民，这些都是可爱家乡不可或缺的元素。今天，我们来组织一次"'可爱家乡'笔会"，让更多的同学认识你家乡的景、家乡的物、家乡的人，为你可爱的家乡点赞。

要求：

1. 搜集、筛选与家乡有关的材料作为写作素材。

2. 可以叙事，可以写景，也可以写人，突出家乡的特点，反映家乡的可爱之处。

3. 评出优秀作品，向校刊、校园广播站、学校微信公众号或其他媒体推荐。

任务三：讲一讲"幸福生活"

美丽中国，幸福生活。无论你来自乡村还是城市，无论我们是贫穷还是富有，我们都在追寻自己的幸福生活。什么是幸福生活？虽然各人有各人的回答，但是，没有美丽的环境，没有青山与蓝天，没有新鲜的空气和清洁的水源，我们的生活难以称为"幸福生活"。请你参加班级"'幸福生活大家谈'演讲会"。

要求：

1. 准备3~5分钟演讲稿，可以发表看法，可以叙述事件，可以抒发感情。

2. 脱稿演讲，语言流畅清晰。

3. 恰当运用演讲技巧，增强感染力。

美丽中国，美在山川河岳，美在幸福生活；美在每一个灿烂的笑容，美在每一颗放飞的心灵。建设美丽中国，是全体中国人的共同追求。青年学生是建设美丽中国的生力军，让我们携起手来，为建设美丽中国、共享幸福生活而努力！

第三单元

整本书阅读

《红楼梦》

"满纸荒唐言，一把辛酸泪！都云作者痴，谁解其中味？"

《红楼梦》，是中国文化殿堂中耀眼的一颗明珠。

王国维认为它是一部彻头彻尾的悲剧，周汝昌认为它是中华民族古往今来绝无仅有的一部"文化小说"，而毛泽东把它当作社会历史书来读。

它叙写日常生活，却寄寓着五味杂陈的人生况味。

它没有专写文化，却蕴含着广博深厚的文化内涵。

它写的不是历史，却反映了封建制度的衰亡进程。

《红楼梦》，以它丰富的内容、深邃的思想、精妙的艺术，长期吸引着中外读者的目光。

有人说：开谈不说《红楼梦》，读尽诗书也枉然。

翻开《红楼梦》吧！它的微言大义一定会给你不一样的精神享受。

单元导语

　　《红楼梦》是一部章回体长篇小说，其内容深广，内涵丰富，是一部艺术地反映中国古代社会生活的百科全书。阅读《红楼梦》，首先要梳理小说的主要情节，整体把握小说的思想主旨；其次，厘清小说复杂的人物关系，理解、欣赏小说的人物形象，探究人物的精神世界；最后，品味和欣赏小说语言的精妙之处，提高语言鉴赏与运用能力。具体来讲，阅读《红楼梦》，可以从以下几个方面入手。

　　第一，精读前五回，整体把握小说。前五回是小说的序幕，对小说的情节和人物的结局做了精心安排，是对小说内容的高度浓缩。要更好地阅读、理解《红楼梦》，有必要精读前五回，通过阅读书中所写的画册、歌词和判词等内容，体会其中含蓄地交代出的众多人物的结局。

　　第二，抓住情节主线，体会悲剧主题。《红楼梦》以两条情节主线串起了小说的人物活动，一条是宝黛爱情悲剧，叙述大观园中人物命运；一条是贾府盛衰，暗示封建社会由盛转衰的必然性。阅读时要注意小说情节之间的内在关联，每个情节的意义所在，从而体会小说的悲剧主题。

　　第三，品味生活细节，赏析人物形象。《红楼梦》塑造了一大批独具个性、栩栩如生的艺术典型，在日常生活细节中表现出他们丰富的内心世界。阅读时，要学习作者对人物的细腻描写，把握人物的复杂性格，更好地理解作品的内涵。

　　第四，品味诗词曲赋，鉴赏精妙语言。《红楼梦》中有许多诗词曲赋，既体现了人物鲜明的个性，又有极高的审美价值，意蕴深厚，脍炙人口。阅读时要仔细品味、揣摩，体会作者驾驭语言的艺术。

名家点评

至于说到《红楼梦》的价值，可是在中国的小说中实在是不可多得的。其要点在敢于如实描写，并无讳饰，和从前的小说叙好人完全是好，坏人完全是坏的大不相同，所以其所叙的人物，都是真的人物。总之自有《红楼梦》出来以后，传统的思想和写法都被打破了。——它那文章的旖旎和缠绵，倒是还在其次的事。

——鲁迅

《红楼梦》作者第一本领，是善写人情。细细看去，凡写书中人没有一个不适如其分际，没有一个过火的；写事写景亦然。《红楼梦》自发牢骚，自感身世，自忏情孽，于是不能自已的发为文章。并且他底材料全是实事，不能任意颠倒改造的，于是不得已要打破窠臼得罪读者了。作者当时或是不自觉的也未可知，不过这总是《红楼梦》底一种大胜利、大功绩。《红楼梦》作者底第一大本领，只是肯说老实话，只是做一面公平的镜子。

——俞平伯

〔作品简介〕

京城贵族贾宝玉与姑表妹林黛玉青梅竹马，思想相通，产生了真挚的爱情。然而他们的爱情注定不会有光明的未来，因为他的祖母和母亲更喜欢薛宝钗。薛宝钗是贾宝玉的姨表姐，聪明贤惠，善于"装愚守拙，随分从时"，赢得贾府上下一片赞誉之声。后贾宝玉因失玉而丧魂落魄，在其父贾政外放粮道前夕，贾府安排贾宝玉与薛宝钗成婚。黛玉得知消息，焚稿断痴情，并在忧伤中死去。贾宝玉则病情加重，虽经道人点化而发奋读书，但于中举当日遁入空门，一去不返。

《红楼梦》写于18世纪中国封建社会末期，当时国家表面上太平无事，实则各种社会矛盾正在加剧，整个王朝已到了盛极而衰的时刻。小说便以这个时代为背景，以贾宝玉与林黛玉、薛宝钗的爱情悲剧为主线，通过对封建大家族贾府的日常生活的描写，显示出维持这个贵族之家的礼法习俗的荒谬，揭露了封建社会后期的种种黑暗和罪恶，对腐朽的封建统治阶级和行将崩溃的封建制度做了有力的批判，揭示了其必然走向覆灭的命运。小说还对封建贵族的叛逆者进行了歌颂，同时表达了朦胧的理想。

《红楼梦》代表了我国古典小说的最高成就，不仅具有深邃的思想内容，同时具有独到的艺术价值。第一，小说细腻、逼真地描写日常生活。小说以贾府的日常生活为中心，以史、王、薛三大家族为侧翼，描写了上至皇宫、下至市井百姓日常生活的方方面面，以高度典型性和倾向性的细节，全景式地展示了四大家族由盛而衰的历史。第二，小说以精雕细琢的功夫刻画了众多性格鲜明、栩栩如生的艺术形象。这些艺术形象有正面的，有反面的；有主要的，有次要的。不少艺术形象都已成为文学史上的不朽典范，如贾宝玉、林黛玉、薛宝钗、王熙凤、刘姥姥等。第三，小说刻画人物的手法丰富多样。人物身份不同，作者采用的描写手法就不同。宝黛初见时，二人都感到似曾相识，但林黛玉是"吃一大惊，心下想道"；贾宝玉则是"看罢，因笑道"。为何有此不同表现？皆因二人的身份、地位、性格不同。作者很善于把人物放到环境中去写，写出人物内心的细微变化。很多读者对林黛玉的印象是忧郁哀婉中夹杂着尖刻犀利，当我们细细品味时就会发现，宝黛二人爱情发展顺利时，大观园的环境就温馨许多，林黛玉的心情也快乐轻松许多；反之，大观园的环境萧瑟悲凉，林黛玉的内心就惨淡哀戚。第四，小说高超的语言艺术。在这里，你可以读到既富有情趣又富有哲理，既本色自然又富有诗性韵味的语言。作品中还有许多诗词曲赋，不仅体现出了作者多方面的文艺修养，更让读者体会到作品典丽雅致的美学趣味。许多词曲，如《金陵十二钗图册判词》等还富有深意，引发了人们不尽的探索。

〔学习任务〕

任务一：复述精彩故事

宝黛爱情这根主线上，连缀着数不清的精彩故事，诸如宝黛初会、元春省亲、黛玉葬花、晴雯撕扇、宝玉挨打……选择其中一个精彩故事，来一个"红楼故事会"，看看谁讲得精彩，讲得有韵味。

要求：

1. 讲故事时不得带书，可以看自己准备的提纲。

2. 既要讲出曲折精彩的故事情节，也要做些适当的点评。

任务二：评议红楼人物

《红楼梦》中，人物繁多，人物形象栩栩如生。据《红楼梦人物大全》统计，小说中标有姓名的人物有450多人，最著名的，当属贾宝玉和"金陵十二钗"。请为你最喜欢的人物写一篇评议性短文。

要求：

1. 概括介绍人物的身世。

2. 说出并分析人物的性格。

3. 对人物进行简要点评。

任务三：召开"红楼诗词曲大会"

诗词曲是《红楼梦》的重要组成部分，是人物形象的点睛之笔，是作者抒发情感的重要载体。尽可能多地积累小说中的诗词曲，和同学们召开一个"红楼诗词曲大会"，看看谁是"红楼诗词曲达人"。

要求：

1. 形式多样，可以朗诵，可以竞答。

2. 就自己最喜欢的一首诗词曲写一篇鉴赏性文字。

第四单元

科学与理性

科学，人类文明催生的理性之花，靓丽多彩，深厚博大。

理性，科学思维培育的精神之果，饱满丰实，生生不息。

英国思想家培根说："科学使人深刻。"

点滴的生活观察、缜密的生命思考，让我们的认识客观、准确，让我们的大脑睿智、丰富。

荷兰哲学家斯宾诺莎说："理性能使人自由。"

拥有质疑的精神，探求事物的本质，让我们的心灵宁静、平和，让我们的人格自由、独立。

海洋与生命的万千关联，"蝴蝶效应"的科学内涵，桥的运动与静止的相对存在……每一个现象、每一次发现、每一种理论，都蕴涵着科学之美、理性哲思。

让我们带着思考去品读精美的篇章、领略理性的思辨、学习科学的精神，让科学之树苗壮成长，让理性之花熠熠闪耀！

单元导语

本单元安排了5篇事理说明文。

学习本单元，我们要培养科学的意识、理性的眼光和敢于探究事物本质的精神。要继续学习阅读说明文的方法，还要学习介绍工艺流程的口语表达技巧及说明文的说明方法。

事理说明文的重点在于"理"，即对事物发展变化规律和事物之间的关系进行阐述和解说，使读者不仅知其然，而且知其所以然。阅读事理说明文，首先要在反复阅读、整体感知的基础上，提取课文的主要信息，把握说明对象的主要特征。其次，理解课文内容之间的内在关系，厘清说明的逻辑顺序。最后，研究课文的说明方法。不同类型的事理说明文往往根据不同的说明对象选用不同的说明方法，有时还综合运用多种说明方法。阅读时要分析作者是如何运用恰当的说明方法将事理阐释清楚的。在此过程中，还要关注多样的表达方式，分析课文准确、严密的语言特色。

《海洋与生命》是一篇介绍海洋生物学知识的科普说明文，揭示了海洋与生命的关系，语言精确周密又生动形象，饱含着对海洋的无限深情。《宇宙万物的共相——"蝴蝶效应"》介绍的是混沌学理论中的一个概念——"蝴蝶效应"，揭示了"初始条件的十分微小的变化经过不断放大，对其未来状态会造成极其巨大的差别"这一原理，课文既具科学性，又有文学性。《桥的运动》综合运用多种说明方法，介绍"桥的运动是桥的存在形式"这一抽象事理，语言精练，析理精深，兼具思辨色彩。《动物身上能进化出轮子来吗？》和《令人神往的隐形传输》分别介绍了影响动物身上不能进化出轮子来的因素和"隐形传输"的相关科学知识，条理清晰，语言通俗易懂。

当我们置身于奇妙的大千世界，用科学的眼光、理性的思维逐步解开万物的秘密时，我们同样要培养一种创造意识，让我们未来的生活更加美好。

阅读与欣赏

十一　海洋与生命①

童裳亮

课文导读

这是一篇介绍海洋生物学知识的科普说明文，同时也是一篇揭示海洋与生命关系的事理说明文。

海洋为什么会成为孕育原始生命的摇篮？海洋又是怎样养育生命的？海洋与生命的密切关系如何？这是本文的说明重点。理解课文，要在通读全文的基础上，梳理三个部分之间的内在联系，并进一步体会本文由因及果、逻辑严密的结构特点。

课文运用了举例子、做比较、打比方等多种说明方法。阅读时，要思考综合运用多种方法说明事理的作用，懂得说明事理不但要说明事物之间的联系，还要说明为什么具有这样的联系，从而体会作者理性探究未知事物的科学精神。

课文语言表述既精确周密，又生动形象，在介绍相关海洋科学知识的同时，也饱含了对祖国海洋的无比热爱之情。这启示着我们：只有掌握更多有关海洋的科学知识，才能为有效开发利用祖国的海洋资源做出更多的贡献。

浩瀚②的海洋

站在祖国的海滨，观赏一下海洋的景色吧！辽阔的海洋，无尽的碧波在荡漾，在金色的阳光下，像无数面银镜在闪闪发亮。海渐远，天渐矮，海洋在远方和蓝天接壤。

翻开世界地图，看一看地球的面貌吧！整个地球表面，海茫茫，水汪汪，世界大陆只

---

① 选自1997年第7期，《科学实验》。有改动。

② ［浩瀚（hàn）］水盛大的样子。

不过是耸出海面的一些岛屿，一些群山。

海洋确实浩大。世界海洋的总面积有3.61亿平方千米，约占地球面积的71%。而世界陆地的面积只有1.49亿平方千米，约占29%。

海洋不仅大，而且很深。海洋的平均深度是3 800米，而世界大陆的平均海拔高度只有840米。如果把整个地球表面铲平，水深将有2 440米。海洋最深的地方是太平洋的马里亚纳海沟，最大深度是11 034米。我国西南边境的珠穆朗玛峰是世界最高的山峰，它的海拔高度是8 848米。如果将珠穆朗玛峰移到马里亚纳海沟，峰顶距海面还有2 000多米！

所以，地大不如海大，山高不如水深。

生命的摇篮

我们人类祖祖辈辈在陆地上生活，总是把陆地看作自己的故乡。但是不要忘记，我们很远的祖先却是生活在海洋！

大约在32亿年以前，最原始的生命在海洋里诞生。根据化石所见，这些原始的生命和今天的细菌相似。它们以海洋里自然形成的一些有机物为生，所以是一些"异养生物"①。大约1亿年后，才出现像蓝藻一样的原始生命。这些原始的蓝藻含有光合色素，能进行光合作用②。也就是说，它们在地球历史上第一次能以取之不尽、用之不竭的太阳能作为能源，以水、碳酸盐（或二氧化碳）、硝酸盐、磷酸盐等无机物作为原料，合成富含能量的有机物——糖、淀粉、蛋白质、脂肪等。因此，这是一批自食其力的"自养生物"③。

原始生命的诞生，像一声春雷，打破了地球的死寂，开辟了地球历史的新纪元。这些原始生命在和大自然的搏斗中生存下来，发展下去，经过亿万年的进化，逐步形成了原生动物④、海绵动物、环节动物、软体动物、节肢动物、棘皮动物，以至出现了像鱼类这样比较高等的海洋脊椎动物。原始生命向另一个方向发展，又形成了许多海洋藻类⑤。

生命在海洋里诞生绝不是偶然的，海洋的物理和化学性质，使它成为孕育原始生命的摇篮。

我们知道，水是生物的重要组成部分，许多动物组织的含水量在80%以上，而水母一类海洋动物的含水量高达95%。水是新陈代谢的重要媒介，没有水，体内的一系列生理和

---

① ［异养生物］必须通过摄取现成的有机营养物质生存的生物。

② ［光合作用］绿色植物在日光照射下把水和二氧化碳合成富能有机物并释放出氧气的过程。

③ ［自养生物］能够将无机物合成复杂的有机物来维持自身成长发育的生物。

④ ［原生动物］简称"原虫"，最原始最简单的动物。

⑤ ［海洋藻类］生长在海洋的低等绿色植物。

生物化学反应就无法进行，生命也就停止。因此，在短时期内动物缺水要比缺食物更危险。水对于今天的生命是如此重要，它对脆弱的原始生命，更是举足轻重了。生命在海洋里诞生，就不会有缺水之忧。

水是一种良好的溶剂。海水中含有生命所必需的许多无机盐，如氯化钠、氯化钾、碳酸盐、硝酸盐、磷酸盐，还有溶解氧，原始生命可以毫不费力地从水里吸取它所需要的元素。

水具有很高的热容量①，加之水体浩大，任凭夏日烈日暴晒，冬季寒风扫荡，海水的温度变化却比较小。因此，巨大的海洋就像是天然的"温箱"，是孕育原始生命的温床。

阳光虽然为生命所必需，但是阳光中的紫外线却有扼杀生命的危险。水能有效地吸收紫外线，因而又为原始生命提供了天然的"屏障"。

这一切都是原始生命得以产生和发展的必要条件。

原始海洋的海水是淡的。在历史过程中，由于雨水冲刷，陆地上的无机盐被冲入江河，成年累月地倾注入海。再加上海水不断蒸发，使海水的含盐量不断增加。在生命起源的那个时期，海水还可能是比较淡的。到了无脊椎动物大量出现的那个时期，即距今五六亿年以前，海水可能是半咸的。今天绝大部分动物的体液，包括我们人体的血液在内，都是半咸的，这是当时海水状况的重要见证。

正像温室里的花朵经不起风吹雨打一样，优越的海洋环境也限制了生物向高级的方向发展。高等动物和高等植物是在陆地上诞生的。爬行类、鸟类、哺乳类动物是原始的海洋鱼类移居陆地以后才慢慢进化而来，而陆地植物则是由海洋藻类进化而来的。这种移居陆地的过程，很可能是被迫的。由于地壳的变动和气候的变迁，一部分海洋变成了陆地，迫使一些水生的植物去适应新的环境。空气的比重很小，不能像海水那样"浮"起动植物的身体，于是陆地植物逐渐分化为根、茎、叶。根钻进土壤吸收养料和水分，叶在空中吸收阳光进行光合作用，茎起着连接和支撑植物体的作用。陆地动物逐渐进化出四肢，以适应在陆地上奔跑。由于陆地气候干燥，气温变化较大，于是陆地动物又进化出致密的皮肤和保温的毛发。总之，陆地的艰苦环境锻炼了生物，使它们的身体结构变得更加精密，更加复杂，更加完善。

诚然，今天的海洋除了鱼类外，也有一些高等动物在那里生活着，如海龟、海蛇等爬行类，鲸、海豹等哺乳动物。海洋植物除了低等的藻类，也有少数高等植物。这些高等动植物是从陆地返回海洋的。

---

① ［热容量］物体温度升高（或降低）1摄氏度所吸收（或放出）的热量。

天然的牧场

辽阔的海洋，昔日是生命的摇篮，如今是天然的"牧场"。

海洋里的动物有肉眼看不见的原生动物，有个体小、种类繁多的甲壳动物，有人所喜好的鱼类，有地球上最大的动物——蓝鲸。海洋的上空还有海鸟在展翅翱翔。

形形色色的海洋动物已成为人类副食品的重要来源。人类每年从海洋里捕获的鱼虾已达几千万吨，而且每年以百分之几的速度增长着。如果海洋水产资源能得到适当的保护和合理的开发，将来每年的渔获量可达到两亿吨左右。

经验告诉我们，哪里森林成荫，哪里就百鸟齐鸣；哪里牧草丛生，哪里便牛羊成群。海洋的情形也不例外。这是因为植物能依靠太阳光能来合成有机物，动物只能以植物生产的现成有机物作为"燃料"，来开动自己这部"生命机器"。尽管有些动物是吃肉的，但是这些动物所猎食的动物，到头来还要以植物为生。

当你来到海边，会看到各种各样的海洋植物（海藻）。有绿色的石莼、浒苔和礁膜，有褐色的海带和裙带菜，有红色的紫菜和石花菜，还有形状像羽毛的羽藻、细长似绳的绳藻等，可以说五颜六色、形态万千、无所不有。这些较大的海藻，有的是人们的珍贵食品，有的是重要工业原料和药材，有些海藻已进行人工养殖。奇怪的是，许多海洋动物并不吃这茂盛的"海洋牧草"。

离开海岸较远的广阔海面，很难再看到海洋植物的踪影了。那里真的没有植物吗？不，那里有植物，只是肉眼看不见罢了。从大海里取一滴水，放在显微镜下观察，你会看到许多单细胞海藻。有的细胞外面有一个由硅质组成的硬壳，这是硅藻；有的细胞长着两根细长的鞭毛[①]，在水中游来游去，这多半是甲藻；此外还有其他单细胞海藻。

不要小看这些单细胞海藻，它们是海洋的"主人"。它们的数量很多——约占海洋植物总量的95%左右；分布广——分布在占地球面积2/3的海洋里。它们每年通过光合作用制造的有机物，约等于陆地植物的总产量或是更多。就是这些无名"隐士"，供养着几百亿吨的海洋动物，它们是真正的海洋"牧草"。而生长在沿岸一带的大型海藻，不管它们怎样令人注目、讨人喜爱，它们在海洋植物界却是微不足道的。

---

① ［鞭毛］指在某些细菌菌体上长有的细长而弯曲的丝状物。

练习与思考

一、病句，就是语法修辞或逻辑有毛病的句子。常见的病句类型有6种：语序不当、搭配不当、成分残缺或赘余、结构混乱、表意不明、不合逻辑。辨析和消除病句，有助于我们更清晰、准确地表情达意。阅读下列病句，看看分别属于哪一类，具体分析造成病句的原因。

1. 由于陆地的艰苦环境锻炼了生物，使它们的身体结构变得更加精密，更加复杂，更加完善。

2. 红色的紫菜和石花菜营养都很丰富，我们把它留给晚上来的人吃。

3. 这些原始生命在和大自然的搏斗中发展下去，生存下来，经过亿万年的进化，逐步形成了原生动物、海绵动物、环节动物、软体动物、节肢动物、棘皮动物等。

4. 今天绝大部分动物的体液，包括我们人体的血液在内，都是半咸的，代表了当时海水状况的重要见证。

5. 水能有效地吸收紫外线，因而又为原始生命生产了天然的"屏障"。

6. 海洋里除了鲳鱼、鲨鱼、鲸等鱼类外，还有一些高等动物，如海龟、海蛇、海豹等。

二、课文在"生命的摇篮"部分揭示了海洋与生命的联系。仔细阅读课文，说说作者是从哪些方面阐述两者之间的联系的。

三、为了更好地说明事理，课文运用了多种说明方法，如举例子、打比方、列数字、做比较等。请从课文中各找一例，说一说综合运用多种说明方法的好处。

四、作者说："正像温室里的花朵经不起风吹雨打一样，优越的海洋环境也限制了生物向高级的方向发展。"这也就意味着，海洋既孕育了生命，同时也影响了生命的进化。结合课文相关内容和日常所学，也可搜集相关资料，谈谈你对这句话的理解。

十二 宇宙万物的共相——"蝴蝶效应"[①]

谭必友 廖君湘

课文导读

　　这是一篇对混沌学理论的一个概念——"蝴蝶效应"进行介绍的事理说明文。学习时，要仔细通读全文，抓住重要段落中的关键语句，了解"蝴蝶效应"的原理及其启示。在此基础上，分析各部分内容之间的内在联系，厘清课文的说明顺序。

　　课文善于通过列举实例证明科学观点。学习时，要认真分析课文列举的实例，思考这些实例是从哪些方面来证明"蝴蝶效应"的存在的，从而体会作者严谨客观的科学精神，以及"蝴蝶效应"现象发现者一丝不苟的求实态度。

　　课文语言准确、平实、生动，尤其是课文结尾，作者把"蝴蝶效应"的原理延伸至成功学领域，明确说明这一效应对于一个人或者一个企业的重要性。这也启示我们：无论做任何事情，都不能忽视每一个看似不起眼的细节，因为细节决定成败，点滴成就人生。

　　世界上有许多奥秘等待人类去发现，而每发现一个新的奥秘，都足以让人们长久地震惊！"蝴蝶效应"正是这许多发现中的一个。

　　美国麻省理工学院的洛伦兹（Lorenz）是一个以认真著称的气象学家。他对科学研究从来都是一丝不苟，绝不放过任何疑点。有一天，同往常一样，他来到实验室开始做他的预报天气的大气研究。按照他往常已有的研究设想，他用计算机求解仿真地球大气的13个方程式。为了更细致地考察结果，他把一个中间解取出，提高精度再送回。这一切都像往常一样。他想，等会儿，计算机就会有一个结果。他做完这个工作后就习惯性地去喝一杯咖啡。而当他回来再看时大吃一惊，一切都不一样了！预想中本来应该很小的差异，结果却偏离了十万八千里！他差点连手中的咖啡杯都掉在地上。计算机出毛病了吗？那里面可保存有许多资料啊！他非常紧张地反复检查了几遍，确信计算机没有毛病。于是，洛伦兹认定，他发现了新的现象——"对初始值的极端不稳定性"，即"混沌[②]"，又称"蝴蝶效应"。

[①] 选自《细节如何决定成败》（华文出版社2005年版）。有改动。共相，又称"普遍性"，一般是指在个别物体中所拥有的共同特性。

[②] ［混沌（hùndùn）］原意是指无序和混乱的状态，这里指混沌现象，即一种确定的但不可预测的运动状态。

这个发现非同小可，以至科学家都不理解，几家科学杂志也都拒绝刊登他的文章，认为"违背常理"——相近的初值代入确定的方程，结果也应相近才对，怎么能大大偏离呢！

1979年12月，洛伦兹在华盛顿的美国科学促进会的一次讲演中，对自己的发现做了一个形象的比喻：一只蝴蝶在巴西扇动翅膀，有可能会在美国的得克萨斯引起一场龙卷风。他的演讲和结论引起了与会者的强烈反响，给人们留下了极其深刻的印象。从此以后，所谓"蝴蝶效应"之说就不胫而走①，声名远扬了。

"蝴蝶效应"是宇宙万物的一个共相。在人们的常规思维中，所有的事物，其运动变化都遵循一个基本的逻辑，即从简单到复杂，比如1+1等于2，不等于3。但实际上，宇宙万物并不都遵循这个逻辑而存在。也许，一个简单的细节变化，最后导致了全体的彻底变化！中国人所说的"一着不慎，满盘皆输"，讲的也正是这个道理。这个道理被科学家在越来越多的领域发现与证实。

线性，指量与量之间按比例、成直线的关系，在空间和时间上代表规则和光滑的运动；而非线性则指不按比例、不成直线的关系，代表不规则的运动和突变。如问：两只眼睛的视敏度是一只眼睛的几倍？很容易想到的是两倍，可实际是6～10倍！这就是非线性：1+1不等于2。激光的生成也是非线性的。当外加电压较小时，激光器犹如普通电灯，光向四面八方散射；而当外加电压达到某一定值时，会突然出现一种全新现象：受激原子好像听到"向右看齐"的命令，发射出相位②和方向都一致的单色光，就是激光。

天体运动存在"蝴蝶效应"（混沌）；电、光与声波的振荡会突陷混沌；地磁场在400万年间，方向突变16次，也是由于混沌。甚至人类自己，原来都是非线性的：与传统的想法相反，健康人的脑电图和心脏跳动并不是规则的，而是混沌的，混沌正是生命力的表现，混沌系统对外界的刺激反应比非混沌系统快。

混沌理论认为在混沌系统中，初始条件的十分微小的变化经过不断放大，对其未来状态会造成极其巨大的差别。我们可以用在西方流传的一首民谣对此做形象的说明。这首民谣说：

丢失一个钉子，坏了一只蹄铁；

坏了一只蹄铁，折了一匹战马；

---

① ［不胫（jìng）而走］没有腿却能跑，形容传播迅速。胫，小腿。

② ［相位］描述讯号波形变化的度量，通常以度（角度）作为单位，也称作"相角"。

折了一匹战马，伤了一位骑士；

伤了一位骑士，输了一场战斗；

输了一场战斗，亡了一个帝国。

马蹄铁上一个钉子是否会丢失，本是初始条件的十分微小的变化，但其"长期"效应却是一个帝国存与亡的根本差别。这就是军事和政治领域中所谓的"蝴蝶效应"。有点不可思议，但是确实能够造成这样的恶果。一个明智的领导人一定要防微杜渐[①]，看似一些极微小的事情却有可能造成集体内部的分崩离析，那时岂不是悔之晚矣？

"蝴蝶效应"之所以令人着迷、令人激动、发人深省，不但在于其大胆的想象和迷人的美学色彩，更在于其深刻的科学内涵和内在的哲学魅力。

成功学中非常强调"蝴蝶效应"。无论是讨论个人成功，还是讨论企业管理，"蝴蝶效应"都可能是我们需要学习的第一课，它把细节的重要性用科学的方式演绎到了最完美的程度。

练习与思考

一、辨析病句，可以采取"压缩法"查找病因，先将长句中的附加成分如定语、状语、补语去掉，亮出主干，检查主干是否完整、搭配是否得当；如果主干没有问题，再检查局部的附加成分内部是否有毛病，看修饰语与中心语之间的关系是否得当。运用这样的方法，找出下列病句的病因，并改正。

1. 不管研究环境和实验条件都极端不利，洛伦兹教授仍然坚持自己的发现，最终赢得了大家的认可。

2. "蝴蝶效应"就是指初始条件的细微变化，导致了最终结果的大相径庭的实验。

3. 市场上有人不择手段仿造伪劣产品，对这种坑害顾客骗取钱财的不法行为，应该给以严厉打击。

4. "蝴蝶效应"值得职场人士特别是刚毕业进入社会的大学生们的重视。

---

① ［防微杜渐］在错误或坏事萌芽的时候及时制止，不让它发展。杜，堵塞。

二、阅读课文，简要说明什么是"蝴蝶效应"和"非线性"，以及"蝴蝶效应"产生的原因。

三、课文在阐述事理的过程中，综合运用了记叙、描写、说明等表达方式。试举例分析综合运用多种表达方式的作用。

四、作者说："无论是讨论个人成功，还是讨论企业管理，'蝴蝶效应'都可能是我们需要学习的第一课。"作者所说的"第一课"包含哪些内容？"蝴蝶效应"又给你带来哪些人生的启迪？

十三　桥的运动 ①

茅以升

课文导读

　　这是一篇阐述桥的运动形式与规律的事理说明文。学习时，首先要通读全文，找出关键词语、重点语句，了解桥的种种运动形式和内在运动规律，把握桥的运动的实质，理解"桥的运动是桥的存在形式"这句话的科学内涵。在此基础上，厘清课文结构，体会"总—分—总"说明顺序的好处。

　　为了把桥的运动这一抽象原理介绍得浅显易懂、具体生动，课文运用了引用、打比方等多种说明方法，将一个深刻的道理解说得清楚而生动，让这篇课文充满了可读性和趣味性。学习时，要结合具体语句，仔细体会。

　　课文也是一篇科学小品文，短小精悍、通俗易懂，语言丰富多彩，形式生动活泼，是科学说明文的典范。作者谈的是桥的知识，却又包含着诸多具有辩证意味的科学观点。学习课文，要注意领会作者在科学研究中的辩证态度和科学的思想方法。

　　桥是个固定建筑物，一经造成，便屹立大地，可以千载不移，把它当作地面标志，应当是再准确不过的。《史记·苏秦列传》里有段故事："信如尾生②，与女子期于梁下③，女子不来，水至不去，抱柱而死。"他们之所以约定桥下相会，就因为桥下相会，地点是没有错的，桥是不会动的。但是这里所谓不动，是指大动而言，至于小动、微动，它却是和万物一般，是继续不断、分秒不停的。

　　车在桥上过，它的重量就使桥身"变形"，从平直的桥身变为弯曲的桥身，就同人坐在板凳上，把板凳坐弯一样。板凳的腿，因为板的压迫，也要变形，如果这腿是有弹簧的，就可看出，这腿是被压短了。桥身的两头是桥墩，桥上不断行车，桥墩就像板凳腿一样，也要被压短而变形。把板凳放在泥土上，坐上人，板凳腿就在泥土上留下痕迹，表现泥土有变形。桥墩也同样使下面的基础变形。桥身的变形表示桥上的重量传递给桥墩了，

---

① 选自《茅以升桥话》(西南交通大学出版社2006年版)。有改动。茅以升（1896—1989），江苏镇江人，桥梁专家、教育家、社会活动家。

② ［信如尾生］信，忠实、讲信用。尾生，传说中坚守信约的人。

③ ［期于梁下］相约在桥下见面。期，约会。梁，桥。

桥墩的变形表示桥身上的重量传递给基础了，基础的变形表示桥墩上的重量传递给桥下的土地了。通过桥身、桥墩和基础的变形，一切桥上的重量就都逐层传递，最后到达桥下的土地中，形成桥上的重量终为地下的抵抗所平衡。物体之所以能变形，是由于内部分子的位置有变动，也就是由于分子的运动。因而一座桥之所以能在有车的重量下保持平衡，就是因为它内部的分子有运动的缘故。

　　车在桥上是要走动的，而且走动的速度可以很高，使桥梁全部发生震动。桥上不但有车，而且还受气候变化的侵袭：在狂风暴雨中，桥是要摆动或扭动的；就是在暖冷不均、温度有升降时，桥也要伸缩，形成蠕动①。桥墩在水中，经常受水流的压迫和风浪的打击，就有摇动、转动和滑动的倾向而影响它在地基中的移动。此外，遇到地震，全桥还会受到水平方向和由下而上的推动。所有以上的种种的动，都是桥的种种变形，在不同的外因作用下产生的。这些变形，加上桥上重量和桥本身重量所引起的变形，构成全桥各部的总变形。任何一点的总变形，就是那里的分子运动的综合表现。因此，一座桥不论是在有重车疾驰、狂风猛扑、巨浪急冲或气温骤变的时候，还是在风平浪静、无车无人而只是受本身重量和流水过桥的影响的时候，它的所有的一切作用都可很简单地归结为一个作用，就是分子运动的作用。

　　桥是固定建筑物，所谓固定就是不在空间有走动，不像车船能行走。但是，天地间没有固定的东西。至多只能说，桥总是在动的平衡状态中的，就是桥的一切负担都是为桥下的土地所平衡的。这是总平衡。拆开来看，桥身是处于桥上车重和两头桥墩之间的平衡状态的，桥墩是处于桥身和基础之间的平衡状态的，基础是处于桥墩和土地之间的平衡状态的。再进一步来分析，桥身、桥墩和基础的内部的任何一点，也无不在它四周的作用和反作用的影响下而处于平衡状态的。平衡就是矛盾的统一。矛盾是时刻变化的，因而平衡也不可能是稳定的，更不可能是静止的。就是在桥上的一切动的作用都停止的时候，在桥上只有本身重量起作用的时候，桥的平衡也不是稳定的，因为桥和土地的变形，由于气候及其他关系，总是在不断地变化中的。桥的平衡只能是瞬息现象，它仍然是桥的运动的一种特殊状态。

　　恩格斯说："运动是物质的存在形式。"可见，桥的运动是桥的存在形式。一切桥梁作用都是物质的运动作用。

----

① [蠕（rú）动] 像蚯蚓爬行那样运动。

练习与思考

一、辨析和修改病句时，可抓住标志性的词语，如否定词、介词、表示并列的词、表示两面意义的词、数量词等。抓住这些，就如同医生抓住了病人的病根，容易对症下药。运用这个方法，辨析和修改下列病句。

1. 车在桥上走动一定要注意交通安全，防止不要发生意外事故。

2. 为了把生物多样性保护纳入社会发展格局中，政府将加强对生态功能区的保护和自然保护区。

3. 我们的报纸、杂志和一切出版物，更有责任作出表率，杜绝用字不规范的现象，增强使用语言文字的规范意识。

4. 能不能战胜自己思想上的弱点，是一个人在事业上取得成功的前提。

二、课文语言深入浅出、通俗易懂，让本来枯燥的科学知识变得具体而生动，引发了读者的阅读兴趣。试结合第3自然段进行具体分析。

三、课文介绍桥的运动的知识，充满了辩证色彩。结合课文内容，谈谈你对下列语句的理解。

1. 但是这里所谓不动，是指大动而言，至于小动、微动，它却是和万物一般，是继续不断、分秒不停的。

2. 桥的运动是桥的存在形式。

*十四　动物身上能进化出轮子来吗？ ①

周立明

课文导读

这是一篇介绍动物进化知识的科普说明文，也是一篇介绍环境对动物进化影响的事理说明文。

动物身上为什么没有进化出轮子？鱼类为什么没有进化出像螺旋桨那样的组织？动物到底有没有可能进化出轮子？这些都是本文的说明重点。理解课文，要在通读全文的基础上，从分析逻辑结构入手，学会发现问题并展开讨论，理解生活环境对动物进化的重要作用。课文综合运用了列数据、做比较、举例子等多种说明方法。阅读时，不仅要学会辨析说明方法，更要理解这些说明方法对说明事理的作用。

科普说明文蕴含着丰富的人文内涵。课文最后结合对精确平衡理论的介绍指出：如果这种理论正确的话，那么也许若干年之后，动物身上有可能进化出轮子。这对我们有什么启示呢？

轮子是古代人类发明的最有效的陆上交通工具。和依靠腿步行相比，依靠轮子滚动前进，由滑动摩擦变成滚动摩擦，能量转换的效率要提高许多。

在1983年美国波士顿马拉松比赛中，残疾人坐着轮椅跑完全程的最好成绩是1小时47分，而健康人跑完全程的当今世界纪录是2小时9分，轮椅纪录比赛跑纪录快22分，这可以说是轮子的胜利。据测定，一个人坐着轮椅前进，要比他步行相同距离节省能量25%。从充分利用能量的角度来看，骑自行车是世界上效率最高的交通方式，其效率比DC-8喷气式飞机高5倍，比奔跑着的狗或飞翔着的鹦鹉高15倍，比飞爬的蟑螂高400倍！

轮子的效率既然如此之高，那么，动物在漫长岁月中可以进化出各种高效率的器官，为什么偏没有进化出轮子来取代它们那效率并非很高的四肢呢？

同样可以问，为什么鱼类在水中依靠鳍和尾鳍游泳，而没有进化出像轮子那样高效率的螺旋桨推进器呢？

这些问题初听起来好像颇可笑，起初并未引起科学家的认真思考。随着人类工程技

---

① 选自1984年第2期《化石》。有改动。

术的进步，滑翔机、降落伞、潜水艇、喷气式飞机等现代交通工具相继问世。科学家惊奇地发现，在动物世界，早在几百万年之前就已有了类似的发明。例如，鹫①和鹰的滑翔技术胜过滑翔机，鲸和鳄的潜水技术不低于潜水艇，许多植物的种子俨然是天然降落伞，而章鱼、乌贼之类的喷水式推进器使喷气式飞机相形见绌。很明显，千百万年的生物进化要比有限的几千年里人类的发明高明得多。那么，为什么动物身上没有进化出高效率的轮子来呢？

这就是进化论研究中有名的"RRR"难题。不少科学家冥思苦想，企图解开其中的奥秘。

开始，一些科学家这样解释"RRR"难题。动物身上的细胞是活细胞，它们必须通过血管与心脏相连，通过神经受中枢神经系统的支配。轮子必须能转动，由细胞组成的器官一转动，势必会把血管神经缠绕起来，妨碍其功能。在自然界，一些类似于轮子能够滚动的动物都是依靠全身来滚动的，如穿山甲会变成一个大圆球，沿着斜坡朝下滚，以逃避敌害的追捕。因而动物不可能把身体的一部分器官进化成能滚动的轮子。这种解释很快就被驳倒了。人们指出，动物身上除了细胞组成的活组织，还有一些具有一定功能的死组织，它们无需血管神经支配。例如我们的指甲，动物身上的蹄、角等。活组织不能进化成为轮子，为什么死组织不能进化成轮子呢？为什么老鼠不能长旱冰鞋似的死骨组织？为什么猫不能长出可以伸缩的爪轮？

人们从动物身上难以找到答案，转向从动物与生活环境的关系中去寻找答案。美国芝加哥大学解剖学家拉巴比拉对"RRR"难题做了新的解释。他注重动物与环境的联系，有许多新鲜的思想以及较深刻的见地。

拉巴比拉注意到这样一个事实：尽管人类在几千年前就发明了轮子，在16世纪发明了轮椅，17世纪发明了旱冰鞋，18世纪发明了自行车，但直到科学技术发达的今天，轮子并没有完全取代步行。在许多场合，人们还是喜欢以步当车，只有在较长距离交通时人们才借助轮子。人们虽然发明了轮子，可还是不能放弃步行，这也许可以提供为何动物身上没有进化出轮子来的线索。

拉巴比拉深入钻研了发明和设计轮椅、自行车的技术文献，钻研了陆上交通工具的设计原理。从这些研究中他发现，为什么对大多数动物来说没有轮子比有轮子更好，为什么人类只在一定的条件下才使用轮子，有这样三方面的原因：

第一，轮子仅在坚硬平整的路面上才有效。用工程技术的术语来说，滚动阻力随着

---

① 〔鹫（jiù）〕秃鹫、兀鹫等猛禽的统称。

路面变软或凹凸不平而增加。交通工具的自重越重，在软的路面上运行的效率就越低。人类发明的轮子依赖于人类自己铺设的道路，而自然界并没有为动物准备平整坚硬的轮子之路。

第二，轮子常会遇到路面上的垂直障碍。骑自行车的人都熟悉从马路驶上人行道边沿的台阶时遇到的困难。这台阶就是一种垂直障碍。美国国家宇航总局在设计登月车时，曾花很大气力研究克服月球表面的垂直障碍问题。一般说来，车轮要爬上高度为轮子直径一半的垂直障碍是很困难的，而爬上高度与轮子直径相等的垂直障碍几乎不可能。自然界的垂直障碍物太多，动物依靠腿可以上爬下跳，甚至跃上山崖，跳过矮墙，攀上绝壁，而如果依靠轮子就无能为力了。

第三，轮子还会遇到许多空间障碍，像树木、石块之类，都会阻挡轮子的滚动。

因此，在自然环境中，腿对于动物来说比轮子更优越。所以陆上动物始终没有进化出轮子那样的组织来。

那么，为什么生活在水中的鱼类没有进化出像螺旋桨那样的组织来呢？在自然界，其实也有有生命的螺旋桨，那就是一些微生物的鞭毛组织，鞭毛是一种尾丝，在显微镜下可以清楚地看到，有些细菌的尾丝像螺旋桨那样旋转，推动着细菌在水中前进。在生命世界，只有像细菌那样微小的生物才有类似螺旋桨的组织，较大型的水生动物没有这种组织，这是因为螺旋桨作为推进器，其效率并不是最高的。据测定，在水中，典型的由内燃机带动的螺旋桨推进器推进船舶，其能量转换率为60%；在天空中，高速飞行的飞机的螺旋桨推进器，能量转换率为80%；一架设计精巧的人力飞机的效率为88%。而相比起来，鲸、海豚和一些大型鱼类，依靠鳍和尾部推进的效率要高得多，可达96%~98%！这样问题就清楚了：鱼类不进化出螺旋桨来，是因为它们自身的鳍和尾部比螺旋桨高明。倒应该反过来问：为什么船舶工程师们不向鱼类学习，设计像鱼类的鳍和尾部那样高效率的船舶推选器？

在自然界的复杂环境中，轮子不能成为理想的交通工具，这也许还能从人类的历史中找到例证。拉巴比拉举了这样两个例子：

在欧洲人发现新大陆之前，生活在美洲的阿兹特克人、印加人和其他印第安人创造了灿烂的古代文明。但令人惊异的是，这些能建造宏伟的金字塔，推算精确的历法的古印第安人，他们的生活中没有轮子，他们习惯于用驮兽来做交通工具。长期以来，历史学家以为古印第安人不懂得使用轮子，可是不久前，在墨西哥发掘出的古代印第安陶器，其中有带轮子的玩具。古印第安人明明懂得轮子的使用，可他们为什么不把轮子作为交通工具呢？只有一种解释，那就是驮兽比轮子更优越。

第二个例子更有趣。大约两三千年前，牛车和马拉的战车在古代东方的亚述帝国、波斯帝国都是很普遍的。以后，从阿拉伯传入了驮物的骆驼鞍子，于是，整个非洲北部和中东，从摩洛哥到阿富汗，骆驼鞍子竟然取代了有轮子的车辆，时间达1 500年之久！人们为什么放弃高效率的车轮而求助于骆驼呢？历史学家们认为，这是因为用骆驼驮货比用牛、马或骆驼拉车更为经济，它可以省下大批建筑和维修车路的人力物力。古代人们从实践中得出骆驼鞍子优于车轮的结论。

这两个例子都有助于说明拉巴比拉的理论：仅仅在有车路的情况下，轮子才比腿优越；在没有路的自然界，动物的腿要比轮子优越得多。所以动物身上没有进化出轮子来。

那么，今天，人类的活动已经使陆地上的面貌大为改观，许多地方出现了纵横交错的车路，在这样的条件下，动物身上会不会进化出轮子来呢？有些生物学家相信一种被称为精确平衡的进化理论。这种理论认为，生态环境的改变会加速动物的进化，当一种新的生态环境出现并可能为生物所利用时，总会有一些生物迅速地进化发展出适应的手段来，占据这一种生态环境。如果这种理论正确的话，那么，也许若干年之后，人类将会看到有些动物，例如老鼠，进化出像溜冰鞋那样的轮子器官，在人类修建的高速公路上飞速向前滚动。

练习与思考

一、动物身上能不能进化出轮子来，着实让人迷惑。课文回顾了科学家们的研究历程及结论。请用列表形式说明人们研究的角度、根据、观点及作者的态度。

二、说明方法的运用是由课文内容决定的。课文运用列数据、做比较、举例子等多种说明方法，不仅能够准确说明事物特征，也能使作者的观点具有很强的说服力。试从课文中各找一例，分析其作用。

三、课文说，"拉巴比拉注意到这样一个事实"；又说，"古代人们从实践中得出骆驼鞍子优于车轮的结论"。根据这些语句，你认为这些研究者运用了怎样的科学方法，具有怎样的科学精神？

*十五　令人神往的隐形传输①

聂春雷

课文导读

这是一篇介绍新型传输方式——隐形传输的事理说明文。

什么叫作隐形传输？隐形传输的探索实践过程是怎样的？能否用这种方法实现"人的旅行"？它的双面效应具体表现在哪些方面？理解了这些问题，就把握住了课文的说明重点。阅读时，还要厘清各部分之间的内在联系，体会课文按照事物发展过程，由理论到实践、由现代到未来，层次分明、逻辑严密的结构特点。

课文从现象入手，进而触及事物的本质。不仅阐明事物之间的内在联系，而且说明存在这些联系的原因，从而使抽象的事理形象化、具体化。学习时，要结合具体语句认真体会。

课文在介绍隐形传输知识的同时，还表达了对未来科技发展的无限向往，同时也启示我们：科学是一把双刃剑，在带给我们便利的同时也带来一些隐忧，需要我们理性看待。

自从5 000多年前轮子被发明以来，人们不断寻找着更加便捷的运输方法和工具。自行车、汽车、飞机、火箭被源源不断地发明出来，以提高移动的速度。在这些发明的背后有一个共同的目的，那就是不断缩短从一点到另一点所花费的时间。那么，有朝一日如果我们能不凭借任何交通工具直接从家里到超市或者从地球到达宇宙空间站里，那该有多好！这大概可以算作是人类的终极梦想，就像金庸武侠小说中提到的"乾坤大挪移"功夫，使人可以在不同的空间位置之间来往穿梭。现在，科学家们也在研究类似的技术，它结合了通讯与运输两者的特征，可以不借助任何运输工具而完成物体的运输，这种技术被称为隐形传输。

这种技术的原理是在起点提取物体的全部信息，将这些信息传送到目的地，然后在目的地选取构成原物体的基本粒子，比如光子或原子，按照接收到的信息造出一个完全一样的物体。

---

① 选自2006年第5期《百科知识》。

这种构想其实很早就有了，20世纪60年代，罗登贝理①的科幻小说《星球大战》中就有类似的情节。书中人物站在一个叫作"传输机"的机器上，另一个人操纵机器的键盘，锁定被传输者身上的每一个原子。一道亮光闪过之后，电波就把这些人带到了他们想去的地方。这就是作家想象中的隐形传输。

20世纪90年代，人们开始讨论隐形传输在现实世界的可能性。著名物理学家查尔斯·本耐特和他的研究者们在美国物理学会年会上提出，量子隐形传输是可以实现的，前提是消灭被传输的物体。之后所进行的一系列实验证明了量子隐形传输的可行性。

1998年，加州理工学院的研究人员和两个欧洲的研究小组成功地实现了一个光子的隐形传输。加州理工学院的研究者们读取了一个光子的信息，将这些信息传过1米长的电缆，复制出了一个相同的光子。如他们所预期的那样，当新的光子被制造出来之后，原来的光子便不复存在了。

这就意味着，我们利用这种技术传输物体时，我们是在塑造一个和原物完全相同的物体。当这个新的物体被造出来的同时，原来的物体也就不存在了。

随后，澳大利亚学者也成功完成了隐形传输实验，他们将一束激光进行了隐形传输。这进一步验证了隐形传输的可行性。而量子计算机技术的成熟将把隐形传输技术的应用范围继续扩大。

量子计算机比目前运算速度最快的计算机运算速度更快，它在传递量子信息方面有非常重要的作用。量子计算机的联网工作被称为"量子互联网"。量子互联网的建立将把隐形传输技术推向一个新的阶段。

既然隐形传输技术是可行的，我们就自然而然地想到是否能用这种方法来实现人的旅行。从技术角度来说，现在我们还不具备这样的能力。因为要完成一个人的传输，就意味着我们使用的"传输机"能够对组成人的约10的28次方个原子进行标记和分析，然后把这些信息传到另一点，再利用这些信息造出一个人来，成千上万的分子哪怕有1毫米的错位可能就意味着这个人会出现某种生理缺陷。以人类现在的技术还无法完成这么庞杂而精细的工作。从伦理学的角度来说，我们的法律可能也不会允许这样的行为，因为用这种方法旅行，一个人旅行一次就要被"消灭"一次。

当然，也有人提出可以从数字化克隆技术的角度来理解隐形传输技术，这种"生物数字克隆"技术将一个人原来的肉体和思想在传输的同时消灭了，又可以在另一点重新恢复出来。他的记忆、感情、希望和梦想在一个新的肉体上重新出现，而这个肉体的结构和原

---

① ［罗登贝理］美国作家、编剧、制作人。

来的也一模一样，这到底是一个人的旅行还是重生就看你怎么想了。

关于隐形传输还有一个问题，那就是我们是否能在目标地点造出一个与原物完全一样的物体？我们知道信息在传输的过程中有太多的不确定性。这让我不由想起了另一个关于隐形传输的科幻故事。故事讲的是一个科学家发明了一个传输机，为了验证自己的研究成果，他把自己作为试验品。但不幸的是，当他进入传输机时，不小心进去一只苍蝇，结果把自己变成了一个人蝇混合体。为了还原，他只好到处去找那只苍蝇，希望和苍蝇重新做一次旅行而使自己得到还原，但却怎么也找不到它了。最后这位科学家只好用自杀来结束自己的痛苦。这个故事虽然完全是幻想，却道出了隐形传输技术的隐忧。

不过和所有的技术一样，随着技术的不断进步，我们对这项技术的认识也将不断提高，可能有一天我们发现其实这些问题跟我们想象的完全不一样。

也许有一天，我们的某个子孙在离地球N光年的某个星系的一个星球上，结束了空间办公室里一天的工作，然后对着他的腕表说一声"我们去X星球吃晚饭吧"，话音未落，他就坐在自己的餐桌旁开始享用丰盛的晚餐了。

练习与思考

一、课文介绍的是新型传输方式——隐形传输。为了把抽象的科技概念说得清楚明白，作者运用了下定义和做诠释的说明方法。仔细阅读课文，举例说明这两种说明方法的作用。

二、课文语言准确，概念清晰，事理明白。说说下列句子中加点词语的作用。

1. 这大概可以算作是人类的终极梦想，就像金庸武侠小说中提到的"乾坤大挪移"功夫，使人可以在不同的空间位置之间来往穿梭。

2. 成千上万的分子哪怕有1毫米的错位可能就意味着这个人会出现某种生理缺陷。

3. 量子计算机比目前运算速度最快的计算机运算速度更快，它在传递量子信息方面有非常重要的作用。

三、课文中有这样两句话，一是"这个故事虽然完全是幻想，却道出了隐形传输技术的隐忧"；一是"随着技术的不断进步，我们对这项技术的认识也将不断提高，可能有一天我们发现其实这些问题跟我们想象的完全不一样"。请结合科学发展可能带来的双面效应，谈谈你对这两句话的理解。

四、本单元的5篇说明文都是事理说明文，既有对自然现象的理性探索，也有对科学原理的趣味介绍。阅读这些文章，我们能充分感受到科学的价值与理性的意义。仔细阅读本单元课文，并完成下列任务。

1. 要把事理阐述得清楚明白，除了作者本人的知识素养之外，还需要有一定的写作能力，如需要根据不同的内容安排不同的说明顺序。本单元5篇课文都采用逻辑顺序安排课文内容。请比较分析本单元课文逻辑顺序的体现方式及其原因、作用。

2. 学习事理说明文，最重要的是激发阅读这类作品的兴趣，领会并实践作品中体现的科学精神和理性态度。阅读《宇宙万物的共相——"蝴蝶效应"》《动物身上能进化出轮子来吗？》，想想课文中体现的科学精神和理性态度对你有哪些启发？与同学们交流。

3. 本单元课文阐释了许多我们不知道的科学事理，如《桥的运动》阐述了"动平衡说"这一体现辩证唯物主义观点的科学原理，《令人神往的隐形传输》介绍了新型传输技术从幻想变为现实的过程及其未来发展的趋势。请收集你感兴趣的自然现象或者科技发展的相关成果，写一篇不少于500字的说明文，介绍这些自然现象或科技成果背后的事理。

表达与交流

口语交际

介绍工艺流程

【情境】

延安路上的红酒博物馆准备向游人开放，邀请光明职校导游专业的同学提前体验，王含章也在其中。

在兴致勃勃地游览了酿酒历史区、酒类收藏区和酒类陈列区后，他们来到了酿酒体验区。看到那些仿真酿酒设备，大家纷纷上前，动手操作起来。

王含章却并不着急，他先是认真阅读了挂在墙上的工艺流程图，记住了各道工序的先后顺序，对于不了解的专业名词，还请教了带队老师，然后才动手操作起来。

这时，博物馆管理人员走了过来："同学们，今天我们要从你们当中挑选5名志愿者讲解员，利用节假日为游客提供讲解服务。现在就进行一项简单的测试，请你们向游客介绍一下葡萄酒酿造的工艺流程。"

大家顿时变得紧张起来，都说不知道应该重点介绍哪些环节，怎样组织语言才能让游客清楚了解这些流程。

王含章却胸有成竹，等管理人员叫到他的时候，他有条不紊地开始了自己的介绍……

【案例】

红葡萄酒酿造的工艺流程

酿造葡萄酒，种类不同，工艺流程也就存在一定的差异，现在我就以红葡萄酒的酿造流程为例，向大家进行介绍。

第一步是分选。想要酿造出好的葡萄酒，首先要进行葡萄原料的分选工作，就是将不合格的葡萄拣出来，以提高葡萄原料的整体质量。

第二步就是去梗除叶。葡萄采摘下来，肯定会混有葡萄梗和葡萄叶，这些东西是不能用来酿酒的，所以要把它们拣出来。当然，我们在市场上买的葡萄，叶子已经基本摘除了，只要简单去梗就可以。

第三步是一个关键的环节——破碎。一瓶好的葡萄酒需要颜色纯正、风味独特，破碎这个环节是红葡萄酒获取颜色、单宁和风味的最重要的途径。可能大家对单宁这个词不太熟悉，它其实是一种酸性物质，主要源于葡萄皮和葡萄籽。喝过葡萄酒的人都会有这种感觉，酒入口后口腔感觉干涩，口腔黏膜会有褶皱感，那便是单宁在起作用。单宁的多少可以决定酒的风味、结构与质地。

第四步是酒精发酵。就是将破碎后自然流出的葡萄汁，连皮带籽一起装入发酵器进行发酵。当然了，别忘了加酵母菌，还要掌握发酵的温度，最好在20～28摄氏度之间。

接着进入第五步——榨汁。分成两个阶段：第一阶段是稍用力让已经发酵的葡萄基酒流出来；第二阶段是用大力气硬榨出葡萄基酒。可以分开处理，也可以混合处理。但为了让葡萄酒的品质更好，还是选择分开处理好。

第六步是乳酸发酵。这个过程就不用酵母菌了，利用酒中的细菌就可以了。当发酵器中很少有气泡，并且基本上只剩下没有颜色的葡萄皮和葡萄籽，品尝酒液基本没有甜味时，说明酒精发酵完成了。

第七步就是澄清过滤。过滤出死亡的酵母，酒就会变清。

第八步就是放在桶中培养一段时间。

最后的一步是装瓶，就是将酿造好的酒装进我们前面在酒类陈列区看到的各种各样的瓶子，这一步完成，酿酒的整个过程也就结束了。

解析：

这是一则较为成功的介绍工艺流程案例。王含章以红葡萄酒的酿造过程为顺序，有条不紊地介绍了分选、去梗除叶、破碎、酒精发酵、榨汁、乳酸发酵、澄清过滤、桶中培养、装瓶九道工序，层次清晰。在介绍每道工序时，又简要说明了操作的过程和要领。在介绍破碎、榨汁这两个重要环节时，扩展介绍了单宁的知识和榨汁的两个阶段，详略得当，处理自然。介绍语言通俗自然，明白晓畅，生动形象。

【相关知识】

工艺流程是指工业品生产中，从原料到制成成品的各项工作程序。介绍工艺流程包括介绍产品的制作工序、制作原理、制作要领等。在学习、工作和日常生活中，我们常常需要向别人介绍产品的工艺流程。介绍工艺流程，要注意以下几点。

首先，要条理清晰。介绍工艺流程，不仅要说清楚制作产品的工作程序，还要说清楚产品的制作原理、制作要领。这就需要按照生产工序的先后顺序逐一进行介绍，突出每个步骤的操作要领、原理等。在介绍每个工序时，也要严格按照制作程序依次进行。介绍时一般采用分条目的方法，一道工序列为一条，这样便于清楚地说明内容，也便于听众理解和掌握。案例中王含章介绍红葡萄酒的酿造过程时，就分了九个条目，按照酿造的先后顺序进行，条理清晰，要领明确。

其次，要突出重点。对产品的制作过程和生产工艺逐一介绍，并不意味着对每一环节都平均用力。制作工序有繁有简、有难有易，要根据产品制作的特点，突出制作的主要工序和特有工序，简化听众熟悉和容易理解的内容，做到详略得当、繁简适宜，从而给听众留下深刻、清晰的印象。如王含章对红葡萄酒酿造流程进行介绍时，对重点工序破碎和榨汁环节进行了重点介绍，详略处理比较得当。

再次，要通俗准确。介绍是一种口语表达方式，要多用短句和日常生活词汇，忌用有歧义和生僻的词汇。介绍工艺流程会涉及一些专业术语，如果向非专业人士进行介绍，要尽量不使用专业术语，即使使用也要用通俗的语言加以说明。案例中，王含章对"单宁"这个专业名词就进行了通俗的解释，便于听众理解。同时，工艺流程具有科学性、知识性，介绍语言应准确精当，有时需要使用"基本上""大约""左右""大多数""许多""可能"等模糊性词语。

介绍工艺流程时还要注意：一是要熟悉听众基本情况和产品基本情况。要尽可能了解听众的听讲目的、文化修养、性格特点、兴趣爱好、年龄大小等，使介绍更具有针对性、实效性。同时，要熟悉介绍对象即产品的各道工序及其制作原理、制作要领，产品的原料、性能、特点、功用等。二是介绍时要借助相关材料。要适量准备文字介绍材料，以及与介绍对象相关的实物、图像、音视频等材料。借助这些材料进行介绍，使产品情况直观、可感，听众印象才能深刻。三是介绍时要讲究说明方法。根据需要使用下定义、举例子、列数字、做比较等方法，能给听众留下深刻印象。

【口语实践】

一、世界节水日那天，自来水公司在某广场举行节水宣传活动。为了让广大市民了解每一滴自来水的来之不易，他们特地制作了"自来水生产流程"的宣传挂图。这时，一位老大爷走了过来："你们的挂图很漂亮，但具体的工艺流程是怎样的我还是不太明白，你们能不能给我介绍介绍？"公司领导对某职业学校给排水专业的实习生晓阳说："你在这里实习一段时间了，也熟悉了全套的流程，就请你给大爷介绍一下吧。"

自来水生产流程图

假如你是晓阳，你会怎样介绍？请搜集自来水生产流程的相关材料，对照上图进行清晰明了、重点突出、通俗易懂的介绍。

二、结合自己所学专业，了解本专业某一个产品的制作过程、制作原理等，参考相关资料，向同学们介绍生产这个产品的工艺流程。

写　作

现代文　说明文：恰当使用说明方法

【案例】

一切生物都离不开食物。如何获得食物，有两种不同的途径和方法。

一种叫自养。绿色植物都属于这一类。它们自己把无机物制造成有机的食物，满足自身生长的需要。

绿色开花的植物有庞大得惊人的根系，每条根的尖端都有很多根毛。每一个根毛就是一个最基层的原料采集站。根毛大量吸收土壤中的水分和无机盐等原料，经过运输干线——茎，源源不断地送入叶子里。叶子就是一个食品工厂。叶子上面有着许多气孔。在阳光下，这些气孔一面排出氧气和蒸腾水分，一面吸入大量的二氧化碳。

有时，一个气孔在一秒钟内能吸进25 000亿个二氧化碳分子。

二氧化碳和水在合成车间——叶绿体里，发生奇妙的变化。叶绿体是叶绿素和蛋白质等组成的小颗粒，一个叶肉细胞里，一般含20～100个。叶子的绿色就是它们的颜色。叶绿体吸收了太阳的光能，就把二氧化碳和水合成含有高能量的有机物质，同时放出废气——氧，由气孔排出。这就是赫赫有名的光合作用。

另一种叫异养。所有的动物和大部分微生物都是这一类。它们自己不能制造食物，靠植物来生活。

例如，野兔靠吃野草来生活。狼以野兔为食物。狼一旦碰到了老虎，也就成了牺牲品。老虎死后，又成了细菌的乐园，不用多久，尸体就分解得精光，变成了二氧化碳、水和无机盐，回到大自然中，又成了植物制造食物的原料。

所以，兔、狼、虎、细菌，归根结底都是靠植物来生活。

（选自朱相远《食物从何处来》，有删改）

解析：

这段文字说明了生物获取食物的途径和方法。在介绍有关知识、解说有关事理时，恰当地运用了多种说明方法，把食物的来源解说得清楚明了。整体上采用了分类别的说明方法，先介绍"自养"，再介绍"异养"。为了说明"自养""异养"这些概念，使用了做诠释的说明方法。在介绍光合作用时，把根毛比作"原料采集站"，把茎比作"运输干线"，把叶绿体比作"合成车间"，使用了打比方的说明方法。在说明动物和微生物的食物来源时，使用了举例子的说明方法。这些说明方法都是根据内容的需要细心选择的。它们的使用，使得文章条理清晰、重点突出、客观准确。

【相关知识】

恰当地使用说明方法，能使说明对象的特征更加突出，阐释的事理更加清晰。

常见的说明方法有下定义、列数字、做诠释、做比较、引用、举例子、打比方、分类别、摹状貌等。写作时，首先要准确把握各种说明方法的特点，然后根据说明目的和说明对象的特点选用恰当的说明方法。

下定义，就是用简洁准确的语言揭示事物的特有属性的说明方法。这种说明方法能准确揭示事物的本质，常用于说明较为复杂的事物或事理。如《宇宙万物的共相——"蝴蝶效应"》中对于线性的定义是："线性，指量与量之间按比例、成直线的关系，在空间和时间上代表规则和光滑的运动。"这就很好地解释了线性的本质特征。下定义一定要准确、严密，否则会严重影响文章的科学性和严谨性。

列数字，就是运用确凿的数字说明事物的说明方法，它可以把事物的特征和本质说得更加具体、简明。如《动物身上能进化出轮子来吗？》第2自然段中，就运用了大量的数字，来说明"依靠轮子滚动前进，由滑动摩擦变成滚动摩擦，能量转换的效率要提高许多"这一观点。列数字的说明方法能准确反映事物的真实面貌，具有较强的说服力。需要注意的是，引用的数字一定要准确无误，有时还要说明数字的来源或根据。

做诠释，是对事物的概念、性质、特征、成因等做简要的注释并加以说明，它在形式上往往与"下定义"采取同样的形式，但在严密程度上不如下定义，却比下定义说明具有更广泛的内涵与外延。如"案例"中运用做诠释的方法，解释绿色植物自己制造食物满足自己生长的原理："一种叫自养。绿色植物都属于这一类。它们自己把无机物制造成有机的食物，满足自身生长的需要。"做诠释的说明方法能帮助读者更具体、更深入地理解说明对象。

做比较，是将类别相同或不同的事物、现象等加以比较来说明事物性质、特征的说明方法。这种方法运用得好，可以把本来较抽象或读者感到陌生的事物解释得鲜明、突出。《海洋与生命》，为了说明海洋不仅大，而且深，就把海洋的平均深度与陆地的平均海拔、马里亚纳海沟及珠穆朗玛峰做了比较，使内容浅显易懂，给人深刻的印象。

引用，即在说明过程中引用诗词、俗语、名人名言、权威论述等来说明事物的说明方法，这种说明方法可以使文章内容更加充实，也能使说明更有说服力。《桥的运动》中引用《史记》中的故事，《令人神往的隐形传输》中引用科幻故事的情节，都是为了起到这样的作用。但是引用的内容本身要准确、易懂，有一定代表性和说服力。

举例子，是举出实例来说明事物的说明方法。这种方法，可以把事物的本质及特征解说得更具体、更有说服力。如《桥的运动》中，在介绍桥的运动形式时，就列举了桥在重车疾行、风吹雨打等外力作用下震动、摆动、扭动、蠕动、移动、推动等运动形式，使读者对桥的运动具体可感。需要注意的是，所举的例子要贴切、通俗，如果例子比较生僻、晦涩，反而会让读者费解。

打比方，是将不同事物之间的相似之处做比较，以突出事物的性状特点，增强说明的形象性、生动性的说明方法。如《海洋与生命》中，把巨大的海洋比喻成天然的"温箱"和孕育原始生命的"温床"，利用人们熟知并感到亲切的事物说明：海洋热容量高，为生命的诞生提供了有利的环境。语言贴切、生动。打比方要注意抓住所说明问题的核心，要用简单的事物比喻复杂的事物，要通俗易懂。

分类别，是将被说明的对象按照一定的标准划分成若干类，逐个加以说明的方法。这种说明方法可使说明的条理清楚、层次分明。如《令人神往的隐形传输》中，作者从技术角度和伦理角度说明隐形传输还不具备实现人的旅行的条件就是运用分类别的说明方法。将人与物分开来说，可使文章层次清晰、事物特征鲜明。分类别说明要注意选择好分类的标准，要找到事物最本质的方面或特征。

摹状貌，就是通过具体的描写揭示事物特征的说明方法，这种方法可以把被说明的对象说得具体、生动。如《海洋与生命》中对于海洋植物的描绘："有绿色的石莼、浒苔和礁膜，有褐色的海带和裙带菜，有红色的紫菜和石花菜，还有形状像羽毛的羽藻、细长似绳的绳藻等，可以说五颜六色、形态万千、无所不有。"作者对各种形态的海洋植物进行了生动描绘，让人印象深刻。

一篇说明文往往综合运用多种说明方法。说明方法是为说明内容服务的，要根据说明的对象、目的，灵活选用不同的说明方法，以取得最佳的说明效果。

【写作实践】

一、《现代汉语词典》中对"遥感"的解释是："使用空间运载工具和现代化的电子、光学仪器探测和识别远距离的研究对象。"请根据这则解释，并通过网络搜索、书籍查阅等手段，了解相关知识，对"遥感"的特点加以说明。要求：至少使用3种说明方法，语言简洁生动，逻辑严密，不少于300字。

二、下面是3则有关海市蜃楼的材料：第一则材料是新华社的新闻报道；第二则材料是对海市蜃楼现象、形成原因和观察者感受的说明；第三则是海市蜃楼目击者的所见所感。请你根据三则材料写一篇说明文。要求：围绕中心选材，运用恰当的说明顺序，综合运用多种说明方法，语言准确生动，不少于600字。

（一）

据新华社济南6月19日电（记者 刘关权）山东电视台记者孙玉平在国内首次拍摄到海市蜃楼的现场实况，18日晚在电视台播出，山东观众大饱眼福。

这次海市蜃楼发生在被称为人间仙境的蓬莱阁对面海域。从17日下午14时20分延续到19时左右。从蓬莱阁向北望去，在长达50 000米的辽阔海面上出现了种种奇观：忽而是多孔桥的奇景，忽而显现出从未见过的岛屿。其间有清晰的高楼大厦，周围有冒烟的烟囱，在波涛万顷的海面上展现出一幅多姿多彩的画卷。无数游人涌向海边竞相观看。

据悉，这段录像将送中央电视台播放。

（二）

海市蜃楼是光的折射产生的一种现象。夏天海面附近的温度比高空低，空气由于热胀冷缩，上层的空气就比海面附近的空气稀疏。远处物体反射的太阳光，在射向天空的过程中，由于空气疏密发生变化而折射，逐渐向地面弯曲，进入观察者眼中。逆着光线望去，就觉得好像是从海面上空的物体射来的一样。

（三）

记得是春季，雾蒙天，我正在蓬莱阁后面拾一种被潮水冲得溜光滚圆的鹅卵石，听见有人喊："出海市了！"只见海天相连处，原先的岛屿一时不知都藏到哪儿去了，海上劈面立起一片从来没见过的山峦，黑苍苍的，像水墨画一样。满山都是古松古柏；松柏稀疏的地方，隐隐露出一带渔村。山峦时时变化，一会儿山头上现出一座宝塔，一会儿山洼里现出一座城市，市上游动着许多黑点，影影绰绰的，极像是来来往往的人马车辆。又过一会儿，山峦城市渐渐消散，越来越淡，转眼间，天青海碧，什么都不见了，原先的岛屿又在海上现出来。

（节选自杨朔《海市》）

第五单元

精神的家园

中华民族五千年的文明进程，造就了博大精深的中华文化。

浩如烟海的史书典籍、流传千古的文化精品，构筑起中华民族永恒不变的精神家园。

文言文，以其简约凝练的语言，传承着中华民族的文化血脉，是我们取之不尽的精神瑰宝。

文言文，以其丰富多样的体式，记录着中华民族的精神追求，是我们用之不竭的精神财富。

捧读史书典籍，我们可以走近千姿百态的历史人物，观赏雄伟壮阔的历史活剧，聆听意蕴隽永的人生对话。

品读文化精品，我们可以感受威武不屈的民族气节，体悟充满思辨的人生智慧，汲取丰富深邃的哲思理趣。

中华优秀传统文化是中华民族最根本的精神基因，是中华民族独特的精神标识，是中华民族生生不息、发展壮大的丰厚滋养。

让我们接受中华优秀传统文化的滋养，用中华优秀传统文化陶冶我们的情操，涵养我们的德行。

单元导语

本单元安排了先秦两汉时期的5篇记叙散文。

学习本单元，我们要体会课文中蕴涵的中华民族精神，接受中华优秀传统文化的滋养。学习阅读与欣赏古代记叙散文的方法。学习写作通知和进行劝说的方法与技巧。

中国古代的记叙散文有一种简约之美。欣赏时，首先要能借助注释和工具书，理解词句含义，读懂课文内容。其次，分析人物形象，感受古人的才华和品德。最后，披文入情，循文入义，品味言简意丰、形象生动的语言艺术，体悟其中的情感志趣、文化内涵。

《子路、曾皙、冉有、公西华侍坐》记述孔子和学生一起畅谈人生理想的精彩片段，体现了儒家的政治理想。简朴练达的语言传神地表现出人物的神情和精神气质。《寓言三则》中的寓言故事，虽然风格不一，但都结构完整、叙事简约，充满智慧和哲理。《廉颇蔺相如列传》（节选）是《史记》中对后世影响较大的篇章之一，课文将人物置于尖锐的矛盾冲突之中进行刻画，细节描写精练准确，人物语言极富个性，体现了《史记》"史家之绝唱，无韵之《离骚》"的特点。《烛之武退秦师》记述烛之武只身说退秦军、解除国难的一场外交斗争。故事情节波澜起伏，人物语言言简意深、委婉有力。《苏武传》（节选）写苏武被匈奴扣留胡地19年，九死一生而不改气节的动人事迹，表现了苏武坚贞不屈的民族气节和视死如归的爱国精神。

诵读古代的记叙散文，在领略文言文艺术魅力的同时，我们还可以汲取民族的智慧，获得精神的滋养。

阅读与欣赏

十六　子路、曾晳、冉有、公西华侍坐①

《论语》

课文导读

孔子作为中国思想文化集大成者，他的思想及学说对后世产生了极其深远的影响。作为教育大师，孔子在教导学生的过程中，常把学识与社会人生紧紧地联系在一起，循循善诱，朴素的话语闪耀着智慧的光芒。

课文记述了孔子引导学生讲述人生理想的精彩片段，虽是"记言"的语录体散文，却围绕谈话，记叙了一个完整、生动的故事，并通过简练的语言和简单的动作描写，塑造了个性鲜明的人物形象，给人留下了深刻的印象。学习时，先要结合注释疏通课文大意，然后在反复的诵读中感知课文内容。诵读时，可以分角色朗读，从体会人物的语气和神态入手，品味人物语言，把握人物性格特征。依据人物所述的志向及孔子的态度，进一步讨论、探究课文意旨。

古人云：半部《论语》治天下。这道出了《论语》博大精深的文化内涵。诵读课文时想一想：孔子为什么"哂由"而"与点"？从中可以看出孔子怎样的政治主张？

子路、曾晳、冉有、公西华侍坐。子曰②："以吾一日长乎尔，毋吾以也③。居则曰④：

---

① 选自《论语集释》（中华书局1980年版）。题目是编者加的。子路，即仲由，字子路。曾晳，名点，字晳，曾参的父亲。冉有，即冉求，字子有。公西华，复姓公西，名赤，字子华。四人都是孔子的弟子。侍坐，在尊长近旁陪坐。

② ［子曰］《论语》中"子曰"的"子"都是指孔子。

③ ［以吾一日长乎尔，毋吾以也］意思是，因为我年纪比你们大一点，（你们）不要因此就不敢说话了。毋，不要。

④ ［居则曰］（你们）平日说。居，平日、平时。

'不吾知^①也。' 如或知尔，则何以哉^②？"

子路率尔^③而对曰："千乘之国^④，摄乎大国之间^⑤，加之以师旅^⑥，因之以饥馑^⑦；由也为之^⑧，比及^⑨三年，可使有勇^⑩，且知方^⑪也。"夫子哂^⑫之。

"求，尔何如？"对曰："方六七十，如五六十^⑬，求也为之，比及三年，可使足民^⑭。如其礼乐，以俟君子^⑮。"

"赤，尔何如？"对曰："非曰能之，愿学焉^⑯。宗庙之事^⑰，如会同^⑱，端章甫^⑲，愿为小相^⑳焉。"

---

① ［不吾知］就是"不知吾"，不了解我。

② ［则何以哉］那么（你们）打算做些什么事情呢？以，做、从事。

③ ［率尔］轻率的样子。率，轻率。尔，词尾，相当于"然"。

④ ［千乘（shèng）之国］有一千辆兵车的诸侯国。在春秋后期，千乘之国是中等国家。乘，古时一车四马为一乘。春秋时，一辆兵车，配甲士三人，步卒七十二人。

⑤ ［摄乎大国之间］夹在大国的中间。摄，夹、处于。

⑥ ［加之以师旅］有军队来攻打它。师旅，指军队。古时两千五百人为一师，五百人为一旅。

⑦ ［因之以饥馑（jǐn）］接下来又有饥荒。因，接续。饥馑，指饥荒。

⑧ ［为之］治理这个国家。为，治。

⑨ ［比及］等到。

⑩ ［有勇］（人人都）有勇气。意思是把军队整顿好，可以抵御侵略。

⑪ ［方］合乎礼仪的行事准则。

⑫ ［哂（shěn）］笑。

⑬ ［方六七十，如五六十］方圆六七十里或五六十里（的小国）。方，计算面积用语，多用以计量土地，后加表示长度的数词或数量词，表示纵横若干长度的意思。如，或者。下文"如会同"的"如"同此。

⑭ ［足民］使人民富足。

⑮ ［如其礼乐，以俟君子］至于那礼乐教化，那就得等待君子（来推行了）。如其，至于那。以，则、那么。俟，等待。

⑯ ［非曰能之，愿学焉］不敢说我能胜任，但是愿意在这方面学习。这是公西华的谦词。能，胜任、能做到。

⑰ ［宗庙之事］指诸侯祭祀祖先的事。在古代是国家重要的政事。宗庙，天子、诸侯供奉祖宗牌位的处所。

⑱ ［会同］古代诸侯朝见天子的通称。会，诸侯在非规定时间朝见天子。同，诸侯共同朝见天子。

⑲ ［端章甫］穿着礼服，戴着礼帽。这是做小相（xiàng）时的穿戴。端，古代的一种礼服。章甫，古代的一种礼帽。二者在这里都做动词用。

⑳ ［相］诸侯祭祀、会盟或朝见天子时，主持赞礼的司仪官。士担任赞礼工作叫小相，卿大夫担任赞礼工作叫大相。

　　"点，尔何如？"鼓瑟希①，铿尔②，舍瑟而作③，对曰："异乎三子者之撰④。"

　　子曰："何伤⑤乎？亦各言其志也。"曰："莫春⑥者，春服既成⑦，冠者⑧五六人，童子⑨六七人，浴乎沂⑩，风乎舞雩⑪，咏⑫而归。"

　　夫子喟然⑬叹曰："吾与⑭点也！"

　　三子者出，曾皙后。曾皙曰："夫三子者之言何如？"子曰："亦各言其志也已矣⑮。"曰："夫子何哂由也？"曰："为国以礼，其言不让⑯，是故哂之。唯求则非邦也与⑰？""安见⑱方六七十如五六十而非邦也者？""唯赤则非邦也与？""宗庙会同，非诸侯而何⑲？赤也为之小，孰能为之大⑳？"

---

① ［鼓瑟希］弹奏瑟的声音（渐渐）疏缓，接近尾声。希，同"稀"，疏缓。

② ［铿（kēng）尔］铿的一声。指置放瑟的声音。

③ ［舍瑟而作］把瑟放下，站起来。作，起身、站起来。

④ ［撰］讲述。一说，才能。

⑤ ［何伤］何妨。

⑥ ［莫春］即暮春，农历三月。莫，同"暮"。

⑦ ［春服既成］春天的衣服已经穿定了。意思是天气渐暖，不必频繁换衣。

⑧ ［冠（guàn）者］成年人。古时男子一般在二十岁时行加冠礼，表示成年。

⑨ ［童子］少年，未成年的男子。

⑩ ［沂（yí）］水名，在今山东曲阜南。

⑪ ［风乎舞雩（yú）］在舞雩台上吹吹风。风，吹风。舞雩，台名，是鲁国求雨的坛，在今曲阜南。雩，求雨的祭祀仪式，伴以乐舞。

⑫ ［咏］唱歌。

⑬ ［喟（kuì）然］叹息的样子。喟，叹息。

⑭ ［与（yù）］赞成。

⑮ ［也已矣］语气助词连用，相当于"罢了"。

⑯ ［为国以礼，其言不让］治国用礼，（可是）他（子路）的话不谦让。

⑰ ［唯求则非邦也与］难道冉有讲的不是国家的事吗？唯，语气助词，用于句首，无实义。邦，国。也与，语气助词连用，表示疑问。

⑱ ［安见］怎见得。

⑲ ［非诸侯而何］不是诸侯国的事又是什么呢？意思是，公西华也想参与国家大政，不过讲得谦虚一点罢了。

⑳ ［赤也为之小，孰能为之大］如果公西华只能给诸侯做一个小相，那么谁能做大相呢？

练习与思考

一、文言实词，指文言文中有词汇意义的词，包括名词、形容词、动词、数词、量词和代词，掌握常用文言实词，就可以基本上读懂文言文。掌握常用文言实词的方法是看注释、查阅工具书，使自己在逐步积累和反复巩固中理解。解释下列句子中加点的词语。

1. 子路率尔而对曰
2. 夫子哂之
3. 舍瑟而作
4. 吾与点也

二、课文不仅记录了人物语言，还描绘了人物说话时的神态举止，使人物个性极为鲜明。品味子路、冉有、公西华和曾皙的语言，揣摩他们说话时的动作神态，分析他们的性格特点。

三、反复阅读课文，结合孔子在问志、评志时的语言，分析孔子的谈话艺术，说说孔子是一位怎样的老师。

四、课文中曾皙对孔子言其志曰："莫春者，春服既成，冠者五六人，童子六七人，浴乎沂，风乎舞雩，咏而归。"用自己的语言形象地复述曾皙的话，说说曾皙的志向与其他三人有什么不同。孔子为什么赞赏曾皙的志向？四人中，你赞成哪一个人的志向？

十七 寓言三则

课文导读

课文选取的三则寓言均出自先秦诸子散文。诸子散文主要表现当时各学派的政治主张和哲学思想，因为其中的哲理较为抽象，甚至深奥玄妙，所以作者常常借助生动的寓言故事，形象地阐述自己的观点。

先秦寓言叙事简约，情节完整，对话生动。学习时，首先要在疏通文义的基础上，厘清情节发展的前因后果，理解内容。其次，揣摩语言，结合作者的政治和哲学主张，领悟寓言中寄寓的深刻道理。

三则寓言出自三个不同学派的著作，风格各异。学习时，可在汲取先贤思想智慧的基础上，从选材、表现手法、语言特点等方面进行比较阅读，体会不同学派的艺术风格，感受中国传统文化的魅力。

著名翻译家叶君健说："一则寓言可以影响人的一生，从童年到老年。"寓言的魅力，在于开启人们的心智。学习课文，说说你获得了哪些认识和启示？

歧路亡羊①

《列子》

杨子②之邻人亡羊，既率其党，又请杨子之竖追之③。杨子曰："嘻④！亡一羊，何追

---

① 节选自《列子集释》（中华书局1979年版）。题目是编者加的。列子（约前450—约前375），名御寇，战国初期郑国（今河南郑州一带）人，是老子和庄子之外的又一位道家思想代表人物。《列子》是列子、列子弟子以及其后学所著哲学著作。

② [杨子] 对杨朱的尊称。杨朱，战国时期哲学家。

③ [既率其党，又请杨子之竖追之] 率领他的亲友，还邀请了杨子的童仆一起追赶。既，与"又"搭配使用，表并列。党，亲族。竖，童仆。

④ [嘻] 叹词，表示惊叹。

者之众①？"邻人曰："多歧路。"既反②，问："获③羊乎？"曰："亡之矣。"曰："奚④亡之？"曰："歧路之中又有歧焉，吾不知所之⑤，所以反也。"

<h1 style="text-align:center">望洋兴叹⑥</h1>
<h2 style="text-align:center">《庄子》</h2>

秋水时至⑦，百川灌河⑧。泾流⑨之大，两涘渚崖之间，不辩牛马⑩。于是焉河伯欣然自喜，以天下之美为尽在己⑪。顺流而东行⑫，至于北海⑬，东面⑭而视，不见水端。于是焉河伯始旋其面目⑮，望洋向若⑯而叹曰："野语⑰有之曰：'闻道百⑱，以为莫己若⑲'者，我之谓

---

① ［众］多。

② ［反］同"返"，返回。

③ ［获］得到，这里的意思是找到。

④ ［奚（xī）］为什么。

⑤ ［不知所之］不知（它）跑到哪去了。之，到……去。

⑥ 选自《庄子集释》（中华书局1954年版）。题目是编者加的。庄子（约前369—约前286），名周，战国中期宋国蒙（今河南商丘东北，一说今安徽蒙城）人，道家学派的主要代表人物。《庄子》是庄子和他的门人及后学所著。兴，发出。

⑦ ［时至］随着时令到来。时，指时令、季节。

⑧ ［百川灌河］许多小河流的水都注入黄河。百，众多。河，指黄河。

⑨ ［泾（jīng）流］直流的水波。"泾"同"径"，直。

⑩ ［两涘（sì）渚（zhǔ）崖之间，不辩牛马］两岸和水中沙洲及水边的高岸之间，分不清是牛是马（形容水涨后河面极宽）。涘，水边。渚，水中的小块陆地。崖，高的河岸。辩，同"辨"，分辨。

⑪ ［于是焉河伯欣然自喜，以天下之美为尽在己］这时候，河伯自己感到非常高兴，认为天下的美景全在自己这里了。焉，语助词。河伯，传说中的黄河之神。

⑫ ［顺流而东行］顺着水流向东走。东，向东。

⑬ ［至于北海］至于，到。北海，（河东端）北方的大海。指东海的北部。

⑭ ［东面］脸朝东。

⑮ ［旋其面目］转过脸来。旋，掉转。面目，脸部。

⑯ ［若］海神名。

⑰ ［野语］俗语。

⑱ ［闻道百］听的道理很多。百，泛指多。

⑲ ［莫己若］没有谁比得上自己。若，如、比得上。

也。且夫我尝闻少仲尼之闻①，而轻伯夷之义②者，始吾弗信；今我睹子之难穷也③，吾非至于子之门，则殆④矣。吾长见笑于大方之家⑤。"

杀猪教子⑥
《韩非子》

曾子之妻之市⑦，其子随之而泣⑧。其母曰："女还⑨，顾反为汝杀彘⑩。"适市来⑪，曾子欲捕彘杀之。妻止⑫之曰："特与婴儿戏耳⑬。"曾子曰："婴儿非与戏也。婴儿非有知也⑭，待⑮父母而学者也，听父母之教。今子⑯欺之，是⑰教子欺也。母欺子，子而⑱不信其母，非以成教也⑲。"遂烹⑳彘也。

――――――――――

① [少仲尼之闻] 小看孔子的见闻（学问）。少，动词，看不起、轻视。闻，见闻、学识。

② [轻伯夷之义] 轻视伯夷的高义。轻，动词，轻视。伯夷，商朝末年诸侯孤竹君的儿子。他认为周武王讨伐纣是不义的，商朝灭亡后，以不食周粟表明自己的义，饿死在首阳山上。《史记·伯夷列传》称之为"义不食周粟"。

③ [今我睹子之难穷也] 现在我亲眼看见您的广阔无边。子，这里指海神若。穷，尽。

④ [殆] 危险。

⑤ [吾长见笑于大方之家] 我将长久地被大方之家耻笑。见，被。大方之家，修养很高、明白道理的人。

⑥ 选自《韩非子》（中华书局2007年版）。题目是编者加的。韩非子（约前280—前233），战国末期韩国（今属河南）人，法家学派的主要代表人物。

⑦ [曾子之妻之市] 曾子的妻子到集市去。前一个"之"，助词，的。后一个"之"，动词，到……去。曾子（前505—前435），名参，春秋末年鲁国（今山东平邑，一说山东嘉祥）人，孔子弟子。

⑧ [其子随之而泣] 曾子的孩子想跟随她（去集市）就哭了。之，指代曾子的妻子。

⑨ [女还] 女，同"汝"。还，回去。

⑩ [顾反为汝杀彘（zhì）]（等会儿）回来给你杀猪（吃）。顾反，回返。彘，猪。

⑪ [适市来] 刚从集市上回来。适，恰巧、正好。

⑫ [止] 阻止。

⑬ [特与婴儿戏耳] 只是和小孩子开玩笑。特，只不过。戏，玩笑、戏弄。

⑭ [非有知也] 没有知识。意思是孩子很单纯。

⑮ [待] 依赖。

⑯ [子] 你，对对方的称呼。

⑰ [是] 这。

⑱ [而] 则，就。

⑲ [非以成教也] 不能把（它）作为教育的方法。

⑳ [遂烹] 遂，于是。烹，煮。

练习与思考

一、文言虚词包括副词、连词、介词、助词、叹词。它们的词汇意义虽然不很具体，但在句子的结构上有着重要的语法作用。文言虚词多从实词借用或转化而来，所以，一个词既可以用作虚词，也可以用作实词。同时，一个文言虚词往往分属几个词类，有不同的用法。这些都需要根据具体的语言环境进行辨析。解释下列句子中"之"的意义和用法。

    1. 杨子之邻人亡羊

    2. 何追者之众

    3. 吾不知所之

    4. 我之谓也

    5. 今子欺之

二、将下列句子翻译为现代汉语。

    1. 既率其党，又请杨子之竖追之

    2. 今我睹子之难穷也，吾非至于子之门，则殆矣

    3. 母欺子，子而不信其母，非以成教也

三、先秦寓言文字简约，但情节完整，情节发展的前因后果交代清晰。阅读《歧路亡羊》，回答下列问题。

    1. 杨子的邻人为什么请杨子之竖？

    2. 追者返回的原因是什么？

    3. 事情的结果如何？

四、阐述作者的观点，是寓言的主要作用，因此，先秦诸子散文中的寓言往往有特定的寓意。随着时代的发展，人们总是用自己的生活感受和体验理解这些寓言，不断丰富它的内涵。结合时代特点和生活实际，说说你从这三则寓言中分别获得的启示。

十八　廉颇蔺相如列传（节选）①

司马迁

课文导读

《廉颇蔺相如列传》记叙了战国时期赵国廉颇、蔺相如、赵奢、李牧四个重要人物的事迹，是《史记》中通过描写人物来表现历史事件的典范作品。课文节选的是其中的第一部分，这部分集中记载了蔺相如的事迹，对廉颇也做了简要的记述。所选事件典型，矛盾冲突尖锐，细节描写精练准确，人物语言极富个性。

学习时，首先要在疏通词句的基础上，梳理课文叙述的典型事件，整体感知课文的主要内容。其次，具体分析每一个事件的发展变化过程，思考作者是如何在尖锐的矛盾冲突中刻画人物形象的。最后，品味人物语言以及神情、动作等细节描写，体察人物的内心世界，感受人物的精神品质。

《史记》达到了史学与文学的高度统一，鲁迅先生称赞《史记》为"史家之绝唱，无韵之《离骚》"。学习课文后，你对《史记》的史学价值和文学价值是否有了新的认识？

廉颇者，赵之良将也。赵惠文王十六年②，廉颇为赵将，伐齐，大破之，取阳晋③，拜④为上卿⑤，以勇气闻⑥于诸侯。

---

① 节选自《史记·廉颇蔺相如列传》（中华书局1963年版）。《史记》是中国的第一部纪传体通史。全书有十二本纪、十表、八书、三十世家、七十列传。记载了上起中国上古传说中的黄帝时代（约前3 000），下至汉武帝元狩元年（前122）共3 000多年的历史，所谓"究天人之际，通古今之变，成一家之言"。列传，古代纪传体史书中的人物传记，用以记述天子、王侯以外的人的事迹。

② ［赵惠文王十六年］即公元前283年。赵惠文王，战国后期赵国的国君。

③ ［阳晋］齐国城邑，在今山东省郓（yùn）城县西。

④ ［拜］用一定的礼节授予某种名位或官职。

⑤ ［上卿］战国时期诸侯国中大臣的最高官位。

⑥ ［闻］闻名，出名。

蔺相如者，赵人也。为赵宦者令①缪②贤舍人③。

赵惠文王时，得楚和氏璧④。秦昭王⑤闻之，使人遗⑥赵王书，愿以十五城请易⑦璧。赵王与大将军廉颇诸大臣谋：欲予秦，秦城恐不可得，徒见欺⑧；欲勿予，即⑨患⑩秦兵之来。计未定，求人可使报秦者⑪，未得。

宦者令缪贤曰："臣舍人蔺相如可使。"王问："何以知之？"对曰："臣尝有罪，窃计⑫欲亡走燕⑬。臣舍人相如止⑭臣曰：'君何以知燕王？'臣语⑮曰，臣尝从大王与燕王会境⑯上，燕王私握臣手曰，'愿结友'，以此知之，故欲往。相如谓臣曰：'夫赵强而燕弱，而君幸于赵王⑰，故燕王欲结于君⑱。今君乃⑲亡赵走燕⑳，燕畏赵，其势必不敢留君，而束㉑君归赵矣。君不如肉袒伏斧质㉒请罪，则幸得脱㉓矣。'臣从其计，大王亦幸赦臣。臣窃以

① ［宦者令］宦官的头目。

② ［缪（miào）］姓。

③ ［舍人］随侍身边的亲近属官的统称。战国及汉初王公贵族都有舍人。

④ ［和氏璧］战国时著名的玉璧，是楚人卞和发现的，故名。事见《韩非子·和氏》。

⑤ ［秦昭王］即秦昭襄王，名则。

⑥ ［遗（wèi）］送给。

⑦ ［易］交换。

⑧ ［徒见欺］白白地受骗。见，被，表示被动。

⑨ ［即］则，就。

⑩ ［患］忧虑，担心。

⑪ ［可使报秦者］可派去回复秦国的人。报，答复、回复。

⑫ ［窃计］私下打算。窃，谦词，私自、私下。

⑬ ［亡走燕］逃到燕国去。

⑭ ［止］阻止。

⑮ ［语（yù）］告诉。

⑯ ［境］指赵国边境。

⑰ ［幸于赵王］被赵王宠幸。于，表被动。

⑱ ［结于君］同您结交。

⑲ ［乃］却、竟然。

⑳ ［亡赵走燕］"亡于赵，走于燕"的省略，意为从赵国逃跑，投奔到燕国。

㉑ ［束］捆缚。

㉒ ［肉袒（tǎn）伏斧质］解衣露体，伏在斧质上，表示请罪。肉袒，把上身袒露出来。斧质，古代一种腰斩的刑具。质，同"锧"，承斧的砧板。

㉓ ［幸得脱］侥幸能够免罪。幸，侥幸、幸而。得，能够。脱，免。

为其人勇士，有智谋，宜①可使。"

　　于是王召见，问蔺相如曰："秦王以十五城请易寡人②之璧，可予不③？"相如曰："秦强而赵弱，不可不许。"王曰："取吾璧，不予我城，奈何？"相如曰："秦以城求璧而赵不许，曲④在赵；赵予璧而秦不予赵城，曲在秦。均之二策⑤，宁许以负秦曲⑥。"王曰："谁可使者？"相如曰："王必⑦无人，臣愿奉⑧璧往使。城入赵而璧留秦；城不入，臣请完璧归赵⑨。"赵王于是遂遣相如奉璧西入秦。

　　秦王坐章台⑩见相如。相如奉璧奏⑪秦王。秦王大喜，传以示⑫美人⑬及左右⑭，左右皆呼万岁。相如视秦王无意偿赵城⑮，乃前⑯曰："璧有瑕⑰，请指示王。"王授⑱璧。相如因持璧却⑲立，倚柱，怒发上冲冠⑳，谓秦王曰："大王欲得璧，使人发书至赵王，赵王悉召群臣议，皆曰：'秦贪，负㉑其强，以空言㉒求璧，偿城恐不可得。'议不欲予秦璧。臣以为

────────────

① ［宜］应该。

② ［寡人］古代诸侯对自己的谦称，意思是寡德之人。

③ ［不（fǒu）］同"否"。

④ ［曲］理亏。

⑤ ［均之二策］比较这两个计策。均，权衡、比较。之，这。

⑥ ［宁许以负秦曲］宁可答应（给秦国璧），使它承担理亏（的责任）。负，担负、承担。这里是使动用法。

⑦ ［必］倘若，假如。

⑧ ［奉］双手捧着。

⑨ ［臣请完璧归赵］请让我把璧完好无损地带回赵国。请，动词，表示敬意，请允许我。完，这里是使动用法，使……完好无损。

⑩ ［章台］秦宫名，旧址在今陕西西安未央区。

⑪ ［奏］呈献，进献。

⑫ ［传以示］传给……看。以，连词，连接"传"与"示"。示，给……看。

⑬ ［美人］指秦王的嫔妃。

⑭ ［左右］指侍从人员。

⑮ ［偿赵城］把十五城补偿给赵国。

⑯ ［前］上前，动词。

⑰ ［瑕（xiá）］玉上的斑点。

⑱ ［授］交，给。

⑲ ［却］退，这里指后退几步。

⑳ ［怒发上冲冠］因愤怒而使头发竖起，冲起了帽子。形容极其愤怒。

㉑ ［负］凭借，倚仗。

㉒ ［空言］口头说的话。

布衣之交^①尚不相欺，况^②大国乎？且以一璧之故逆强秦之欢^③，不可。于是赵王乃斋戒^④五日，使臣奉璧，拜送书于庭^⑤。何者？严^⑥大国之威以修敬^⑦也。今臣至，大王见臣列观^⑧，礼节甚倨^⑨，得璧，传之美人，以戏弄臣。臣观大王无意偿赵王城邑，故臣复取璧。大王必欲急^⑩臣，臣头今与璧俱碎于柱矣！"

相如持其璧睨柱^⑪，欲以击柱。秦王恐其破璧，乃辞谢^⑫，固请^⑬，召有司^⑭案图^⑮，指从此以往十五都^⑯予赵。

相如度秦王特^⑰以诈佯为^⑱予赵城，实不可得，乃谓秦王曰："和氏璧，天下所共传^⑲宝也。赵王恐，不敢不献。赵王送璧时斋戒五日。今大王亦宜斋戒五日，设九宾于廷^⑳，臣乃敢上璧。"秦王度之，终不可强夺，遂许斋五日，舍^㉑相如广成传^㉒舍。

---

① ［布衣之交］百姓间的交往。古代平民只穿麻布、葛布，故称布衣。

② ［况］何况。

③ ［逆强秦之欢］触伤强大的秦国（对我们）的感情。逆，违背、触犯。欢，欢心。

④ ［斋戒］古人在祭祀或行大礼前，必沐浴更衣，节制饮食，表示虔诚，叫作"斋戒"。

⑤ ［拜送书于庭］在朝堂上行过叩拜礼，送出国书。书，国书。庭，同"廷"，国君听政的朝堂。

⑥ ［严］用作动词，尊重。

⑦ ［修敬］修饰礼仪表示敬意。修，整饰。

⑧ ［见臣列观（guàn）］在一般的宫殿里接见我，意思是不在正殿接见，礼数轻慢。列观，一般的宫殿，这里指章台。

⑨ ［倨（jù）］傲慢。

⑩ ［急］这里是逼迫的意思。

⑪ ［睨（nì）柱］斜着眼睛看庭柱。睨，斜视。

⑫ ［辞谢］婉言道歉。

⑬ ［固请］坚决请求（蔺相如不要以璧击柱）。

⑭ ［有司］官吏的通称。古代设官分职，各有专司，所以称官吏为"有司"。

⑮ ［案图］察看地图。案，同"按"，审察、察看。

⑯ ［都］城。

⑰ ［特］只，不过。

⑱ ［佯（yáng）为］装作。

⑲ ［共传］共同传扬，即公认的意思。

⑳ ［设九宾于廷］在朝堂上安设"九宾"。九宾，古代外交中最隆重的礼节，由九位礼仪官员延引上殿。宾，同"傧"。

㉑ ［舍］动词，安置住宿。

㉒ ［广成传（zhuàn）舍］宾馆名。传舍，招待宾客的馆舍。

相如度秦王虽斋，决①负约不偿城，乃使其从者衣褐②，怀其璧，从径道③亡，归璧于赵。

秦王斋五日后，乃设九宾礼于廷，引④赵使者蔺相如。相如至，谓秦王曰："秦自缪公⑤以来二十余君，未尝有坚明约束⑥者也。臣诚恐见欺于王而负⑦赵，故令人持璧归，间⑧至赵矣。且秦强而赵弱，大王遣一介之使⑨至赵，赵立奉璧来。今以秦之强而先割十五都予赵，赵岂敢留璧而得罪于大王乎？臣知欺大王之罪当诛，臣请就汤镬⑩。唯⑪大王与群臣孰⑫计议之。"

秦王与群臣相视而嘻⑬。左右或欲引相如去⑭，秦王因曰："今杀相如，终不能得璧也，而绝秦赵之欢。不如因⑮而厚遇⑯之，使归赵。赵王岂以一璧之故欺秦邪？"卒⑰廷见相如⑱，毕礼而归之⑲。

---

① ［决］必定。

② ［衣（yì）褐（hè）］穿着粗布衣服，意思是化装成老百姓。衣，动词，穿。

③ ［径道］小道。

④ ［引］延请。

⑤ ［缪公］就是秦穆公。春秋五霸之一。缪，同"穆"。

⑥ ［坚明约束］坚守信约。坚明，坚决明确地。约束，遵守约定。

⑦ ［负］辜负，对不起。

⑧ ［间（jiàn）］小路。这里是名词做状语，"从小路"的意思。与上文"从径道亡"相应。

⑨ ［一介之使］一个使臣。介，个。

⑩ ［就汤镬（huò）］受汤镬之刑。就，动词，接近。这里是受、接受的意思。汤镬，古代的一种酷刑，用滚水烹煮。镬，古代煮食物的一种大锅。

⑪ ［唯］通常用在句首，表示希望的语气。

⑫ ［孰］同"熟"，仔细。

⑬ ［相视而嘻］面面相觑，发出无可奈何的声音，形容秦王与群臣心中恼怒而又无可奈何的样子。嘻，惊怒时发出的声音，这里做动词用。

⑭ ［引相如去］拉相如离开（朝堂加以处治）。引，牵、拉。

⑮ ［因］由此，趁此。

⑯ ［厚遇］好好招待。厚，优厚。遇，招待、款待。

⑰ ［卒］终于。

⑱ ［廷见相如］在朝堂上（设九宾之礼）接见相如。廷，名词做状语。

⑲ ［归之］让他（指相如）回去。归，使动用法。

相如既归，赵王以为贤大夫，使不辱于诸侯^①，拜相如为上大夫^②。

秦亦不以城予赵，赵亦终不予秦璧。

其后^③秦伐赵，拔^④石城^⑤。明年复攻赵，杀二万人。秦王使使者告赵王，欲与王为好^⑥，会于西河外渑池^⑦。赵王畏秦，欲毋行^⑧。廉颇蔺相如计曰："王不行，示赵弱且怯也。"赵王遂行。相如从。廉颇送至境，与王诀^⑨曰："王行，度道里会遇之礼毕^⑩，还，不过三十日。三十日不还，则请立太子为王，以绝秦望^⑪。"王许之。遂与秦王会渑池。

秦王饮酒酣，曰："寡人窃闻赵王好音^⑫，请奏瑟^⑬。"赵王鼓瑟。秦御史^⑭前书曰："某年月日，秦王与赵王会饮，令赵王鼓瑟。"蔺相如前曰："赵王窃闻秦王善为秦声^⑮，请奉盆缶秦王^⑯，以相娱乐。"秦王怒，不许。于是相如前进缶，因跪请秦王。秦王不肯击缶。相如曰："五步之内^⑰，相如请得以颈血溅大王^⑱矣！"左右欲刃^⑲相如，相如张目

---

① ［使不辱于诸侯］出使到诸侯（国），能不辱使命。

② ［上大夫］大夫中最高的官阶，比卿低一级。

③ ［其后］指公元前281年，就是赵惠文王十八年。

④ ［拔］攻下。

⑤ ［石城］地名，现在河南林州西南。

⑥ ［为好］和好。

⑦ ［西河外渑（miǎn）池］西河，秦晋之间的一段黄河，古称"西河"，渑池在西河以东，所以称为"西河外"。渑池，在今河南渑池。

⑧ ［欲毋（wú）行］想不去。毋，不。

⑨ ［诀（jué）］告别，有准备不再相见的意味。

⑩ ［度（duó）道里会遇之礼毕］估计路上行程以及会见的礼节完毕。

⑪ ［绝秦望］断绝秦国的念头，望，指秦国可能扣留赵王做人质进行要挟的打算。

⑫ ［好（hào）音］爱好音乐。

⑬ ［奏瑟（sè）］弹瑟。下文"鼓瑟"同。瑟，乐器名，形状像琴。

⑭ ［御史］战国时的史官。

⑮ ［善为秦声］擅长演奏秦地乐曲。

⑯ ［请奉盆缶（fǒu）秦王］请（允许我）献盆缶（给）秦王，意思是请秦王击盆缶为乐。奉，进献。缶，盛酒浆的瓦器。

⑰ ［五步之内］直言距离近，意指秦王的卫士不能保护他。

⑱ ［得以颈血溅大王］能够将（我）头颈的血溅在大王身上，意思是和秦王拼命。

⑲ ［刃］动词，杀。

叱之，左右皆靡^①。于是秦王不怿，为一击缶。相如顾^②召赵御史书曰："某年月日，秦王为赵王击缶。"秦之群臣曰："请以赵十五城为秦王寿^③。"蔺相如亦曰："请以秦之咸阳^④为赵王寿。"

秦王竟酒^⑤，终不能加胜于赵^⑥。赵亦盛设兵^⑦以待秦，秦不敢动。

既罢^⑧，归国，以相如功大，拜为上卿，位在廉颇之右^⑨。

廉颇曰："我为赵将，有攻城野战之大功，而蔺相如徒以口舌为劳^⑩，而位居我上。且相如素贱人^⑪，吾羞，不忍为之下^⑫！"宣言^⑬曰："我见相如，必辱之。"相如闻，不肯与会。相如每朝时，常称病，不欲与廉颇争列^⑭。已而^⑮相如出，望见廉颇，相如引车避匿。

于是舍人相与^⑯谏曰："臣^⑰所以去亲戚而事君者，徒慕君之高义^⑱也。今君与廉颇同列，廉君宣恶言，而君畏匿之，恐惧殊甚^⑲。且庸人尚羞之^⑳，况于将相乎？臣等不肖^㉑，请

---

① ［靡］退却。

② ［顾］回头。

③ ［为秦王寿］给秦王献礼。寿，动词，向人进酒或献礼。

④ ［咸阳］秦国的都城，在现在陕西咸阳东北。

⑤ ［竟酒］酒筵完毕。

⑥ ［加胜于赵］胜过赵国，意思是占赵国的上风。加，动词。胜，这里做名词。

⑦ ［盛设兵］多多部署军队。盛，多。

⑧ ［既罢］（渑池之会）结束之后。

⑨ ［右］上。秦汉以前，以右为尊。

⑩ ［徒以口舌为劳］只凭言词立下功劳。徒，只、不过。口舌，言语。

⑪ ［素贱人］本来（是）卑贱的人（指蔺相如为宦者令的舍人）。素，向来、本来。

⑫ ［不忍为之下］不甘心（自己的职位）在他之下。

⑬ ［宣言］扬言。

⑭ ［争列］争位次的先后。

⑮ ［已而］过了些时候。

⑯ ［相与］一齐，共同。

⑰ ［臣］秦汉以前表示谦卑的自称，对方不一定是君主。

⑱ ［高义］高尚的品德。

⑲ ［殊甚］太过分。殊，很、极。甚，过分。

⑳ ［且庸人尚羞之］就是普通人对这种情况也感到羞耻。且，连词，即使，表示假设兼让步。之，指蔺相如竭力躲避廉颇的做法。羞，意动用法，以……为羞。

㉑ ［不肖］不才。

辞去。"蔺相如固止之，曰："公之视廉将军孰与秦王①？"曰："不若②也。"相如曰："夫以秦王之威，而相如廷叱之，辱其群臣。相如虽驽③，独畏廉将军哉？顾④吾念之，强秦之所以不敢加兵于赵者，徒以吾两人在也。今两虎共斗，其势不俱生⑤。吾所以为此者，以先国家之急而后私仇⑥也。"

廉颇闻之，肉袒负荆⑦，因宾客⑧至蔺相如门谢罪，曰："鄙贱之人，不知将军⑨宽之至此也！"

卒相与欢，为刎颈之交⑩。

练习与思考

一、文言文中存在大量的一词多义现象。阅读文言文，要结合句子理解词语的意义。解释下列句中加点字。

1.（1）均之二策，宁许以负秦曲

（2）秦贪，负其强

（3）相如度秦王虽斋，决负约不偿城

（4）臣诚恐见欺于王而负赵

（5）廉颇闻之，肉袒负荆

2.（1）秦昭王闻之，使人遗赵王书

---

① ［孰与秦王］和秦王比哪一个（厉害）。孰，谁、哪一个。孰与，比……怎么样。

② ［不若］不如（秦王）。

③ ［驽（nú）］愚劣，无能。

④ ［顾］只是，不过。

⑤ ［不俱生］不共存。

⑥ ［先国家之急而后私仇］就是"以国家之急为先，而以私仇为后"。

⑦ ［负荆］背着荆条，表示愿受责罚。这是向对方请罪的一种方式。荆，灌木，古代常用它的枝条做成刑杖。

⑧ ［因宾客］由宾客（做引导）。因，通过、经由。宾客，指门客。

⑨ ［将军］指蔺相如。春秋时诸侯以卿统军，因此卿统称"将军"。战国时"将军"开始作为武官名，而卿仍有"将军"之称。

⑩ ［刎（wěn）颈之交］指能够共患难、同生死的朋友。刎颈，割头。刎，割。

（2）其人勇士，有智谋，宜可使

（3）乃使其从者衣褐

（4）大王遣一介之使至赵

3.（1）以勇气闻于诸侯

（2）愿以十五城易璧

（3）严大国之威以修敬也

（4）吾所以为此者，以先国家之急而后私仇也

4.（1）引赵使者蔺相如

（2）左右或欲引相如去

（3）相如引车避匿

5.（1）秦城恐不可得，徒见欺

（2）而蔺相如徒以口舌为劳

6.（1）而君幸于赵王

（2）君不如肉袒伏斧质请罪，则幸得脱矣

二、塑造人物形象，需要从人物众多的事迹中选取典型事件表现人物的思想性格。阅读课文，说说课文写了哪几件大事，分别表现了廉颇和蔺相如怎样的性格特点。

三、课文善于在矛盾冲突中表现人物。仔细阅读课文3—13自然段，分析故事情节的推进过程，说说作者是如何在矛盾的发展变化中刻画人物的。

*十九　烛之武退秦师①

《左传》

课文导读

　　课文记述了秦晋联合攻打郑国时发生的一场外交斗争。郑国被秦、晋两国的军队包围，烛之武深明大义，只身前往秦国，说服秦国退兵。课文情节完整而曲折，人物语言尽显辞令之美，体现了《左传》记言记事融为一体的特点。

　　学习时，首先要在疏通词句的基础上，梳理课文脉络，分析事件发展过程中遇到的矛盾和冲突，以及解决的方法，体会课文叙事波澜迭起、曲折有致的特点。其次，细细品味烛之武劝说秦穆公的言辞，揣摩其言外之意，分析其成功说退秦师的原因，领会其外交辞令言简意深、委婉有力的特点，体会其善于利用矛盾，分化瓦解敌人的外交才能。

　　在国家危难之际，烛之武临危受命，解除国难，维护了国家的安全。学习时，要认真体会人物以国家利益为重，不计个人恩怨的爱国精神。

　　晋侯、秦伯②围郑，以其无礼于晋③，且贰于楚④也。晋军函陵⑤，秦军氾南⑥。

　　佚之狐⑦言于郑伯曰："国危矣，若⑧使烛之武见秦君，师必退。"公从之。辞⑨曰：

---

① 选自《左传》(中华书局1980年版)。《左传》是我国第一部叙事详细的编年体史书，相传为春秋末年鲁国史官左丘明所作。它依孔子修订的鲁史《春秋》的顺序，主要记载了东周前期245年间各国政治、经济、军事、外交和文化方面的重要事件和重要人物。烛之武，郑国大夫。

② ［晋侯、秦伯］指晋文公和秦穆公。春秋时期有公、侯、伯、子、男五等爵位。

③ ［以其无礼于晋］指晋文公逃亡过郑时，郑国没有以应有的礼遇接待他。以，因为。

④ ［贰于楚］依附于晋的同时又依附于楚。贰，从属二主。

⑤ ［晋军函陵］晋军驻扎在函陵。军，驻军。函陵，郑国地名，在现在河南新郑北。

⑥ ［氾（fán）南］氾水的南面，也属郑地。

⑦ ［佚（yì）之狐］郑国大夫。

⑧ ［若］假如。

⑨ ［辞］推辞。

"臣之壮也^①，犹^②不如人；今老矣，无能为也已^③。"公曰："吾不能早用子^④，今急而求子，是寡人之过也^⑤。然^⑥郑亡，子亦有不利焉！"许之^⑦。

夜缒^⑧而出，见秦伯，曰："秦、晋围郑，郑既^⑨知亡矣。若亡郑而有益于君，敢以烦执事^⑩。越国以鄙远^⑪，君知其难也。焉用亡郑以陪邻^⑫？邻之厚，君之薄也^⑬。若舍郑以为东道主^⑭，行李^⑮之往来，共其乏困^⑯，君亦无所害。且君尝为晋君赐矣^⑰，许君焦、瑕^⑱，朝济而夕设版焉^⑲，君之所知也。夫晋，何厌之有？既东封郑^⑳，又欲肆其西封^㉑，若不阙秦^㉒，将

---

① ［臣之壮也］我壮年的时候。

② ［犹］尚且。

③ ［无能为也已］不能干什么了。已，同"矣"。

④ ［子］古代对男子的尊称。

⑤ ［是寡人之过也］这是我的过错。过，过错。

⑥ ［然］然而。

⑦ ［许之］答应了这件事。许，答应。

⑧ ［缒（zhuì）］用绳子拴着人（或物）从上往下送。

⑨ ［既］已经。

⑩ ［敢以烦执事］那就拿这件事情来麻烦您。这是客气的说法。执事，办事的官吏，这里是对对方的敬称。

⑪ ［越国以鄙远］越过别国而把远地当作边邑。鄙，边邑。这里是意动用法。远，指郑国。

⑫ ［焉用亡郑以陪邻］为什么要灭掉郑国而给邻国增加土地呢？焉，何。用，介词，表原因。陪，增加。邻，邻国，指晋国。

⑬ ［邻之厚，君之薄也］邻国的实力雄厚了，您秦国的势力也就相对削弱了。

⑭ ［若舍郑以为东道主］如果您放弃围攻郑国而把它作为东方道路上（招待过客）的主人。舍，放弃（围郑）。

⑮ ［行李］出使的人。原写作"行吏"，后习惯写作"行李"。

⑯ ［共（gōng）其乏困］供给他们缺少（的东西）。共，同"供"，供给。其，指代使者。

⑰ ［尝为晋君赐矣］曾经给予晋君恩惠。尝，曾经。为，给予。赐，恩惠。这句指秦穆公曾派兵护送晋惠公回国的事。

⑱ ［许君焦、瑕］（晋惠公）曾经答应给您焦、瑕这两座城池。

⑲ ［朝济而夕设版焉］指晋惠公早上渡过黄河回国，晚上就修筑防御工事。济，渡河。设版，修筑防御工事。版，筑土墙用的夹版。

⑳ ［东封郑］在东边使郑国成为它的边境。封，疆界。这里用作动词。

㉑ ［肆其西封］往西扩大边界。意思是晋国灭了郑国以后，必将灭秦。肆，延伸、扩张。

㉒ ［阙（quē）秦］使秦国土地减少。阙，侵损、削减。

焉取之^①? 阙秦以利晋，唯君图之^②。"秦伯说^③，与郑人盟。使杞子、逢孙、杨孙戍之^④，乃还^⑤。

子犯请击之^⑥，公^⑦曰："不可。微夫人之力不及此^⑧。因人之力而敝之，不仁^⑨；失其所与，不知^⑩；以乱易整，不武^⑪。吾其还也^⑫。"亦去之^⑬。

练习与思考

一、解释下列句子中加点的字词。

1. 越国以鄙远，君知其难也
2. 焉用亡郑以陪邻
3. 失其所与，不知
4. 吾其还也

---

① ［将焉取之］将从哪里取得它所贪求的土地呢？焉，哪里。之，指代土地。

② ［唯君图之］希望您考虑这件事。唯，句首语气词，表示希望。之，指阙秦以利晋这件事。

③ ［说］同"悦"。

④ ［杞（qǐ）子、逢（páng）孙、杨孙戍之］杞子等三人都是秦国大夫。戍，戍守，即守卫郑国。

⑤ ［乃还］于是秦国就撤军了。

⑥ ［子犯请击之］子犯请求袭击秦军。子犯，晋国大夫狐偃的字。之，指秦军。

⑦ ［公］指晋文公。

⑧ ［微夫人之力不及此］假如没有那个人的力量，我是不会到这个地步的。晋文公曾在外流亡19年，得到秦穆公的帮助，才回到晋国做了国君。微，没有。夫人，那人，指秦穆公。

⑨ ［因人之力而敝之，不仁］依靠别人的力量，又反过来损害他，这是不仁道的。因，依靠。敝，损害。

⑩ ［失其所与，不知］失掉自己的同盟者，这是不明智的。与，结交、亲附。知，同"智"。

⑪ ［以乱易整，不武］用散乱代替整齐，这是不符合武德的。乱，指打完仗后军队散乱。易，替代。武，指使用武力时所应遵守的道义准则。不武，不符合武德。

⑫ ［吾其还也］我们还是回去吧。其，表商量或希望语气，还是。

⑬ ［去之］离开郑国。之，指代郑国。

二、课文叙事波澜迭起，曲折有致。试简要分析。

三、烛之武劝说秦穆公，言简而意深，委婉而有致，具有极强的说服力。品味下列言辞的特点和效果，并结合课文内容说说你对烛之武思想性格的理解和感受。

1. 秦、晋围郑，郑既知亡矣

2. 邻之厚，君之薄也

3. 若舍郑以为东道主，行李之往来，共其乏困，君亦无所害

4. 且君尝为晋君赐矣，许君焦、瑕，朝济而夕设版焉，君之所知也

*二十　苏武传（节选）①

班　固

课文导读

　　《苏武传》是《汉书》人物传记中最辉煌的篇章之一，课文节选部分主要写苏武被匈奴扣留胡地19年，九死一生而不改气节的动人事迹。人物精神彪炳千秋，人物描写生动传神。

　　学习时，首先，在疏通词句的基础上，反复诵读课文，按照记叙顺序，把握课文叙写的人物事迹，感受凝聚在苏武身上的精神。其次，体会课文刻画人物的方法，多角度理解人物形象：通过品味不同人物的语言，领会人物独特的内心世界；通过揣摩生动的细节描写，感受苏武的坚强性格；通过分析与投敌者对照的表现手法，进一步体会苏武坚贞不屈的民族气节和视死如归的爱国精神。

　　作者运用史家笔法和文学笔法刻画了苏武这个爱国志士的形象。学习课文后，我们应该思考：在中华民族的精神家园里，苏武精神的内涵是什么？

　　武益愈②，单于使使晓武③，会论虞常④，欲因此时降武。剑斩虞常已，律曰："汉使张胜

---

① 选自《汉书·李广苏建传》（中华书局1962年版）。《汉书》是我国第一部纪传体断代史。它记载了从汉高祖刘邦元年（前206）到王莽地皇四年（23）之间229年的历史。班固（32—92），字孟坚，东汉安陵（今陕西咸阳）人，著名史学家和文学家。汉武帝即位后，对在北部边陲骚扰、侵袭的匈奴族，一改汉初纳贡、和亲的忍让政策，多次武力征讨，给匈奴沉重打击，再转而采取两国通好的和平政策。天汉元年，且鞮侯单于初立，释放了以前被拘在匈奴的汉使。汉朝也将匈奴的使者送回匈奴。苏武肩负护送使者并答谢单于的使命到了匈奴。由于匈奴内部产生变故，缑王与虞常企图绑架单于的母亲阏氏再次归汉，苏武的副手张胜又行为不慎，暗中给虞常财物，使对整个事件毫无所知的苏武和他的使团陷入极为困难的境地。匈奴单于毁弃两国通好的局面，企图杀尽汉朝使者，又以各种方式逼降苏武，苏武坚贞不屈。19年后，匈奴与汉朝和亲，苏武被放回国。与课文相关的情节是：单于派卫律召苏武去受审，苏武拔出刀来自杀。卫律抱住苏武，派人找来医生。医生在地上挖了个坑，放进无焰的火，把苏武背朝上放在火坑上，踩他的背使其出血。苏武本已气绝，半天才又能呼吸。

② ［益愈］渐渐痊愈。益，加。

③ ［使使晓武］派使者通知苏武。前一个"使"是动词，派遣。后一个"使"是名词，使者。

④ ［会论虞常］会同判定虞常的罪。论，判罪。

谋杀单于近臣①，当死②。单于募降者赦罪③。"举剑欲击之，胜请降。律谓武曰："副有罪，当相坐④。"武曰："本无谋⑤，又非亲属，何谓相坐⑥？"复举剑拟之⑦，武不动。律曰："苏君，律前负汉归匈奴，幸蒙大恩⑧，赐号称王⑨。拥众数万，马畜弥山⑩，富贵如此！苏君今日降，明日复然⑪。空以身膏草野⑫，谁复知之！"武不应。律曰："君因我降⑬，与君为兄弟；今不听吾计，后虽欲复见我，尚可得乎？"武骂律曰："汝为人臣子，不顾恩义，畔主背亲⑭，为降虏于蛮夷⑮，何以汝为见⑯？且单于信汝，使决人死生，不平心持正，反欲斗两主，观祸败⑰。若知我不降明⑱，欲令两国相攻，匈奴之祸，从我始矣⑲。"

律知武终不可胁⑳，白单于。单于愈益欲降之。乃幽武置大窖中㉑，绝不饮食㉒。天雨

---

① ［近臣］亲近之臣。这里是卫律自指。

② ［当死］判处死罪。当，判处。

③ ［募降者赦罪］招募投降的人就免罪。

④ ［相坐］连坐（治罪）。一个人犯了罪，有关的人连同治罪，叫"连坐"或"相坐"。

⑤ ［本无谋］本来没有参加谋划。

⑥ ［何谓相坐］说什么连坐（治罪）？

⑦ ［举剑拟之］举起剑来做要砍的样子。

⑧ ［幸蒙大恩］幸而受到单于的大恩。

⑨ ［赐号称王］赐我爵号（让我）称王。卫律曾被单于封为丁灵王。

⑩ ［弥山］满山。

⑪ ［复然］也会这样。

⑫ ［空以身膏草野］白白地把身体给野草做肥料。膏，肥沃。这里是使动用法。膏草野，使野草滋润肥美，也就是做肥料的意思。

⑬ ［君因我降］你通过我的关系投降。

⑭ ［畔主背亲］背叛主上，离弃双亲。畔，同"叛"。

⑮ ［为降虏于蛮夷］在异族那里投降做奴隶。蛮夷，古代用以指边远民族。

⑯ ［何以汝为见］即"何以见汝为"，要见你干什么？为，语气助词。

⑰ ［斗两主，观祸败］挑拨汉天子和单于的关系，（从旁）观看祸败。斗两主，使两主相斗。斗，这里是使动用法。观祸败，即幸灾乐祸的意思。

⑱ ［若知我不降明］你明明知道我不会投降。若，你。

⑲ ［匈奴之祸，从我始矣］匈奴的灾难，就要从（杀死）我苏武开始了。

⑳ ［不可胁］不因威胁而屈服。

㉑ ［乃幽武置大窖中］就把苏武囚禁起来，关在大地窖里面。幽，禁闭。

㉒ ［绝不饮食］断绝供应，不给他吃的、喝的。

雪①，武卧啮②雪，与旃毛并咽之③，数日不死。匈奴以为神。乃徙武北海④上无人处，使牧羝⑤，羝乳乃得归⑥。别其官属常惠等各置他所⑦。武既至海上，廪食不至⑧，掘野鼠去草实而食之⑨。杖汉节牧羊⑩，卧起操持，节旄尽落⑪。积五六年，单于弟於靬王弋射海上⑫。武能网⑬纺缴⑭，檠弓弩⑮，於靬王爱之，给⑯其衣食。三岁余，王病，赐武马畜、服匿⑰、穹庐。王死后，人众徙去。其冬，丁令⑱盗武牛羊，武复穷厄⑲。

初，武与李陵俱为侍中⑳。武使匈奴，明年㉑，陵降，不敢求㉒武。久之，单于使陵至海

---

① ［雨（yù）雪］下雪。雨，动词，下。

② ［啮（niè）］咬，嚼。

③ ［与旃（zhān）毛并咽之］同旃毛一起吞下去。旃，同"毡"，毛织的毡毯。

④ ［北海］在匈奴北境，即现在俄罗斯境内的贝加尔湖。

⑤ ［羝（dī）］公羊。

⑥ ［羝乳乃得归］公羊生了小羊才能回。乳，生子。公羊不能生子，意为苏武永远不能被召回。

⑦ ［别其官属常惠等各置他所］分开他的随从官吏常惠等人，分别投放到另外的地方。别，分别隔离。官属，主要官员的属吏。他所，别的处所。

⑧ ［廪食不至］公家发给的粮食不来。这里指匈奴断绝了苏武的粮食供应。

⑨ ［掘野鼠去草实而食之］掘野鼠、收草实来吃。去，同"弆（jǔ）"，收藏的意思。草实，野生果实。

⑩ ［杖汉节牧羊］拿着汉朝的旄节牧羊。杖，执、拿。

⑪ ［节旄尽落］节上牦牛尾的毛全部脱落。

⑫ ［单于弟於靬（wūjiān）王弋（yì）射海上］单于的弟弟於靬王在北海打猎。弋射，用绳系在箭上而射。

⑬ ［网］用作动词，结网。

⑭ ［纺缴（zhuó）］纺制系在箭尾的丝绳。

⑮ ［檠（qíng）弓弩］矫正弓和弩。檠，本是矫正弓弩的工具，这里用作动词，用檠矫正弓弩。

⑯ ［给（jǐ）］供给。

⑰ ［服匿］盛酒用的瓦器。

⑱ ［丁令］即丁灵，匈奴族的一支。卫律被封为丁灵王。丁令盗武牛羊，也许是他所使。

⑲ ［穷厄］陷于困境。穷，失意。厄，困窘。

⑳ ［武与李陵俱为侍中］苏武与李陵都做皇帝的侍从。李陵，字少卿，汉代名将李广的孙子，汉武帝时为骑都尉（官名），天汉二年（前99），兵败投降匈奴。侍中，汉时在其本官职外的加衔。

㉑ ［武使匈奴，明年］苏武出使匈奴的第二年。

㉒ ［求］访求。

上，为武置酒设乐①。因谓武曰："单于闻陵与子卿素厚②，故使陵来说足下，虚心欲相待③。终不得归汉，空自苦亡人之地④，信义安所见乎⑤？前长君为奉车⑥，从至雍棫阳宫⑦，扶辇下除⑧，触柱折辕⑨，劾大不敬⑩，伏剑自刎⑪，赐钱二百万以葬。孺卿从祠河东后土⑫，宦骑与黄门驸马争船⑬，推堕驸马河中溺死，宦骑亡，诏使孺卿逐捕⑭，不得，惶恐饮药而死⑮。来时大夫人已不幸⑯，陵送葬至阳陵⑰。子卿妇年少，闻已更嫁⑱矣。独有女弟⑲二人，两女一男⑳，今复十余年，存亡不可知。人生如朝露，何久自苦如此㉑！陵始降时，忽忽如狂，自

---

① ［置酒设乐］备办酒宴，安排歌舞。

② ［素厚］一向关系很好。

③ ［虚心欲相待］单于准备以礼相待。

④ ［空自苦亡人之地］白白地在这荒无人烟的地方受苦。亡，同"无"。

⑤ ［信义安所见（xiàn）乎］（您对汉朝）的信义表现在哪里呢？，即：有谁知道您的信义呢？安，何。见，同"现"。

⑥ ［前长君为奉车］前些时候您的大哥做奉车都尉。长君，大哥，指苏武的哥哥苏嘉。奉车，奉车都尉，皇帝出行时的侍从，掌管皇帝的马车。

⑦ ［从至雍棫（yù）阳宫］跟随皇帝到雍城的棫阳宫去。雍，在今陕西凤翔南。棫阳宫，本是秦宫，在雍的东边，在今陕西扶风东北。

⑧ ［扶辇（niǎn）下除］扶着皇帝的车子下殿阶。除，殿阶。

⑨ ［触柱折辕］撞在柱子上把车辕折断了。

⑩ ［劾（hé）大不敬］被指控为"大不敬"。对皇上犯了"大不敬"的罪，在当时是要处极刑的。劾，弹劾。

⑪ ［伏剑自刎］用剑自杀了。

⑫ ［孺卿从祠河东后土］您的弟弟苏贤跟随皇帝去祭祀河东后土。孺卿，苏武的弟弟苏贤的字。祠，祀。河东，郡名，在今山西夏县北。后土，相对皇天而言，指地神。汉武帝曾去河东祭祀地神。

⑬ ［宦骑与黄门驸马争船］一个骑马的宦官和黄门驸马抢着上船。宦骑，侍卫皇帝的骑马的宦官。黄门驸马，宫中掌管车辆马匹的官。

⑭ ［诏使孺卿逐捕］（皇帝）命令苏贤追捕。

⑮ ［惶恐饮药而死］因害怕而服毒自杀了。

⑯ ［大夫人已不幸］您的母亲已去世。大夫人，称苏武的母亲。不幸，对去世的委婉说法。

⑰ ［阳陵］县名，今陕西咸阳东。

⑱ ［更（gēng）嫁］改嫁。

⑲ ［女弟］妹妹。

⑳ ［两女一男］指苏武的三个孩子。

㉑ ［人生如朝露，何久自苦如此］人生像早晨的露水，（一下子就消失了），何必久久地这样折磨自己？

痛负汉①，加以老母系保宫②。子卿不欲降，何以过陵③？且陛下春秋高④，法令亡常⑤，大臣亡罪夷灭者数十家⑥，安危不可知，子卿尚复谁为乎⑦？愿听陵计，勿复有云⑧。"武曰："武父子亡功德⑨，皆为陛下所成就⑩，位列将⑪，爵通侯⑫，兄弟亲近⑬，常愿肝脑涂地⑭。今得杀身自效，虽蒙斧钺汤镬⑮，诚甘乐之⑯。臣事君，犹子事父也，子为父死，亡所恨，愿勿复再言！"

陵与武饮数日，复曰："子卿壹听陵言⑰！"武曰："自分⑱已死久矣！王必欲降武，请毕今日之欢，效死于前⑲！"陵见其至诚，喟然叹曰："嗟乎，义士！陵与卫律之罪上通于天⑳！"因泣下霑衿㉑，与武决去㉒。

---

① ［忽忽如狂，自痛负汉］精神恍惚，好像发狂一样，痛心自己对不起汉朝。

② ［系保宫］关押在保宫。保宫，汉代囚禁大臣及其眷属的处所。

③ ［子卿不欲降，何以过陵］您不肯投降的心情，怎能超过当时的我？

④ ［春秋高］年纪老。

⑤ ［法令亡常］法令没有定规，意思是随意变更法令。

⑥ ［大臣亡罪夷灭者数十家］大臣无罪而全家被杀的有几十家。夷灭，消灭，这里指全家杀尽。

⑦ ［尚复谁为乎］还又为谁（守节）呢？

⑧ ［勿复有云］不要再有什么话说了。

⑨ ［亡（wú）功德］无功无德。德，指施于民的德惠。

⑩ ［成就］栽培，提拔。

⑪ ［位列将］官职升到列将。列将，一般将军的总称。苏武的父亲苏建伐匈奴有功，封为"游击将军""右将军"。

⑫ ［爵通侯］爵位封为通侯。通侯，爵位名，秦代置爵二十级，最高一级叫彻侯。汉朝继承秦制，后因汉武帝名彻，避讳改为通侯，苏建封为平陵侯。

⑬ ［兄弟亲近］兄弟三人都是皇上的亲近之臣，皆官拜郎中，都是皇帝的侍从官。

⑭ ［常愿肝脑涂地］常常希望为朝廷献出生命。肝脑涂地，本是形容死亡的惨状，这里喻以身许国。

⑮ ［虽蒙斧钺（yuè）汤镬］即使被杀。斧钺，古代军法用以杀人的斧子。斧钺、汤镬，这里泛指刑戮。

⑯ ［诚甘乐之］的确甘心乐意。

⑰ ［壹听陵言］听一听我的话。

⑱ ［分（fèn）］料想，断定。

⑲ ［王必欲降武，请毕今日之欢，效死于前］您一定要逼迫我投降，那就请结束今天的欢聚，在您面前死去。王，指李陵（李陵被单于封为右校王）。毕，尽。效，献出。

⑳ ［上通于天］意思是罪行严重，无以复加。通，达。

㉑ ［霑衿］沾湿了衣襟。霑，同"沾"。衿，同"襟"。

㉒ ［决去］告别而去。决，同"诀"，辞别。

练习与思考

一、阅读课文，说说文中主要写了哪几件事，又是如何在典型的环境中刻画苏武这一人物的。

二、对于卫律和李陵的劝降，苏武的回答在措辞和态度上有什么不同？

三、作者写苏武在北海牧羊，为什么特意写苏武"杖汉节牧羊，卧起操持，节旄尽落"？结合课文内容，说说你对苏武精神内涵的理解，以及我们今天应如何继承苏武精神。

四、本单元的5篇课文既有先秦诸子散文、历史散文，也有汉代的史传散文，都是先秦两汉时期写人叙事的散文名篇。这些课文写人叙事手法既有相同之处，也有不同之处。仔细阅读本单元课文，完成下列任务。

1.《廉颇蔺相如列传》（节选）作者是纪传体史书的开创者司马迁，《苏武传》（节选）作者是东汉著名史学家、文学家班固，《史记》与《汉书》均属我国二十四史的"前四史"。梳理两篇课文的艺术特色，简要概括我国纪传体史书在人物描写方面的基本特点。

2. 探究历史背后的真相与规律是阅读史传作品最重要的任务之一。本单元3篇史传作品有许多可以探究的问题。《廉颇蔺相如列传》（节选）中，秦王不杀蔺相如，仅仅是因为不想"绝秦赵之欢"吗？烛之武能说退秦军主要有哪些原因？有人说，在当今时代背景下，苏武的民族气节不应再提倡。细读课文，说说你对上述问题的看法。

3. 本单元课文所写人物都有崇高的精神追求。《子路、曾皙、冉有、公西华侍坐》反映的儒家治国主张；《寓言三则》体现的深刻哲思；廉颇、蔺相如、烛之武的爱国精神，苏武的民族气节，都深深地烙在中华儿女的灵魂之中。请你就其中的某一方面写一篇不少于600字的文章，说说你的理解与看法。

表达与交流

口语交际

劝　说

【情境】

　　小赵大学毕业后，应聘到一家民营企业工作。上班没几天就因为工作琐碎、工资待遇低想辞职。小赵的表哥小杨，已在这家企业工作了3年，今年被提拔为部门经理。他得知表弟想辞职的事，内心并不认可，认为小赵现在的工作虽然烦琐，但这家企业的基础好，有发展潜力，工资待遇低只是暂时的；何况任何工作都应该从基层做起，琐碎的工作也总得有人做。于是，小杨专门约小赵到茶室聊天，劝表弟打消辞职的念头。

　　两人进行了一番谈话。

【案例】

　　小杨：听说这两天你心情不好，特地约你出来坐坐，散散心。

　　小赵：是呀，烦死了。原以为毕业了就轻松自由了，没想到还不如在学校里待着呢！

　　小杨：那你是为工作上的事烦心了？

　　小赵：可不是嘛。我一个大学生，整天就让我抄抄写写，送这送那，还得看老板的脸色，我大学学的可不是这些。

　　小杨：公司里总少不了这些事，你认为让谁干合适呢？老板干，还是部门经理干？

　　小赵：这……那就欺负我们新来的？

　　小杨：你所做的工作虽然琐碎，但可以让你熟悉公司工作的流程，熟悉公司的相关人员。我刚参加工作时，也是这样过来的。现在我是部门经理了，如果当初不做这些琐事，也不可能有今天。你读书时就比我强，将来一定发展得比我好。但如果你不愿意从这些小事做起，将来就不会有做大事的机会。

小赵：好吧，工作的事我就不说了。但这工资也太低了，一个月才5 000多元，除去房租、吃饭、话费，一点都剩不下。参加同学聚会，我都不好意思说我的收入。

小杨：5 000元是不算多，但节省点，也够你一人用的，实在不够，不还有哥哥我吗！至于同学那儿，你装大款干吗呢？你想借钱给他？

小赵：嘻，就我还装大款啊！照你这么说，我应该很满意了？

小杨：表弟，你不满足现状，说明你胸有大志。不过你也要看到，现在你收入不高，一是因为你刚参加工作，只能做一些简单工作，收入和工作难度是成正比的。只要你肯学习，尽快熟悉业务，成为公司的业务骨干，何愁工资不会涨呢？再说了，我们公司基础好，几位头头都是想干大事、干实事的人，发展潜力很大。将来公司发展好了，你不也是一功臣吗？听老哥的，不要轻易辞职，哥不会害你的。

小赵：听你这么一说，还挺有道理。好，哥，我听你的，不辞职了。

解析：

这是一则成功劝说别人改变主意的案例。劝说前，小杨先了解小赵辞职的原因，劝说有针对性。劝说时，小杨以理服人，用自己的实例做证明，分析立足现实，有理有据；以情动人，用鼓励和劝慰的话使表弟心平气顺，同时大方地提出资助表弟来使之感动；善于调节气氛，用调侃玩笑的话使表弟情绪放松，于不经意间被说服；注意换位思考，处处为表弟着想，替表弟考虑长远。

【相关知识】

一、以理服人

要劝说别人，就要摆事实、讲道理。严谨有力的逻辑能使对方心悦诚服，无法反驳。或者利用逻辑推理，对比分析几种做法的优劣及可能造成的不同后果，利用人们趋利避害的普遍心理促使其做出理性的判断和选择。"案例"中的小杨用自己的亲身经历劝说表弟，就具有较强的说服力。

二、以情感人

劝说时，劝说对象会产生一种防范心理，尤其是在危急关头。要使说服成功，就要加强感情沟通，通过反复暗示，表示自己是朋友而不是敌人。如嘘寒问暖、给予关心、表示愿意给予帮助等。"案例"中的小杨时时表露出对表弟的关心和爱护，为成功劝说奠定了基础。

三、换位思考

多站在对方的角度考虑其需求、心情和利害得失，顾全对方的颜面，尊重对方的意见；反之，也可请对方体谅自己的处境和心情。如"坚持这样做，对您并没有什么好处呀""我完全理解你为什么会这样想，因为那时你不知道实情""如果您处在我的位置上，会怎么做呢？"对于对方因接受劝说而遭受的损失，可适当给予补偿，对方会更容易接受劝说，如："跟我上街吧，商场里有个书店，你可以在那儿边喝茶边看书等着我。"

四、寻求一致

劝说要针对对方的实际情况，从对方角度，挖掘和引发对方的需要，做出合乎道义的诱导和启发，使劝说对象产生认同感，从而达到劝说的效果。面对习惯拒绝劝说的人，要努力寻找与对方一致的地方，激发对方兴趣，最终求得对方的认可。

五、讲究方法

劝说并不意味着一个劲儿地否认对方。如果对方固执己见，可先将对方的注意力从他敏感的问题上引开，既可以避免对方产生抵触情绪，又可以避免陷入僵局；也可以以退为进，承认对方观点的合理性，然后再提出自己的观点，从而达到预期的劝说目的；还可以将劝说目标分解成若干个小的目标，逐步提出，以更容易被对方接受。

劝说时应注意：一是设法营造友好和谐的谈话气氛，拉近双方的心理距离；二是了解对方的需求和心理变化，根据对象选择适当得体的劝说方式，适时调整谈话策略；三是尽量消除对方被劝说时的挫败感，适当对对方进行物质或心理补偿。

【口语实践】

一、班级新来了一位年轻的李老师。学生杨阳上课时没有及时记笔记，受到李老师批评，两人因此发生冲突。李老师认为杨阳不尊敬他，而杨阳则认为李老师看不惯他，故意找碴儿。假如你是班主任，你要怎么劝说，才能消除他们之间的误会，唤起他们工作学习的积极性？

　　二、某精密机械厂生产某项新产品，将部分零件委托给一个下属厂制造。当下属厂将零件的半成品呈交总厂检验时，发现不符合要求，不能用在新产品上。交货日期迫在眉睫，总厂车间主任要求该厂尽快重新制造；但下属厂负责人认为他们完全是按照总厂提供的规格制造的，不愿返工。双方僵持不下。总厂厂长在问明原委后，成功劝说下属厂负责人重新制造零件。

　　假设你是总厂厂长，你觉得如何措辞才能说服下属厂负责人呢？请说说你的想法。

写　作

应用文　通知

【情境】

　　下午课外活动期间，校团委书记李老师找到学生会主席张浩天，笑容满面地告诉他全国第××届"文明风采"竞赛活动已经拉开帷幕，竞赛活动采取校级初赛、省级复赛、全国决赛三级组织形式。校级初赛由学校组织开展。李老师及学生会各部部长和张浩天一起研究了校级比赛工作，计划4月30日前，各班级在对学生参赛作品进行初评的基础上，按赛项将学生的参赛作品上报学校团委，5月10日、11日、12日第七、八节课分别进行展演类各赛项的比赛，学校将设优秀学生作品奖和优秀班级组织奖。李老师要求张浩天以学校的名义，拟写一则活动通知。

　　张浩天按照写作通知的要求，本着让全校同学明确活动内容的原则，拟写了一则通知。

【案例】

关于组织开展××××年度校级"文明风采"竞赛活动的通知

各班级：

　　根据《教育部办公厅等五部门关于组织开展第××届全国中等职业学校"文明风采"竞赛活动的通知》（教职成厅函〔××××〕2号）精神，为丰富校园文化生活和德育实践活动内容，推进文化育人、活动育人、实践育人，促进我校学生全面发展，展示我校学生良好的精神风貌，经研究，决定举办××××年度学校学生"文明风采"竞赛活动。现将有关事项通知如下。

　　一、活动内容

　　1. 征文类比赛（3项）

　　围绕"梦想照我前行""我眼中的传统文化""创业之星"等主题撰写，题目自拟，体裁不限，控制在2 000字以内。

"梦想照我前行"征文赛项：结合个人的理想和追求，深刻领会每个人的前途命运都与国家和民族的前途命运紧密相连，以"实干兴邦"精神奋力实现中华民族伟大复兴的中国梦。

"我眼中的传统文化"征文赛项：从自己的视角出发，关注中华民族优秀传统文化，挖掘文化传承的人或事，抒发对民族文化传承与创新的看法与感悟。

"创业之星"征文赛项：采访创业有成的毕业生，宣传"以创业带动就业"的先进典型。作品应表现出创业者的奋斗历程、创业精神和对社会的回报，突出采访者的感悟。

2. 规划设计类比赛（1项）

职业生涯规划设计赛项：作品应以准备从事的职业要求为标准，以自身职业能力的提高为重点，制订具体计划和措施，要求目标明确、措施可行，字数不超过3 000字。

3. 摄影类比赛（3项）

包括以"志愿服务剪影""奋斗的青春最美丽""最美中国"为主题的摄影赛项。

"志愿服务剪影"赛项：记录并弘扬相互关爱、服务社会的志愿服务精神，传播新时代雷锋精神，以"我为人人，人人为我"的道德风尚来教育感化自己。

"奋斗的青春最美丽"赛项：用镜头记录各岗位青年身上展现的奋斗精神和职业魅力，展现对青年脚踏实地、不懈奋斗的赞美，体现对劳动创造幸福生活的诠释。

"最美中国"赛项：作品表达美在山川、美在人文、美在科技、美在历史等内涵，表现人与自然的和谐美，体现科学发展的和谐美。

作品纸质规格12～25厘米，宽幅底片记录照片边长不超过25厘米；电子版格式为JPG，大小不超过5M。

4. 微电影类比赛（3项）

包括以"志愿服务剪影""奋斗的青春最美丽""最美中国"为主题的微电影赛项，具体内容要求参照摄影类赛项。微电影作品可采用小电影、纪录短片、公益广告等形式，紧扣主题讲述故事、宣传相关理念。文件格式rmvb，不超过15分钟。

5. 动漫设计类比赛（2项）

包括以"生态文明""生命·安全"为主题的动漫设计赛项。

"生态文明"赛项：充分认识保护环境、建设生态文明的重要意义，深刻领会尊重自然、顺应自然、保护自然的生态文明理念，厉行"节粮、节水、节电"，增强节约意识、环保意识、生态意识。

"生命·安全"赛项：结合安全教育、法制教育、艾滋病预防、毒品预防等专题教育内容，引导学生树立交通安全、生产安全、生活安全等意识，懂得珍爱生命。

作品使用Flash制作，swf格式输出，载体为光盘，作品时间不超过3分钟。

6. 展演类比赛（3项）

包括"中国梦·我的梦""诚行天下"演讲赛项、"中华才艺"表演赛项。

"中国梦·我的梦"演讲赛项：表达爱国之心、强国之愿、报国之志，勇于实现自己的梦想。

"诚行天下"演讲赛项：宣讲身边有关诚信的生动事例，理解诚信、敬业为重点的职业道德要求，倡导爱国、敬业、诚信、友善，培育和践行社会主义核心价值观。

"中华才艺"表演赛项：以文化艺术形式展示职业学校学生朝气蓬勃的精神风貌，展现职业技能风采，引导学生提高审美情趣、艺术修养和职业素养。

演讲观点正确，内容原创，普通话标准、清晰，表达流畅，感情真挚，仪表得体。才艺表演作品形式不限，朗诵、声乐、器乐、舞蹈、戏曲、曲艺、书法、绘画以及杂技、魔术、武术等皆可，主题积极向上，体现中职学生特点。时间均不超过10分钟。

二、活动时间

1. 4月30日前，各班级按赛项将"文明风采"竞赛活动的参赛学生作品上报学校团委。

2. 5月10日、11日、12日第七、八节课分别进行展演类各赛项的比赛。

三、活动要求

1. 各班级要高度重视本次活动，认真组织安排，做好学生的宣传工作，动员更多的同学积极参与活动。

2. 各班级要对学生作品进行初评，推荐优秀作品参加学校比赛。

四、奖励方式

学校将评选出优秀学生作品奖和优秀班级组织奖。

×××职业学校

××××年4月15日

解析：

这是一则指示性通知。标题由事由和文种构成；正文开头点明通知的缘由，即开展这项活动的目的、意义；接着是通知的事项，包括活动内容、活动时间、活动要求、奖励方式。内容简明，语言准确，条理清晰，格式规范。

【相关知识】

《国家行政机关公文处理办法》规定：通知"适用于批转下级机关的公文，转发上级机关和不相隶属机关的公文，传达要求下级机关办理和需要有关单位周知或者执行的事项，任免人员"。通知除了用于国家行政机关外，企事业单位、社会团体等使用也非常广泛，它是一种适用范围很广，使用频率很高的下行文为主的文种，具有功能的多样性、运用的广泛性、一定的指导性、较强的时效性。

依据不同的标准，通知有不同的分类方法。下面介绍几种常用的通知。

1. 发布性通知：发布性通知用于告知受文单位，某一规章已经某会议讨论通过，或经某上级批准，可予发布或印发，并要求下级遵照执行。除重要的法律性文件用命令颁布之外，多数法规和规章性文件，如条例、规定、办法、细则、实施方案等，都适合用通知发布。

2. 指示性通知：用于向下级布置工作，阐明工作原则和方法；还用于传达上级的决定和指示，布置需要执行或办理的工作事项等。

3. 事务性通知。事务性通知用于发布上级要求下级办理的事项，或发布通知的发文单位需要告知其他单位的事项，其用途较为广泛，报送有关材料，机构、人事调整，机构名称变更，迁移办公地址，安排假期，都可使用这种通知。

4. 会议通知：这是常用的通知，用于告知开会的事宜。一般应写明会议召开的目的、根据、会期、报名时间、报到时间和地点、参加人员和参加会议者要注意的事项等。

除上面所述，常见的还有任免通知，批转、转发性通知等。

无论何种通知，其基本格式和写法大致如下。

（1）标题。一般包括发文机关、公文事由、公文文种。如《国务院关于取消铁路地方建设附加费的通知》。有时也可省略发文机关，如《关于组织开展×××年度"文明风采"竞赛活动的通知》。如果内容简单，标题也可以只写"通知"。标题中除法规、规章等名称加书名号外，一般不加标点符号。标题太长需要换行，不要把一个词语拆开，第二行仍应居中对称书写。如果事情重要或紧急，可在"通知"前标明，如"重要通知"或"紧急通知"。

（2）发文字号。重要的通知，作为文件下发，要有发文字号。发文字号由三部分组成：机关代字、年份、顺序号。如"国发办〔2014〕69号"。

（3）主送机关。主送机关多于一个时，机关之间用逗号或顿号分开。

（4）正文。正文一般要写清楚三个方面的内容：①通知缘由。它在通知正文的开头，应交代发出通知的背景、目的、理由。② 通知事项。这是通知的主体部分，交代应办的事项，即工作任务、要求和做法。内容较多可以分条或分段写。如"案例"分条列项地写出了活动内容、活动时间、活动要求、奖励方式。③ 执行要求。发布指示、安排工作的通知，可以在结尾处提出贯彻执行的有关要求。常用的结尾用语有："请遵照办理""希参照执行""请研究试行""特此通知"，等等。如无必要，可以没有这部分。

（5）落款。正文右下方写上发文机关和发文日期，加盖单位印章，印章要压盖在日期上。如已在标题中写了机关名称和时间，这里可以省略不写。批转性通知和转发性通知还应附有所批转所转发的公文。

写作通知还应注意：一是说明事项要明确，说清楚做什么、怎么做及完成时间。二是语言要简明得体。

【写作实践】

一、国庆节期间，某中职学校10月1日（星期五）—10月7日（星期四）放假，10月8日—10月9日分别按星期四、星期五的课表上课，10日起一切正常。请以学校教务处的名义给全校师生写一份通知。

二、学校学生会决定于6月30日下午2：30在学生会办公室召开学期工作总结会，要求学生会各部部长做学期工作总结发言，并提交发言稿。请你以学生会的名义草拟一份会议通知。要求：格式规范、内容明确、语言简明。

语文综合实践

探访"乡土文化"

中国的乡土文化源远流长，广大农村是产生、培育乡土文化的沃土。然而，随着中国经济社会的快速发展，中国乡土文化面临着生存难题，保护乡土文化已经成为全社会的共识。让我们一起走进乡村，了解乡土文化的现状，认识乡土文化对中华民族繁衍发展的重大意义。

任务一：采民俗风情

我们伟大的祖国是一个多民族的国家，每个民族都有自己的风俗习惯。即使是同一民族，也会因地域不同、发展阶段不同，具有不同的风俗习惯，正所谓"百里不同风，千里不同俗"。

民俗风情内涵丰富，既有物质的，如生产、生活方面的；也有精神的，如信仰、艺术方面的；还有社会的，如组织、制度方面的。请以小组为单位深入乡村，收集相关材料，组织一次民俗风情交流会。

要求：

1. 多角度、全方位收集资料，避免同质化。

2. 可以从风俗的产生、表现形式、价值与意义等方面介绍。

3. 尽量做到语言生动，内容丰富，条理清楚。

任务二：说传说故事

精卫填海、女娲补天、嫦娥奔月……一个个传说既是中华先民智慧的结晶，也滋养着中华民族的精神生活。请走访有关部门的负责人或文化民俗专家，收集具有地域特色、民俗风情的传说故事，在班里讲一讲。

要求：

1. 能体现独特的精神创造和审美创造，蕴含优秀的地域文化。

2. 能讲清故事的来龙去脉及其思想内涵。

3. 班内出一期"故事会"班刊，与其他班级交流。

任务三：学传统技艺

传统技艺是民间传承下来的技艺，每一门技艺都烙着民族的印记。中华民族的传统技艺丰富多彩，既有地方色彩，也有民族风韵。如剪纸、陶艺、年画、刺绣、泥塑、木雕等。它们都深受人民群众喜爱，有些传统技艺还被列入非物质文化遗产。

请根据地方实际和自己的兴趣爱好，走近传统技艺传承人，选择一门传统技艺进行学习，并在班内开展"传统技艺我传承"展示活动。

要求：

1. 撰写一份活动通知，邀请本年级或本校同学参加"传统技艺我传承"展示活动。

2. 了解传统技艺的历史由来、发展变化，感受传统技艺的精湛水平。

3. 运用恰当的说明方法写一篇介绍传统技艺操作要领的说明文。

优秀的乡土文化是我们民族文化的结晶，是我们民族繁衍与发展的基石。优秀的乡土文化有物质的、也有非物质的，都是民族文化的无价之宝！让优秀的乡土文化浸润我们的心灵，让我们做保护乡土文化、传承乡土文化的宣传者与践行者。

第六单元

思辨的力量

法国哲学家柏格森说："行动是必需品，思辨是奢侈品。"

思辨，能让我们在行动前把准方向，在行动中充满机智，在行动后升华认识。

思辨，当存质疑的精神，探求事物的本相，在辨别真伪中还原本质。

思辨，当以辩证的眼光，弥补经验的缺陷，在理性思考中获得真知。

思辨，当用反思的智慧，生成思想的结晶，在洞悉真理中镌刻文明。

思辨，燃烧着发现的激情，给我们打开观察社会的"另一只眼"，从早有定论的寓言中体察世间百相。

思辨，触动着创新的思维，为我们开启独立思考的大门，从历史上许多有贡献人物的经历中寻找提升自我创新素养的启示。

思辨，闪耀着理性的光芒，助我们建构全新的思维方法，从中西方文化比较中形成健康的文化心态。

古人云："博学之，审问之，慎思之，明辨之，笃行之。"

让我们广泛地学习，反复地推敲，缜密地思考，明晰地判断，执着地践行，成长为一个充满思辨能力的睿智之人。

单元导语

本单元安排了5篇议论文。

学习本单元，我们要学习多角度思考与分析问题的方法，提高思辨能力。进一步掌握阅读议论文的基本方法，以及在议论文写作中选择和表述论据的方法，还要学习即席发言的方法和技巧。

学习本单元的议论文，一要提炼课文观点，领会作者思想；二要梳理课文脉络，厘清论述思路；三要分析所用论据，理解课文内涵；四要揣摩论证方法，感受论证力量；五要品味关键词句，体会语言特点。

《反对党八股》（节选）深刻揭露了党八股的罪状及其对革命工作的危害，阐明了树立生动活泼、新鲜有力的马列主义文风的重大意义。课文纲举目张，结构严谨。《读〈伊索寓言〉》对寓意早成定论的《伊索寓言》中的9则故事做了精彩而睿智的全新阐释，给社会上形形色色的群丑百怪画了像，为读者提供了观察、思考社会的"别一只眼"。《贵在一个"新"字——略谈独立思考》以大量实例，具体而微地阐述了创新者必须具备的素质，语言自然亲切、通俗平易。《漫话清高》阐述了"清高"一词背后的历史源流、文化底蕴、价值取向及其思想行为在当今社会中的表现。课文旁征博引，融古通今，文笔质朴而洒脱。《中国与西方的文化资源》运用文化比较的方法，层层深入地分析了中国文化与西方文化观念和取向的差异，指出了对待西方文化的正确态度，语言干净利落，笔带情感。

走近这些充满思辨力量的文字，我们能透过现象认识到事物的本质，树立独立思考的意识，学会辩证地看待人和事，从而提升我们的思维品质，提高我们的思想认识水平。

二十一　反对党八股（节选）①

（一九四二年二月八日）

毛泽东

现在来分析一下党八股的坏处在什么地方。我们也仿照八股文章②的笔法来一个"八股"，以毒攻毒，就叫做八大罪状吧。

党八股的第一条罪状是：空话连篇，言之无物。我们有些同志欢喜写长文章，但是没有什么内容，真是"懒婆娘的裹脚，又长又臭"。为什么一定要写得那么长，又那么空空洞洞的呢？只有一种解释，就是下决心不要群众看。因为长而且空，群众见了就摇头，哪里还肯看下去呢？只好去欺负幼稚的人，在他们中间散布坏影响，造成坏习惯。去年六月二十二日，苏联进行那么大的反侵略战争，斯大林在七月三日发表了一篇演说③，还只有我们《解放日报》④一篇社论那样长。要是我们的老爷写起来，那就不得了，起码得有几万字。现在是在战争的时期，我们应该研究一下文章怎样写得短些，写得精粹些。延安虽然还没有战争，但军队天天在前方打仗，后方也唤工作忙，文章太长了，有谁来看呢？有些同志在前方也喜欢写长报告。他们辛辛苦苦地写了，送来了，其目的是要我们看的。可是怎么敢看呢？长而空不好，短而空就好吗？也不好。我们应当禁绝一切空话。但是主要的和首先的任务，是把那些又长又臭的懒婆娘的裹脚，赶快扔到垃圾桶里去。或者有人要说：《资本论》不是很长的吗？那又怎么办？这是好办的，看下去就是了。俗话说："到什么山上唱什么歌。"又说："看菜吃饭，量体裁衣。"我们无论做什么事都要看情形办理，

---

① 选自《毛泽东选集》第三卷（人民出版社1991年版）。

② [八股文章] 即八股文，是明清科举考试的一种文体，在字数、体式、语气、题旨和思想内容上均有严格限定，是封建统治者束缚人们思想、维护自身统治的工具。

③ [斯大林在七月三日发表了一篇演说] 1941年6月22日，纳粹德国背信弃义进攻苏联。斯大林在7月3日发表广播讲话，号召苏联人民起来保卫祖国，打败敌人，争取胜利。

④ [《解放日报》]当时中共中央的机关报，1941年5月16日在延安创刊，1947年3月27日停刊。

文章和演说也是这样。我们反对的是空话连篇言之无物的八股调，不是说任何东西都以短为好。战争时期固然需要短文章，但尤其需要有内容的文章。最不应该、最要反对的是言之无物的文章。演说也是一样，空话连篇言之无物的演说，是必须停止的。

党八股的第二条罪状是：装腔作势，借以吓人。有些党八股，不只是空话连篇，而且装样子故意吓人，这里面包含着很坏的毒素。空话连篇，言之无物，还可以说是幼稚；装腔作势，借以吓人，则不但是幼稚，简直是无赖了。鲁迅曾经批评过这种人，他说："辱骂和恐吓决不是战斗①。"科学的东西，随便什么时候都是不怕人家批评的，因为科学是真理，决不怕人家驳。主观主义和宗派主义的东西，表现在党八股式的文章和演说里面，却生怕人家驳，非常胆怯，于是就靠装样子吓人；以为这一吓，人家就会闭口，自己就可以"得胜回朝"了。这种装腔作势的东西，不能反映真理，而是妨害真理的。凡真理都不装样子吓人，它只是老老实实地说下去和做下去。从前许多同志的文章和演说里面，常常有两个名词：一个叫做"残酷斗争"，一个叫做"无情打击"。这种手段，用了对付敌人或敌对思想是完全必要的，用了对付自己的同志则是错误的。党内也常常有敌人和敌对思想混进来，如《苏联共产党（布）历史简要读本》结束语第四条所说的那样。对于这种人，毫无疑义地是应该采用残酷斗争或无情打击的手段的，因为那些坏人正在利用这种手段对付党，我们如果还对他们宽容，那就会正中坏人的奸计。但是不能用同一手段对付偶然犯错误的同志；对于这类同志，就须使用批评和自我批评的方法，这就是《苏联共产党（布）历史简要读本》结束语第五条所说的方法。从前我们那些同志之所以向这些同志也大讲其"残酷斗争"和"无情打击"，一方面是没有分析对象，一方面就是为着装腔作势，借以吓人。无论对什么人，装腔作势借以吓人的方法，都是要不得的。因为这种吓人战术，对敌人是毫无用处，对同志只有损害。这种吓人战术，是剥削阶级以及流氓无产者②所惯用的手段，无产阶级不需要这类手段。无产阶级的最尖锐最有效的武器只有一个，那就是严肃的战斗的科学态度。共产党不靠吓人吃饭，而是靠马克思列宁主义的真理吃饭，靠实事求是吃饭，靠科学吃饭。至于以装腔作势来达到名誉和地位的目的，那更是卑劣的念头，不待说的了。总之，任何机关做决定，发指示，任何同志写文章，做演说，一概要靠马克思列宁主义的真理，要靠有用。只有靠了这个才能争取革命胜利，其他都是无益的。

---

① ［辱骂和恐吓决不是战斗］这是鲁迅的一篇文章的题目。最初发表于1932年12月15日的《文学月报》第一卷第五、六号合刊上，后编入《南腔北调集》。

② ［流氓无产者］指在旧社会受反动统治阶级压迫和剥削，失去土地和职业的一部分人。他们大多是破产的农民和失业的手工业者，常常以不正当的活动（如偷盗、欺骗、恐吓等）谋生。

党八股的第三条罪状是：无的放矢，不看对象。早几年，在延安城墙上，曾经看见过这样一个标语："工人农民联合起来争取抗日胜利。"这个标语的意思并不坏，可是那工人的工字第二笔不是写的一直，而是转了两个弯子，写成了"工"字。人字呢？在右边一笔加了三撇，写成了"人"字。这位同志是古代文人学士的学生是无疑的了，可是他却要写在抗日时期延安这地方的墙壁上，就有些莫名其妙了。大概他的意思也是发誓不要老百姓看，否则就很难得到解释。共产党员如果真想做宣传，就要看对象，就要想一想自己的文章、演说、谈话、写字是给什么人看、给什么人听的，否则就等于下决心不要人看，不要人听。许多人常常以为自己写的讲的人家都看得很懂，听得很懂，其实完全不是那么一回事，因为他写的和讲的是党八股，人家哪里会懂呢？"对牛弹琴"这句话，含有讥笑对象的意思。如果我们除去这个意思，放进尊重对象的意思去，那就只剩下讥笑弹琴者这个意思了。为什么不看对象乱弹一顿呢？何况这是党八股，简直是老鸦声调，却偏要向人民群众哇哇地叫。射箭要看靶子，弹琴要看听众，写文章做演说倒可以不看读者不看听众吗？我们和无论什么人做朋友，如果不懂得彼此的心，不知道彼此心里面想些什么东西，能够做成知心朋友吗？做宣传工作的人，对于自己的宣传对象没有调查，没有研究，没有分析，乱讲一顿，是万万不行的。

党八股的第四条罪状是：语言无味，像个瘪三①。上海人叫小瘪三的那批角色，也很像我们的党八股，干瘪得很，样子十分难看。如果一篇文章，一个演说，颠来倒去，总是那几个名词，一套"学生腔"，没有一点生动活泼的语言，这岂不是语言无味，面目可憎，像个瘪三吗？一个人七岁入小学，十几岁入中学，二十多岁在大学毕业，没有和人民群众接触过，语言不丰富，单纯得很，那是难怪的。但我们是革命党，是为群众办事的，如果也不学群众的语言，那就办不好。现在我们有许多做宣传工作的同志，也不学语言。他们的宣传，乏味得很；他们的文章，就没有多少人欢喜看；他们的演说，也没有多少人欢喜听。为什么语言要学，并且要用很大的气力去学呢？因为语言这东西，不是随便可以学好的，非下苦功不可。第一，要向人民群众学习语言。人民的语汇是很丰富的，生动活泼的，表现实际生活的。我们很多人没有学好语言，所以我们在写文章做演说时没有几句生动活泼切实有力的话，只有死板板的几条筋，像瘪三一样，瘦得难看，不像一个健康的人。第二，要从外国语言中吸收我们所需要的成分。我们不是硬搬或滥用外国语言，是要吸收外国语言中的好东西，于我们适用的东西。因为中国原有语汇不够用，现在我们的语汇中就有很多是从外国吸收来的。例如今天开的干部大会，这"干部"两个字，就是从外

---

① ［瘪三］中华人民共和国成立前，上海人称城市中无正当职业而以乞讨或偷窃为生的游民。

国学来的。我们还要多多吸收外国的新鲜东西，不但要吸收他们的进步道理，而且要吸收他们的新鲜用语。第三，我们还要学习古人语言中有生命的东西。由于我们没有努力学习语言，古人语言中的许多还有生气的东西我们就没有充分地合理地利用。当然我们坚决反对去用已经死了的语汇和典故，这是确定了的，但是好的仍然有用的东西还是应该继承。现在中党八股毒太深的人，对于民间的、外国的、古人的语言中有用的东西，不肯下苦功去学，因此，群众就不欢迎他们枯燥无味的宣传，我们也不需要这样蹩脚①的不中用的宣传家。什么是宣传家？不但教员是宣传家，新闻记者是宣传家，文艺作者是宣传家，我们的一切工作干部也都是宣传家。比如军事指挥员，他们并不对外发宣言，但是他们要和士兵讲话，要和人民接洽，这不是宣传是什么？一个人只要他对别人讲话，他就是在做宣传工作。只要他不是哑巴，他就总有几句话要讲的。所以我们的同志都非学习语言不可。

党八股的第五条罪状是：甲乙丙丁，开中药铺。你们去看一看中药铺，那里的药柜子上有许多抽屉格子，每个格子上面贴着药名，当归、熟地、大黄、芒硝，应有尽有。这个方法，也被我们的同志学到了。写文章，做演说，著书，写报告，第一是大壹贰叁肆，第二是小一二三四，第三是甲乙丙丁，第四是子丑寅卯，还有大ABCD，小abcd，还有阿拉伯数字，多得很！幸亏古人和外国人替我们造好了这许多符号，使我们开起中药铺来毫不费力。一篇文章充满了这些符号，不提出问题，不分析问题，不解决问题，不表示赞成什么，反对什么，说来说去还是一个中药铺，没有什么真切的内容。我不是说甲乙丙丁等字不能用，而是说那种对待问题的方法不对。现在许多同志津津有味于这个开中药铺的方法，实在是一种最低级、最幼稚、最庸俗的方法。这种方法就是形式主义的方法，是按照事物的外部标志来分类，不是按照事物的内部联系来分类的。单单按照事物的外部标志，使用一大堆互相没有内部联系的概念，排列成一篇文章、一篇演说或一个报告，这种办法，他自己是在做概念的游戏，也会引导人家都做这类游戏，使人不用脑筋想问题，不去思考事物的本质，而满足于甲乙丙丁的现象罗列。什么叫问题？问题就是事物的矛盾。哪里有没有解决的矛盾，哪里就有问题。既有问题，你总得赞成一方面，反对另一方面，你就得把问题提出来。提出问题，首先就要对于问题即矛盾的两个基本方面加以大略的调查和研究，才能懂得矛盾的性质是什么，这就是发现问题的过程。大略的调查和研究可以发现问题，提出问题，但是还不能解决问题。要解决问题，还须作系统的周密的调查工作和研究工作，这就是分析的过程。提出问题也要用分析，不然，对着模糊杂乱的一大堆事物的现象，你就不能知道问题即矛盾的所在。这里所讲的分析过程，是指系统的周密的分析

---

① ［蹩（bié）脚］本领不强。

过程。常常问题是提出了，但还不能解决，就是因为还没有暴露事物的内部联系，就是因为还没有经过这种系统的周密的分析过程，因而问题的面貌还不明晰，还不能做综合工作，也就不能好好地解决问题。一篇文章或一篇演说，如果是重要的带指导性质的，总得要提出一个什么问题，接着加以分析，然后综合起来，指明问题的性质，给以解决的办法，这样，就不是形式主义的方法所能济事。因为这种幼稚的、低级的、庸俗的、不用脑筋的形式主义的方法，在我们党内很流行，所以必须揭破它，才能使大家学会应用马克思主义的方法去观察问题、提出问题、分析问题和解决问题，我们所办的事才能办好，我们的革命事业才能胜利。

　　党八股的第六条罪状是：不负责任，到处害人。上面所说的那些，一方面是由于幼稚而来，另一方面也是由于责任心不足而来的。拿洗脸作比方，我们每天都要洗脸，许多人并且不止洗一次，洗完之后还要拿镜子照一照，要调查研究一番，（大笑）生怕有什么不妥当的地方。你们看，这是何等地有责任心呀！我们写文章，做演说，只要像洗脸这样负责，就差不多了。拿不出来的东西就不要拿出来。须知这是要去影响别人的思想和行动的啊！一个人偶然一天两天不洗脸，固然也不好，洗后脸上还留着一个两个黑点，固然也不雅观，但倒并没有什么大危险。写文章做演说就不同了，这是专为影响人的，我们的同志反而随随便便，这就叫做轻重倒置。许多人写文章，做演说，可以不要预先研究，不要预先准备；文章写好之后，也不多看几遍，像洗脸之后再照照镜子一样，就马马虎虎地发表出去。其结果，往往是"下笔千言，离题万里"，仿佛像个才子，实则到处害人。这种责任心薄弱的坏习惯，必须改正才好。

　　第七条罪状是：流毒全党，妨害革命。第八条罪状是：传播出去，祸国殃民。这两条意义自明，无须多说。这就是说，党八股如不改革，如果听其发展下去，其结果之严重，可以闹到很坏的地步。党八股里面藏的是主观主义、宗派主义的毒物，这个毒物传播出去，是要害党害国的。

　　上面这八条，就是我们申讨党八股的檄文①。

　　党八股这个形式，不但不便于表现革命精神，而且非常容易使革命精神窒息。要使革命精神获得发展，必须抛弃党八股，采取生动活泼新鲜有力的马克思列宁主义的文风。这种文风，早已存在，但尚未充实，尚未得到普遍的发展。我们破坏了洋八股和党八股之后，新的文风就可以获得充实，获得普遍的发展，党的革命事业，也就可以向前推进了。

---

① ［檄（xí）文］古代用于晓谕、征召、声讨等的文书，特指声讨敌人或叛逆者的文书。

练习与思考

一、课文是延安整风运动的纲领性文献之一，具有极强的针对性。作者在发表议论的时候，先结合党内实际批判错误，然后有针对性地提出自己的主张。研读课文，用列表形式梳理党八股的八大罪状、危害以及克服方法，并体会其内在逻辑关系。

二、课文采用边破边立的论证方法，即从批判错误中阐述正面的主张。请以揭露党八股第一条罪状为例，说说作者是从哪些方面分析批判"空话连篇，言之无物"的，又运用哪些典型事例来阐述"写得短些，写得精粹些"这一正面主张的。

三、议论文观点的深刻性，往往离不开语言文字内涵的准确性。阅读下列句子，联系上下文，回答括号中的问题。

1. 我们应当禁绝一切空话。（可否改成"禁止"？）

2. 有些党八股，不只是空话连篇，而且装样子故意吓人，这里面包含着很坏的毒素。（能否与"党八股里面藏的是主观主义、宗派主义的毒物"中的"毒物"互换？）

3. 要使革命精神获得发展，必须抛弃党八股，采取生动活泼新鲜有力的马克思列宁主义的文风。（为什么不用题目中的"反对"一词？）

四、课后阅读《反对党八股》全文，查找相关资料，理解作者发表讲演的历史背景、目的和意义，整体把握并深刻领会讲演的主要内容和精神，以及产生的影响。

二十二　读《伊索寓言》^①

钱锺书

课文导读

　　这是一篇针对性很强的读后感。作者以独特的构思，借重新解读《伊索寓言》中的一些故事，揭露和讽刺了现代文明社会中的丑恶现象和人性中的阴暗面，逻辑严密，论述充分。阅读时，先弄清寓言的原意和作者解读的新意，思考作者是如何分析每则寓言并得出新的寓意的。然后结合对课文开头和结尾的研读，分析作者解读的新意与课文观点之间的内在联系，进而理解课文主旨。

　　课文语言幽默辛辣、妙趣横生。阅读时，在整体把握文意的基础上，揣摩、分析关键词句，体会反讽、比喻、引申、类比等手法的作用，深入理解作者所要传达的思想，感受作者犀利尖刻背后的诚挚，嬉笑怒骂背后的对人性的呼唤。

　　课文表面上谈阅读古代寓言的感受，实则剖析现代社会的现象。想一想，我们应如何深刻体察现实社会，并通过自己的思考与分析，形成自己的认识？

　　比我们年轻的人，大概可以分作两种。第一种是和我们年龄相差得极多的小辈，我们能够容忍这种人，并且会喜欢而给以保护；我们可以对他们卖老，我们的年长只增添了我们的尊严。还有一种是比我们年轻得不多的后生，这种人只会惹我们的厌恨以至于嫉忌，他们已失掉尊敬长者的观念，而我们的年龄又不够引起他们对老弱者的怜悯；我们非但不能卖老，还要赶着他们学少，我们的年长反使我们吃亏。这两种态度是到处看得见的。譬如一个近三十的女人，对于十八九岁女孩子的相貌，还肯说好，对于二十三四的少女们，就批判得不留情面了。所以小孩子总能讨大人的喜欢，而大孩子跟小孩子之间就免不了时常冲突。一切人事上的关系，只要涉到年辈^②资格先后的，全证明了这个分析的正确。

　　从整个历史来看，古代相当于人类的小孩子时期。先前是幼稚的，经过几千百年的长进，慢慢地到了现代。时代愈古，愈在前，它的历史愈短；时代愈在后，它积的阅历愈深，年龄愈多。所以我们反是我们祖父的老辈，上古三代反不如现代的悠久古老。这样，

---

①　选自《写在人生边上》（中国社会科学出版社1990年版）。有改动。钱锺书（1910—1998），江苏无锡人，学者、作家。

②　[年辈] 年龄和辈分。

我们的信而好古①的态度，便发生了新意义。我们思慕古代不一定是尊敬祖先，也许只是喜欢小孩子，并非为敬老，也许是卖老。没有老头子肯承认自己是衰朽顽固的，所以我们也相信现代一切，在价值上、品格上都比古代进步。

这些感想是偶尔翻看《伊索寓言》引起的。是的，《伊索寓言》大可看得。它至少给予我们三重安慰。第一，这是一本古代的书，读了可以增进我们对于现代文明的骄傲。第二，它是一本小孩子读物，看了愈觉得我们是成人了，已超出那些幼稚的见解。第三呢，这部书差不多都是讲禽兽的，从禽兽变到人，你看这中间需要多少进化历程！我们看到这许多蝙蝠、狐狸等的举动言论，大有发迹②后访穷朋友、衣锦还故乡的感觉。但是穷朋友要我们帮助，小孩子该我们教导，所以我们看了《伊索寓言》，也觉得有好多浅薄的见解，非加以纠正不可。

例如蝙蝠的故事：蝙蝠碰见鸟就充作鸟，碰见兽就充作兽。人比蝙蝠就聪明多了。他会把蝙蝠的方法反过来施用：在鸟类里偏要充兽，表示脚踏实地；在兽类里偏要充鸟，表示高超出世。向武人卖弄风雅，向文人装作英雄；在上流社会里他是又穷又硬的平民，到了平民中间，他又是屈尊下顾③的文化分子：这当然不是蝙蝠，这只是——人。

蚂蚁和促织的故事：一到冬天，蚂蚁出来晒米粒；促织饿得半死，向蚂蚁借粮。蚂蚁说："在夏天唱歌作乐的是你，到现在挨饿，活该！"这故事应该还有下文。据柏拉图④《对话篇·菲德洛斯》说，促织进化，变成诗人。照此推论，坐看着诗人穷饿、不肯借钱的人，前身无疑是蚂蚁了。促织饿死了，本身就做蚂蚁的粮食；同样，生前养不活自己的大作家，到了死后偏有一大批人靠他生活，譬如，写回忆怀念文字的亲戚和朋友，写研究论文的批评家和学者。

狗和他自己影子的故事：狗衔肉过桥，看见水里的影子，以为是另一只狗也衔着肉，因而放弃了嘴里的肉，跟影子打架，要抢影子衔的肉，结果把嘴里的肉都丢了。这篇寓言的本意是戒贪得，但是我们现在可以应用到旁的方面。据说每个人需要一面镜子，可以常常自照，知道自己是个什么东西。不过，能自知的人根本不用照镜子；不自知的东西，照了镜子也没有用——譬如这只衔肉的狗，照镜以后，反害他大叫大闹，空把自己的影子，当作攻击狂吠的对象。可见有些东西最好不要对镜自照。

天文家的故事：天文家仰面看星象，失足掉在井里，大叫"救命"；他的邻居听见了，

---

① ［信而好古］相信并且喜爱古代的东西。见《论语·述而》："述而不作，信而好古。"

② ［发迹］指人变得有钱有势。

③ ［屈尊下顾］降低了身份来观察民情。屈尊，降低身份俯就。

④ ［柏拉图（前427—前347）］古希腊哲学家。

叹气说："谁叫他只望着高处，不管地下呢！"只向高处看，不顾脚下的结果，有时是下井，有时是下野①或者下台。不过，下去以后，绝不说是不小心掉下去的，只说有意去做下层的调查和工作。譬如这位天文家就有很好的借口：坐井观天。真的，我们就是下去以后，眼睛还是向上看的。

乌鸦的故事：动物界要拣最美丽的鸟做禽类的王，乌鸦把孔雀的长毛披在身上，插在尾巴上，前去应选，果然被挑中；其他鸟类大怒，把它插上的毛羽都扯下来，依然现出乌鸦的本相。这就是说，披着长头发的，未必就真是艺术家；反过来说，秃顶无发的人当然未必是学者或思想家，寸草也不生的头脑，你想还会产生什么旁的东西？这个寓言也不就此结束，这只乌鸦借来的毛羽全给人家拔去，现了原形，恼羞成怒，提议索性大家把自己天生的毛羽也拔个干净，到那时候，大家光着身子，看真正的孔雀、天鹅等跟乌鸦有何分别。这个遮羞的方法至少人类是常用的。

牛跟蛙的故事：母蛙鼓足了气，问小蛙道："牛有我这样大么？"小蛙答说："请你不要胀了，当心肚子爆裂②！"这母蛙真是笨坯②！她不该跟牛比伟大的，她应该跟牛比娇小的。所以，我们每一种缺陷都有补偿，吝啬说是经济③，愚蠢说是诚实，卑鄙说是灵活，无才便说是德。因此世界上没有自认为一无可爱的女人，没有自认为百不如人的男子。这样，彼此各得其所，当然会相安无事。

老婆子和母鸡的故事：老婆子养只母鸡，每天下一个蛋。老婆子贪心不足，希望她一天下两个蛋，加倍喂她。从此鸡愈吃愈肥，不下蛋了——所以戒之在贪。伊索错了！他该说：大胖子往往是小心眼。

狐狸和葡萄的故事：狐狸看见藤上一颗颗已熟的葡萄，用尽方法，弄不到嘴只好放弃，安慰自己说："这葡萄也许还是酸的，不吃也罢！"他就是吃到了，还要说："这葡萄果然是酸的。"假如他是一只不易满足的狐狸，这句话他对自己说，因为现实终"不够理想"。假如他是一只很感满意的狐狸，这句话他对旁人说，因为诉苦经可以免得旁人来分甜头。

驴子跟狼的故事：驴子见狼，假装腿上受伤，对狼说："脚上有刺，请你拔去了，免得你吃我时舌头被刺。"狼信以为真，专心寻刺，被驴踢伤逃去，因此叹气说："天派我做送命的屠夫的，何苦做治病的医生呢！"这当然幼稚得可笑，他不知道医生也是屠夫的一种。

---

① ［下野］旧时指执政的人被迫下台。

② ［笨坯（pī）］方言，蠢货的意思。坯，已成形但还没有烧制过的砖瓦、陶器。

③ ［经济］这里指用较少的人力、物力、时间，获得较大的成果。

这几个例子可以证明《伊索寓言》是不宜做现代儿童读物的。卢梭①在《爱弥儿》卷二里反对小孩子读寓言，认为有坏心术，举狐狸骗乌鸦嘴里的肉一则为例，说小孩子看了，不会同情被骗的乌鸦，反会羡慕善骗的狐狸。要是真这样，不就证明小孩子的居心本来欠好吗？小孩子该不该读寓言，全看我们成年人在造成一个什么世界、一个什么社会，给小孩子长大了来过活。卢梭认为寓言会把纯朴的小孩教得复杂了，失去了天真，所以要不得。我认为寓言要不得，因为它把纯朴的小孩教得愈简单了，愈幼稚了，以为人事里是非的分别、善恶的果报②，也像在禽兽中间一样公平清楚，长大了就处处碰壁上当。缘故是，卢梭是原始主义者，主张复古，而我是相信进步的人——虽然并不像寓言里所说的苍蝇，坐在车轮的轴心上，嗡嗡地叫道："车子的前进，都是我的力量。"

练习与思考

一、反语，就是说反话，即所说的话与所想表达的意思恰恰相反。反语往往含有否定、讽刺以及嘲弄的意思。细读课文，在理解文意的基础上，说说下面句子中加点词语的深刻含义。

1. 没有老头子肯承认自己是衰朽顽固的，所以我们也相信现代一切，在价值上、品格上都比古代进步。

2. 它至少给予我们三重安慰。

3. 我们看到这许多蝙蝠、狐狸等的举动言论，大有发迹后访穷朋友、衣锦还故乡的感觉。

4. 真的，我们就是下去以后，眼睛还是向上看的。

二、《伊索寓言》是拿故事来说明道理的，很多寓言的寓意早有定论。作者重新解读了9则寓言，得出了新的寓意。研读课文相关段落，填写下表，并说说作者的解读对表达课文观点的作用。

---

① ［卢梭（1712—1778）］法国启蒙思想家、哲学家、教育家、文学家。

② ［果报］因果报应。

寓言	原来的寓意	作者解读的寓意	写作意图

三、课文是一篇读后感，但不同于一般的读后感先写所读再写所感的写法。阅读课文，思考作者为什么要从对待两类年轻后辈的不同态度说起。

四、作者在课文开头部分说"《伊索寓言》大可看得"，在文末又说"《伊索寓言》是不宜做现代儿童读物的"。作者认为《伊索寓言》到底能不能读？为什么？研读课文，结合自己对社会的认识，说说你的看法。

二十三　贵在一个"新"字①
——略谈独立思考

王梓坤

课文导读

　　课文采用谈话的方式，具体而微地阐述了创新者必须具备的素质，论据充分、典型，论述有力。阅读时，首先可梳理"历史上许多有贡献的人物"具有的独立思考能力，分析他们独立思考能力形成的原因，从而弄清各部分的主要内容。在此基础上，结合课文标题，思考独立思考与创新之间的关系，深入理解作者的观点。

　　课文在列举实例、引用权威论述时，对材料进行了必要的、恰当的分析，语言自然亲切、通俗平易。阅读时，找出作者的分析文字，分析作者是如何提炼论据的思想内涵并围绕论点进行阐释的，把握论据与论点的内在逻辑关系，体会课文的论证力量。在此过程中，可结合对关键词句的揣摩、品味，感受作者语言中蕴涵的思考和智慧。

　　作者认为"要创新，就必须善于独立思考"。那么，在学习过程中，我们应如何培养自己独立思考的能力，提升自己的创新素养？

　　"青年人相信许多假东西，老年人怀疑许多真东西。"

　　这是德国谚语，不是普遍真理，然而它指出了值得注意的倾向。历史上有些重大错误，就是这两种倾向相结合的产物。青年人满怀希望，向往将来，进取心强，求知心切。正如梁启超在《少年中国说》中讲的：少年人如朝阳，如乳虎，如铁路，如白兰地酒，如春前之草，如长江之初发源。这些优点是极可宝贵的。不过，由于经验不足，思虑不周，受骗上当者，也大有人在。因此，自觉地培养独立思考能力，实是一件大事。

　　进一步说，许多实践活动的共同要求是"创新"：或者发现新事物，或者发明新器皿，或者建立新理论，或者写出新作品。总之，贵在一个"新"字。而"新"，自然是前所未有的。因此，要创新，就必须善于独立思考。

　　说"独立思考"，好像与"向群众学习"相矛盾，离群众越远越好；说"独立思考"，好像必须想入非非，越稀奇古怪越好。其实都不对。善于思考的人，既能集中群众的智

① 选自《莺啼梦晓——科研方法与成才之路》（上海教育出版社2001年版）。有改动。王梓坤，1929年出生，江西吉安人，中国科学院学部委员。

慧，又能超越前人的思想，在充分调查研究的基础上，通过分析综合，提出切合实际的真知灼见。相反，不向群众学习，不从实际出发，一味坚持错误的主观成见，绝不会产生正确的思想。

历史上许多有贡献的人物，都很会独立思考，他们这种能力是怎样锻炼出来的呢？

他的疑问是无处不在的

笛卡尔是法国卓越的数学家、物理学家、生理学家和哲学家，是解析几何的首创人。他可以算是历史上最喜欢独立思考的人之一了。恩格斯曾高度评价他的成就："数学本身由于研究变数而进入辩证法的领域，而且很明显，正是辩证法哲学家笛卡尔使数学有了这种进步。"（《反杜林论》）还在少年时代，笛卡尔就有强烈的、永不满足的求知欲。他的学习热情很高，成绩优秀，数学尤其出类拔萃。除了学校中的功课外，他还阅读了许多课外书籍。可是，在总结学习成绩时，他毫不自满，甚至犹豫了，以至怀疑自己学得的东西是否可靠。他说："当我完成了一般的学习过程之后，就发现自己被许多疑难和错误困住了。从这些疑难和错误里，除了日甚一日地看清自己的无知以外，似乎并没有得到其他任何收获。"例如"在哲学领域里，没有一条真理是能够不引起争论和怀疑的；而其他的科学又都从哲学里取得原理"。（《方法论》）因此，在笛卡尔看来，疑问是无处不在的。这说明在他的脑海里，独立思考的火焰正在炽热①地燃烧。在一度彷徨之后，他忽然大彻大悟了。他说，他所得到的最好教训是"绝不可过分地相信自己单单从例证和传统说法中所学得的东西"。那么，怎么办呢？他提出了四条思维的法则：

第一，任何东西在未认清确实是真的以前绝不能认为是真的。也就是说，必须小心，避免轻率和偏见。我所接受的，应当是我认为十分明显而又清楚，绝对无可怀疑的东西。

第二，我要探讨的疑难问题，应当尽量加以划分，而且是怎样能得到更好的解决方法，便怎样划分。

第三，有秩序地进行思维，首先从最简单的问题开始，按部就班地往前进，以达到最复杂的问题。甚至在实际上没有先后关系的事物中也要假设出一个顺序来。

第四，不论在任何地方，搜罗必须齐全，观察必须广泛，直到自己相信没有遗漏时为止。

以上是笛卡尔的思想方法，同时也体现了他对独立思考的重视，值得我们借鉴。他的

---

① ［炽（chì）热］极热。

缺点是独尊理性，否定感觉和经验的作用，怀疑得过了头，以致怀疑一切，甚至连他自己是否存在也认为大可怀疑。幸亏他发现"我正在思考"这件事是千真万确的，不必再怀疑了，由此才推论出自己的存在，于是写下了他的名句——我思故我在。

<h3 style="text-align:center">倘有余暇，何妨多读</h3>

汉代王充，是我国古代著名的批判家。他写的《论衡》，专门批判古书和传说中的错误，立论有据，言之成理，表现了很高的独立思考的才华。他所以有成就，原因之一，就是他博览群书，贯通百家。王充家贫，买不起书，只能常到书店看书。那时的书店比现在的某些书店开明，可以让顾客阅读，结果造就了王充这样的人才。

爱因斯坦应该算是科学界最善于独立思考的巨人了。然而不要忘记，青年时代的爱因斯坦在物理、数学等方面已打下了扎实的基础，而且对一般的自然科学和哲学，也有浓厚的兴趣和丰富的知识。

有知识，才有比较；有比较，才能发现问题。动物病理学教授贝弗里奇说："有重要的独创性贡献的科学家，常常是兴趣广泛的人……独创性常常在于发现两个或两个以上研究对象或设想之间的联系或相似之点，而原来以为这些对象或设想彼此没有关系。"(《科学研究的艺术》)

知识渊博的人见解比较深刻，思考比较周密，而且对事物的发展前途常有远见，预测也比较正确。这样便大大减少了受骗上当的机会，使人生少走许多弯路。"双眼自将秋水洗，一生不受古人欺。"[1]这秋水，就是知识之水，就是独立思考的波涛和浪花。

鲁迅说："应做的功课已完而有余暇，大可以看看各样的书，即使和本业毫不相干的，也要泛览。譬如学理科的，偏看看文学书；学文学的，偏看看科学书，看看别个在那里研究的，究竟是怎么一回事。这样子，对于别人、别事，可以有更深的了解。"(《读书杂谈》)

可是，这不会影响专业学习吗? 的确，我们的精力，主要应放在攻读专业上，从"精于一"开始，逐步扩大"根据地"而走向博。然而这不是说，学专业时其他的书一律不能看。那"应做的功课已完"的余暇虽少，但积少可以成多。看课外书刊，时间长了，接触面宽了，了解的问题便多，于是就越看越有趣，越有趣就越想看，成了良性循环。这样，知识之球，便越滚越大。反之，不博览，知识面便窄，懂的东西就少；懂得少，对许多事物便不感兴趣，从而也就越不想多看专业以外的书，于是便容易陷入恶性循环。不仅读书

---

[1] ［双眼自将秋水洗，一生不受古人欺］语出清代诗人袁枚《随园诗话·补遗卷三》。

如此，世界上许多事物，发展下去，都有这两种循环的可能。我们应力争前者，千万不要卷入恶性循环的涡流中去。

"为什么""怎么办"及其他

遇到任何事情，都要考虑"为什么"和"怎么办"。前者追究原因，后者提供对策。只有搞清原因，才能想出办法。办法通常是多样的，必须从中选出一个最好的来。

此外，"可能吗"有时也很重要。中华人民共和国成立前曾流传有人长年不吃东西；近年又宣传各种天外来客，诸如此类，惑人耳目。真是"当时黮黯犹承误，末俗纷纭更乱真①"。更有甚者，一些政治骗子出于小集团的利益，把某些人和事吹得神乎其神②，愚弄天下，尤其可恶。碰到这类事，就得采取科学态度，运用自然科学和社会科学的知识，多问几次"可能吗""合乎自然规律吗？""合乎情理吗？"明代哲学家和教育家陈献章说得好："前辈谓学贵知疑，小疑则小进，大疑则大进。疑者，觉悟之机也。一番觉悟，一番长进。"

读书时必须深思多问。只读而不想，就可能人云亦云，沦为书本的奴隶；或者走马看花，所获甚微。孔子说："学而不思则罔，思而不学则殆。"清朝的郑板桥，诗词书画，都很擅长，而且喜谈学习方法。他说："'学问'二字，须要拆开看，学是学，问是问。今人有学而无问，虽读书万卷，只是一条钝汉③尔。……读书好问，一问不得，不妨再三问；问一人不得，不妨问数十人。要使疑窦释然，精理迸露。故其落笔晶明洞彻，如观火观水也。善读书者曰攻、曰扫。攻则直透重围，扫则了无一物。"

他这段话，除最后一句外，都可赞同。对于自然科学，言攻则可，言扫则不可，除非是伪科学，才有扫的问题。否则，只能批判继承，推陈出新，一般不会"了无一物"。

书，无非是作者一次系统的、有充分准备的长篇发言，其中所讲对的居多，错误也有。读书时反复思考，可以起到消化、吸收、运用和发现问题、跟踪追迹的作用。下列事项，可供读书时参考。

（1）区分客观真理和主观成见，哪些是经过长期实践检验的事实、定理、定律或理论，哪些只是未经证实的传说、成见、信仰或迷信。对前者主要是虚心学习，弄清道理，不要花很大精力去对着干。例如科学已证明不可能发明永动机，那就不必硬去造了。后者

---

① ［当时黮（dǎn）黯犹承误，末俗纷纭更乱真］语出宋代诗人王安石《读史》诗。意思是当时的人尚且难以看清事情的来龙去脉，记不准确，后世更是众说纷纭，看不清历史真相了。黮黯，昏暗的样子。末俗，末世的衰败习俗。

② ［神乎其神］形容神秘奇妙到了极点。神，神妙。乎，文言语气助词。其，那样。

③ ［钝汉］指反应迟钝的人。

则不然，它们往往是前人硬塞在我们头脑里的一堆成见或捏造的言论，例如"地球中心说""物种不变论"等。许多科学大师都非常注意这种区分，牢牢抓住一些基本而又模糊不清的概念加以分析批判，终于取得重大的进展。例如爱因斯坦抓住"质量""同时性"等概念，哥白尼①批判"地球中心说"，都取得了辉煌的成就。在社会科学里，情况更为复杂，一些偏见和迷信，常被贴上真理的标签，用以欺骗人民，我们应当提高警惕。

（2）研究正确的结论是怎样获得的，有哪些事实或理论根据？在证明中有哪些方法和技巧值得学习？能把它用到别的问题上去吗？我能不能再给出新的证明？

（3）对某个结论我有些怀疑，我觉得它的证据不充分，甚至有漏洞、有问题，于是我试图举出反例或用实验来推翻它。

（4）如果时间、地点、条件变了，某个结论还正确吗？需要做哪些修改？

（5）某些概念、结论、定理、规律之间，有没有本质联系？它们与其他学科的内容有无类似之处？

（6）现在有一个急需解决的问题，能从这本书中找到答案、方法或启示吗？

以上问题主要供读理科书时参考，至于其他学科，情况当然不完全一样。例如宋朝吕祖谦曾介绍他读历史书的方法："观史如身在其中，见事之利害，时之祸患，必掩卷自思，使我遇此等事，当作何处之？如此观史，学问亦可以进，知识亦可以高，方为有益。"（《先正读书诀》）

各学科有各自的特点，自然不可一概而论，就是理科中各学科，深钻下去，也要分别对待，有所区别。

大用之则大成

在游泳中才能学会游泳，同样，在思考中才能学会思考。斗争锻炼才智，脑子越用越灵。清初思想家唐甄在《潜书》中说："心，灵物也；不用则常存，小用之则小成，大用之则大成，变用之则至神。"

要使思维深入，一是坚持刻苦钻研，二是注意思想方法。

人们追踪一种新事物，往往起源于好奇心。好奇心愈强，钻研劲头愈大，甚至遇到巨大困难也置之度外，一心一意要搞个水落石出。因此，好奇心是科学研究的重要条件之一，许多著名的科学家如爱因斯坦等都很重视它。的确，很难设想，一个对什么事情都觉得无所谓的人会有强烈的探索热情。

---

① ［哥白尼（1473—1543）］波兰天文学家，日心说的创立者，近代天文学的奠基人。

有些重大问题，需要长时间的苦战攻关。艾立希①失败了605次，才制成药物六零六；居里夫妇从数吨铀矿残余物中提炼出只有几十毫克纯镭的氯化物。可以想象，他们付出了多么大的劳动。"用志不分，乃凝于神②"（《庄子·达生》），"锲而不舍，金石可镂③"（《荀子·劝学》），前人刻苦钻研的精神，时刻激励着我们前进。

长时间的刻苦钻研是成功之母，也是培养独立思考能力的基本条件。然而，如果辅以正确的思想方法，收效就会显著得多。

当我们的思维难以深入时，可以向群众学习，向书刊学习，但有时不如直接向大自然或社会请教更为有益，这就需要通过观察和试验。大自然常会教给我们一些完全出人意料的新事物。1928年，英国人弗莱明④正埋头于研究对付葡萄球菌的方法，他曾用了几年时间，仍然无计可施。一天，他忽然发现碟子里的葡萄球菌几乎全死亡了，同时附近又长出了一团团青绿色的霉花，他想，也许是这些霉菌杀死了葡萄球菌吧！正是他这一重要观察和设想导致了青霉素的发现。或者说，大自然告诉了人们灭菌的方法。可以毫不夸张地说，绝大多数的自然科学知识都是大自然教给我们的。自然科学如此，社会科学也如此。

练习与思考

一、严密性是议论文语言的显著特点。严密的语言能全面、周到、准确地反映客观事物之间的关系。领会议论文语言的严密性，要从分析语言表达的思想入手。说说下列句子中加点词语是否可以删掉。

1. 他可以算是历史上最喜欢独立思考的人之一了。
2. 任何东西在未认清确实是真的以前绝不能认为是真的。
3. 不论在任何地方，搜罗必须齐全，观察必须广泛，直到自己相信没有遗漏时为止。

---

① ［艾立希（1854—1915）］即保罗·埃尔利希，德国细菌学家、免疫学家，近代化学疗法奠基人之一，获1908年诺贝尔生理学或医学奖。

② ［用志不分，乃凝于神］集中心志不分散，才能聚精凝神。

③ ［锲（qiè）而不舍，金石可镂（lòu）］不停止雕刻，（即使）金石也可以雕刻成功。锲，刻。舍，停止。镂，雕刻。

④ ［弗莱明（1881—1955）］英国细菌学家，青霉素的发现者，与英国科学家弗洛里和德国科学家钱恩共获1945年诺贝尔生理学或医学奖。

二、课文的题目是《贵在一个"新"字》，但课文主要谈杰出人物的独立思考能力"是怎样锻炼出来的"。阅读课文，想一想作者为什么没有具体地谈创新，再说一说独立思考与创新之间的关系。

三、在课文中，作者列举了很多在历史上有贡献的人物，并对他们的独立思考能力进行分析，论述明白流畅。如果只举事例不做分析，说理的效果有什么不同？

*二十四 漫话清高①

金开诚

课文导读

这是一篇学术文化随笔。作者以"漫话"的方式阐述了"清高"一词背后的历史源流、文化底蕴、价值取向，及其思想行为在当今社会中的表现。课文旁征博引，举例丰富，看似庞杂，却融通古今，环环相扣。阅读时，首先要梳理文中的实例，明确这些实例阐述的内容，分析实例之间的关系，从而厘清课文线索，提炼出作者在"漫话"的过程中想要表达的观点。

课文表达观点含蓄委婉，叙议结合。通常在所举实例后加一些议论性的反语，欲擒故纵，似褒实贬。阅读时，要找出这些语句，仔细玩味，辨别作者的思想倾向，深刻领会作者的观点。

作者认为，"清高"在今天的市场经济中，"其价值趋向不仅未见疲软，反有坚挺之势"。我们应该如何理解这句话的内涵？

在漫长的封建社会中，清高曾是个褒义词，清高的人一般说来是受到敬重的。清高的"清"，意思比较明白，无非是为人清白正直，不搞邪的、歪的、见不得人的勾当。至于"高"的含义，则似乎不同于高风亮节、德高望重之高，而是总要带上一点孤独乃至孤僻的意味，或者可以解释为孤高。因此，清高的名声首先总是落到遗世②寂居的隐士头上。

传说中第一个清高之人，恐怕要数许由了。据说唐尧要把天下禅让给他，他认为这话污染了耳朵，因而跑到颍水③边上去洗耳。此事不知真假，但在古代却传为美谈。这美谈又反映了古代士人相当混乱的价值取向。唐尧是人人称颂的圣君，圣君是因为给天下人办了好事所以受到称颂；然而他所选的接班人却不愿为天下人办事，不愿办事却同样受到称赞，真不知是什么道理。

道理虽然说不清，但关于许由的美谈却事实上给清高规定了一个模式，即凡是显贵的

---

① 选自《金开诚学术文化随笔》（中国青年出版社1996年版）。有改动。金开诚（1932—2008），江苏苏州人，中国当代学者。

② ［遗世］避世，超脱世俗。

③ ［颍（yǐng）水］颍河。

人是不大可能得到清高之名的；后来显贵又扩大为富贵，即清高是与富贵无缘的。例如诸葛亮，当他"高卧隆中"之时，是可以称为清高的；后来辅佐刘备，成为蜀汉丞相，在后人心目中德高望重，近乎完人，却无人说他清高。汲黯①、苏武②、魏徵③、颜真卿④、史可法⑤等，都以高风亮节著称于史，但也因做官而不被评为清高。当然，历史上对这些人的评价之高是远非清高二字可比的。

在历史上被称为清高的人中，陶渊明大约要算突出的了。他因不愿为五斗米折腰（这句话现在有新解，姑置勿论），辞去彭泽令，归隐田园，以"力耕"谋取"衣食"。这种情况与富贵绝无因缘，在古人心目中乃成为纯正的清高。

不过，从陶渊明这个清高模式来看，一个人的行为与思想固然决定了他是否有清高之"实"；但如果在"实"之外还能享有清高之"名"，那就还得有一些不平凡的本事才行。陶渊明除了真正清高之外，还能写一手好诗，用来言志抒情，因而实至名归，成为清高的典型。其后，像林和靖⑥、倪云林⑦等人，也都因具有才艺专长，才成为著名的清高之人。例如林和靖"梅妻鹤子"，隐居杭州孤山，固然很清高；但也要写出"疏影横斜水清浅，暗香浮动月黄昏⑧"这样的咏梅绝唱，才能成为名人。倪云林隐居无锡惠山，为人有点怪癖，但他的画脱尽烟火气，确有独特风格，所以连怪癖也一同被传诵了。当然，真正清高的人是根本不在乎成名的。想无名而终于有名，其原因大概一则因为历史需要树立清高的样板，而这类样板又只能通过才艺成果的传扬来树立；假如无所表现，也就无从传扬了。二则因为有才艺本可做官，而他们竟然不做，这才证明是真正的清高。至于那才艺是否适合做官的要求，古人往往是不加深究的。在他们心目中，好像认为只要有才便可以做官。

清高是褒义词，但也不算很高的评价，然而古人评定清高却又是相当严格的；说严格

---

① ［汲黯（前？—前112）］西汉名臣。为人耿直，好直谏廷诤，武帝称为"社稷之臣"。

② ［苏武（前140—前60）］西汉著名的外交家。汉武帝天汉元年（前100）奉命出使匈奴，被扣留，历经19年而不变节，后被遣回。

③ ［魏徵（580—643）］唐代名臣。以直谏敢言著称，是中国历史上最负盛名的谏臣。

④ ［颜真卿（709—784）］唐代书法家。为官正直，性情刚烈，屡遭贬黜而终不改。

⑤ ［史可法（1602—1645）］明末抗清将领，后被捕，不屈就义。

⑥ ［林和靖（967—1028）］即林逋，和靖是他的谥号。宋代诗人，工书法。隐居西湖孤山，终生不仕不娶，以种梅养鹤自娱，因有"梅妻鹤子"之称。

⑦ ［倪云林（1301—1374）］即倪瓒，云林子是他的号。元代画家、诗人。早年家富，后散尽家财，浪迹太湖一带。

⑧ ［疏影横斜水清浅，暗香浮动月黄昏］出自林逋的《山园小梅》一诗。

却又没有明确的标准，因而相当模糊。这种情况结合实例来看比较清楚。例如李白，只做过短短一段宫廷诗人，就敢公然声称"安能摧眉折腰事权贵，使我不得开心颜①"。他本人很希望得到清高之名，然而他却终于未成公认的清高样板。原因可能是他有时用世之心过于急切，又极为自负，比较缺乏恬退风度；而且他有了做官的可能便得意地声称"仰天大笑出门去，我辈岂是蓬蒿人②"，没了官做则又傲然声称"长安宫阙九天上，此地曾经为近臣③""昔在长安醉花柳，五侯七贵同杯酒④"，这类的话，这就很难和清高挂钩了。不过，李白是伟大的诗人，他的诗不但形象思维功夫好，而且天真馨⑤露，想到什么就说什么。因此，没成为公认的清高样板，对他来说也算不了什么。这个实例只是说明古人评定清高的样板是相当严格的。

另一个实例则说明清高的模糊性，那就是孟浩然。他本来也是想做官的，试看《临洞庭上张丞相》一诗，他在写了"气蒸云梦泽，波撼岳阳城"这样雄劲的名句后，接着就说"欲济无舟楫，端居耻圣明，坐观垂钓者，徒有羡鱼情"，求援用世之心极为明显。后来做不成官，还不无牢骚，所以说出"不才明主弃，多病故人疏⑥""当路谁相假，知音世所稀⑦"之类的话。但孟浩然一生既未做官，而且《唐书·孟浩然传》还记述采访使韩朝宗⑧曾约他同赴京师，欲荐于朝廷，可是孟浩然却因与故人喝酒喝得高兴，竟至失约，还说："业已饮，何恤他！"可见他对做官也有不在乎的一面。特别是归隐之后，在寂寞心情中，也多有恬淡之意。这样看来，孟浩然是理应成为一个清高样板的，而且有人也的确这样认为。试看李白的《赠孟浩然》一诗："吾爱孟夫子，风流天下闻。红颜弃轩冕，白首卧松云。醉月频中圣⑨，迷花不事君。高山安可仰，徒此揖清芬。"（"醉月"句用《魏志·徐邈传》典，暗指孟浩然因剧饮违韩朝宗之约事）可见在李白心目中，孟浩然的清高是极为突出的，然而孟浩然在历史上却仍然不是公认的清高样板。由此可见，对清高的评论是既严格，又模糊的。

---

① ［安能摧眉折腰事权贵，使我不得开心颜］出自《梦游天姥吟留别》一诗。

② ［仰天大笑出门去，我辈岂是蓬蒿人］出自《南陵别儿童入京》一诗。

③ ［长安宫阙九天上，此地曾经为近臣］出自《单父东楼秋夜送族弟沈之秦》一诗。

④ ［昔在长安醉花柳，五侯七贵同杯酒］出自《流夜郎赠辛判官》一诗。

⑤ ［馨（qìng）］尽。

⑥ ［不才明主弃，多病故人疏］出自《岁暮归南山》一诗。

⑦ ［当路谁相假，知音世所稀］出自《留别王侍御维》一诗。

⑧ ［韩朝宗］唐代人，曾任左拾遗。

⑨ ［中（zhòng）圣］酒醉的隐语。古人称酒清者为圣人，酒浊者为贤人。此为饮清酒而醉，故曰中圣。

在当代，清高曾经长期受批判，但由于它毕竟是中国传统文化中一个独特的概念和价值观念，在人们心中影响很深，因此虽然批了，却仍然没使许多人的观念真正转变，也就是说清高的价值在人们心中实际上并未降低。至于现在，在社会主义市场经济机制逐步建立的过程中，种种价值观念都在发生深刻的变化。而从抽象的道理上说，清高与市场经济几乎是绝不相容的；但实际情况却使人感觉到清高概念所包含的某些内涵，其价值趋向不仅未见疲软，反有坚挺之势，这似乎又一次证明了中国传统文化中一系列正反互补思想的奥妙。在市场经济中，有的人并不能发财致富，那么保留一点清高的气度，也不失为一种精神安慰，至少能减轻一点心理失衡。就是对发财致富乃至既富且贵的人来说，倘若能够讲一点清，讲一点高，对人对己也是没有坏处的。也许，这就是许多人不愿彻底扬弃清高这个传统文化中的独特概念，并继续有意无意地维护其价值的原因。

练习与思考

一、"漫话"是指不拘形式地随意谈论。课文虽是"漫话"，却有着严密的内在逻辑。细读课文，梳理作者的论述思路，把握作者观点。

二、举例丰富是本文的一大特点。研读课文所举事例，说说作者选取和处理事例的方法。

三、作者认为"清高"在当代市场经济社会里有什么意义？联系现实，谈谈你的看法。

*二十五　中国与西方的文化资源^①

陈　炎

课文导读

　　这是一篇有关文化研究的议论文。作者运用文化比较的方法，层层深入地辨析了中国与西方文化观念和取向的差异，指出了对待西方文化的正确态度。阅读时，首先梳理每个段落的主要内容，弄清作者是从哪些方面比较中西方文化的，从而把握中西方文化的特点。其次，分析作者比较中西方文化时的方式，理解这样处理对阐述道理、表达观点的作用。

　　课文举例极具代表性，且表述简明概括，语言干净利落。阅读时，找出所举事例，弄懂这些事例与观点之间的内在关系，把握课文例证的特点。同时，结合对关键词句的分析、品味，体会课文的语言特点。

　　作者认为"一种健康的文化心态，应该是取人之长，补己之短"。那么，我们应该从西方文化中取哪些"长"补自己的哪些"短"，从而使我们的文化"更加丰富、更加健全"呢？

　　如果认为文化是一种资源，那么就有其潜在的"矿藏"。我们要在宏观的视野下考察不同民族文化的优点与缺点、长处与短处，并加以比较。那么，与西方相比，中国文化的"富矿"究竟在哪里呢？在比较文化研究的基础上，我们认识到，西方文化在感性与理性的两极最为发达：在感性一极，表现为体育活动；在理性一极，表现为科学活动。与之相反，中国文化在感性和理性的两极都不发达，而发达的是感性和理性之间相互交融、彼此渗透的艺术和工艺。

　　作为感性生命的极度表现，西方人的体育事业不仅为了锻炼身体，也不仅为了弘扬国威，而且是对人类感性生命力的探究，是一种肉体的沉醉。因此，凡是能够考验人类感性生命极限的地方，西方人都会设立比赛项目。他们不仅可以攀登绝壁、潜入海底，可以进行别出心裁的悬崖跳水和危险异常的汽车大赛，而且可以进行并不美妙的"健美比赛"和有害无益的"赛吃运动"。这些在我们看来似乎有些不可理解，然而，唯其如此，人类的感性生命才可能在奥林匹克传统中显得富有生机。作为理性生命的极度表现，西方人的科

---

①　选自2006年第1期《天津社会科学》。有改动。

学事业不仅是为了发展生产，不仅是为了改善生活，而且是对人类理性生命力的探究，是一种精神的沉醉。因此，凡是能够考验人类理性生命极限的地方，西方人都可以进行科学实践。他们不仅可以陷入玄思，可以进行体系的构建，可以探讨肉眼看不见的微观世界和肉体接触不到的外层空间，而且可以在"波①"与"粒②"之间发现某种超乎经验的现象、在"时"与"空"之间构造一些有悖于常理的学说。这些在我们看来有些不可思议，然而，唯其如此，人类的理性生命才可能在改造物质世界过程中显得这样强大。

如果说西方文化的"富矿"存在于感性与理性两极，因而体育与科学特别发达，那么其弱点恰恰在感性与理性的中间地带，因而艺术与工艺不够发达。西方人也有琳琅满目的艺术精品，但在很大程度上，西方式的艺术常常被科学化或体育化了。以"模仿说③"为理论根据，古代的西方人常常以对现实生活的反映与认识作为艺术活动的终极目的，将艺术作为理性行为的载体，因而，从解剖学的角度来研究雕塑，从透视学的角度来研究绘画，从几何学的角度来研究园林，从历史学的角度来研究小说。结果是研究来研究去，唯独忘却了艺术本身的审美目的。以"宣泄说④"为理论根据，现代的西方人又往往借助艺术行为来发泄被压抑的情感和潜意识，将艺术作为感性情欲的躯壳，因而创造了歇斯底里的霹雳舞、声嘶力竭的摇滚乐，还有那些以情爱、警匪为内容，以追车、枪战为模式，不惜调动高科技手段，并通过大量的惊险动作和破坏性镜头来刺激人们的感官、满足人们的欲望的好莱坞大片。这些作品虽然能够像体育运动一样，起到刺激人们的生理感官、满足人们的肉体欲望的目的，但多少失去了审美情感的独特魅力。

与西方文化的"矿脉⑤"分布刚好相反，中国文化中的感性与理性两极均不发达，因而传统的体育与科学发育不良。在感性生命方面，中国文化中有一种知足常乐、能忍自安、不为人先、不耻人后的观念。这种蔑视竞争意识、压抑冒险热情的思想，不仅不利于竞技性体育事业的开展，而且使我们缺乏西方民族那种能动地变革现实生活的感性冲动，缺乏那种将自我放在自然的对立面上、以人的血肉之躯与之抗衡的勇气，缺乏求新的渴望与冒险的热情，陶醉在所谓"宁静以致远""以不变应万变"的格言之中。这种文化资源不可能酿造出奥林匹克式的体育传统，而只能派生出延年益寿的气功与吐纳导引的太极。

---

① ［波］物理学上指振动在介质中的传播过程，是能量的一种传递形式。

② ［粒］即"粒子"，是指能够以自由状态存在的最小物质组成部分。

③ ［模仿说］这里是对艺术起源的一种说法。认为艺术是对现实的模仿，并因其是对现实本质规律的模仿而比现实更真实、更理想。

④ ［宣泄说］认为艺术要表现个人的主观理想，抒发强烈的个人感情。

⑤ ［矿脉］以板状或其他不规则形状充填在岩石裂缝中的矿体。

在理性生命方面，中国文化中有一种知行合一①、经世致用②的精神。这种只注重实践而忽视思辨的传统，虽然有助于防止我们的民族陷入宗教神秘主义的精神误区，但同时限制了我们知识构造的自由空间和对未知世界的探索热情。古代中国人可以通过反复测算而为圆周率的π值找到一个相当准确的数据，却不可能建立一种欧几里得③式的几何学体系；古代中国人可以通过反复实践建造起天坛祈年殿④式的精美建筑，但却不可能建立一种牛顿式的力学体系。中国人丝毫也不比他人愚钝，然而理性的翅膀一旦绑上实用的铅砣，就难以高飞远举了。

如果说中国文化的弱点存在于感性与理性两极，因而其体育与科学均不够发达，那么，其"富矿"恰恰处在感性与理性之间的交融地带，因而其艺术与工艺特别发达。说中国是一个艺术和工艺的国度，不仅是由于我们的古人为我们留下了先秦的诗经和楚辞、汉代的辞赋、六朝的骈文、唐之诗、宋之词、元之曲、明清时代的小说这些纯艺术的上乘佳作，也不仅是由于我们的祖先为我们留下了仰韶的彩陶、良渚的玉器、殷商的青铜、汉代的石像、唐代的三彩、宋代的泥塑、元代的青花、明代的园林、清代的宫殿这些泛艺术的工艺精品，而且是由于我们古人的思维方式和行为方式本身就浸泡在艺术之中。就在西方的经院哲学⑤家们通过逻辑或数学的手段来揭示宇宙乃至上帝的奥秘时，自隋唐开始的科举制度却要将写诗和作文看成是每一个国家官吏所应具备的必要的素养。因此，与西方不同，中国古代的知识分子不必躲在幽暗阴森的教堂里去研究天文历算，却必须以琴、棋、书、画来修养身心。儒家以忠孝安邦、以礼乐治国的传统，自然会把文章提到"经国之大业，不朽之盛事⑥"的高度；道家"乘物以游心⑦"的处世哲学更容易让人们以艺术的态度来对待全部生活。

因此，正像西方的艺术与工艺会受到体育与科学的影响一样，中国的体育与科学反而会受到艺术与工艺的制约。在感性方面，中国人的体育活动不像西方那样，以宣泄肉体的感

---

① ［知行合一］明代学者王守仁提出的主张，即认识事物的道理与在现实中运用此道理是密不可分的。

② ［经世致用］指学问须有益于国事。

③ ［欧几里得（约前330—约前275）］古希腊数学家，著有《几何原本》。

④ ［天坛祈年殿］天坛，明清帝王莫祈天地和祈祷丰年的建筑，位于北京市东南。祈年殿为其中主要建筑物，模式为三重檐的圆形大殿，建立在三层汉白玉台基之上，顶部为蓝色琉璃瓦，是我国珍贵的木建筑物之一。

⑤ ［经院哲学］欧洲中世纪时在经院中教授的一种为宗教神学服务的思辨哲学，因教授的教师和学者被称为经院学者（经师），故取名经院哲学。

⑥ ［经国之大业，不朽之盛事］出自曹丕《典论·论文》。经国，治国。不朽之盛事，因为文章是属于立言范畴，所以不朽。古人认为"立德、立功、立言"为"三不朽"。

⑦ ［乘物以游心］出自庄子的《人间世》。顺应自然使心智自由遨游。乘物，顺应外界事物。

性生命力为能事，而是感性中有理性，肉体中有精神。这一切，都使得中国的体育活动在很大程度上被艺术化了。例如，西方式的拳击是一种感性能力的直接较量，而中国式的武术则不仅要打得准、打得狠，而且要打得漂亮，即要在花拳绣腿之中获得一种美的享受。时至今日，中国在国际体育比赛中的强项也大都具有艺术的成分，像体操、跳水、花样滑冰之类，而在像足球那样强调肉体对抗性质的体育比赛中，却常常表现出文化上的缺陷。在理性方面，中国人的科学活动也不像西方那样，以穷尽理性思辨为能事，而是强调感性与理性的统一，经验与思辨的结合，从而在很大程度上被工艺化了。仔细分析，中国人引以为自豪的"四大发明"也无一不具有工艺的成分，而非纯粹的理论科学。所有这一切，都说明中国与西方文化各有各的特点，各有各的长处。

自鸦片战争以来，不少人认为，船坚炮利的西方科学比我们先进，因而在其他方面也一定比我们发达。因此，我们不仅在科学上要向西方学习，在艺术上也要向西方靠拢。上述的文化勘察使我们认识到，任何一种民族的文化都是一个复杂的系统结构，其内在的诸元素之间有着一种自组织、自协调的关系，并通过这种组织和协调来满足其基本需求。因此，我们不应以偏概全地将某种文化中的单一元素视为衡量文化的唯一尺度，更不能不加分析地用一种文化来统摄和取代另一种文化。也许有人会说，历史证明，唯有科学才是一个民族兴旺发达的关键要素，而工艺和艺术则属于有之不多、无之不少的雕虫小技。在科学技术是第一生产力的今天，如果我们不把主要精力用于开发具有实际用途的科学知识，而仍然沉溺于审美文化的民族传统，其结果是有害无益的。其实，稍加分析便可以看出，上述貌似正确的观点是不能成立的。我们当然承认科学技术的重要作用，也毫不否认向西方文化学习的必要性。但是，从原则上讲，西方文化固然有其强项，亦有其弱项；中国文化固然有其短处，亦有其长处。一种健康的文化心态，应该是取人之长，补己之短，从而使之更加丰富、更加健全。

练习与思考

一、课文的题目就是论题，揭示了论述的范围。阅读课文，将题目省略的部分补充完整。

二、把两个或两类事物做比较，明确两者的相同点和不同点，有助于人们认识事物的本质。本文在论证中使用了比较的方法。请研读相关段落，说说作者是怎样通过比较将道理阐述清楚的。

三、第一册教材中的《东方与西方的科学》和本文分别从不同角度论述了东西方文明对话的意义。比较阅读两篇课文，谈谈你对两篇课文观点的看法，并说说两篇课文在论述方面的异同。

四、本单元5篇课文皆以说理为主，强调运用辩证的观点，运用多种说理方法多角度思考和辨析问题，能透过现象看本质。仔细阅读本单元课文，完成下列任务。

1. 本单元课文大都采用了举例的方法说理，而《反对党八股》（节选）《读〈伊索寓言〉》《贵在一个"新"字——略谈独立思考》又都运用了比喻的方法说理。试分别从课文中找出典型例子，体会举例和比喻的方法在论述观点上的作用。

2. 辩证分析是提高思辨力量的重要手法。《漫话清高》点明了"清高"在市场经济社会中的价值和意义，《中国与西方的文化资源》辩证分析了中西方文化的长短优劣。阅读课文，说说课文是如何进行辩证分析的，对我们写作议论文有什么启示。

3. 本单元课文都具有极强的现实针对性，能从现象中发现本质问题，提出理性的观点。学习本单元课文多角度思考和辩证分析问题的方式，针对现实生活中的某一种现象、某一个问题，提出自己的看法，写一篇不少于600字的议论文。

表达与交流

口语交际

即席发言

【情境】

　　活动课上，班级正在举办"爱我神州"即席发言活动。发言者个个激情满怀，尽情讴歌伟大祖国五千年的辉煌历史，然而发言同学几乎无一不谈及雄伟的万里长城、领先世界的四大发明等。起初，同学们兴致盎然。然而，随着时间的推移，千篇一律的发言，让同学们感到了些许疲劳和厌倦。

　　此时，老师要求你上台发言，你该如何从雷同的题材中挖掘新意，发表自己独到的见解？

【案例】

亲爱的老师、同学：

　　大家好！

　　前面的同学对我们伟大祖国悠久的文明史、雄伟壮观的长城和给世界文明带来飞跃发展的四大发明进行了充分的赞美。这些辉煌的历史和文化的确令人自豪，让我们感到祖国的神圣和伟大。是的，我们的祖先，曾是何等荣耀！我们的祖国，曾是怎样的富裕、强大！但是我们又清楚地知道，这一切终归是祖先的，是祖先的骄傲！我们，后世的中国人，绝无权利在祖先的功劳簿上沾沾自喜，大吹大擂！古话说，好汉不提当年勇。现在的我们，时刻不能忘记的是我们自己肩上的重任！（掌声）祖国，只有在我们的辛勤劳动中，在我们粗糙的大手中，变得强大、富裕，才尽了我们的责任！因此，我们可以赞美，也可以自豪，但我们更应该牢记祖国曾经受过的屈辱，将"爱我神州"的心愿落实于行动。从今天起，让我们树立理想，开阔视野，取长补短，迎头赶上，再创辉煌！（热烈的掌声）

解析：

这是一则在班级活动中的即席发言案例。这则即席发言有三个特点。一是主题集中，观点新颖独到。发言者并没有像其他同学一样一味地夸赞祖国，而是紧紧围绕"爱我神州"这个主题，提出了要通过自己的努力让祖国变得强大的独到见解，令人印象深刻。二是感情热烈、真挚，言辞之间不仅有对祖国悠久文明史的自豪，也有对祖国饱受屈辱的心痛，还有为祖国发奋努力的豪情，以及对祖国美好未来的期望。三是条理清晰，语言流畅。发言者先是总结了同学们的发言，然后在此基础上提出了自己的观点。整个发言一气呵成，自然流畅。

【相关知识】

即席发言，又称即席讲话，是指在一定场合临时应邀或者自发地随机讲话。一般事先没有做充分的材料和心理准备，现场发挥的成分较多。也就是说，即境而发是即兴发言最主要的特点。

即席发言是一种常用的口头表达方式。学会即席发言，可以在宴席、集会或者其他某个特定的场合沉着应对，阐述观点，发表见解，展示自我风采。

即席发言要做到以下几点。

一、确立中心，巧妙构思

即席发言准备时间很短，所以思维要敏捷，必须迅速确定说什么，怎么说。首先要确定发言的中心，明确自己的观点和态度。即席发言的主题要与特定的场合或者组织者特定的要求相吻合。要针对眼前的情况有感而发，有鲜明的针对性。其次，要进行快速、巧妙地构思，迅速在大脑中形成发言提纲，想清楚先说什么，再说什么。要特别注意开头和结尾的构思。开头应引人入胜，可以根据当时的情景，选取自己熟悉的话题作为开场白。结尾则要强化发言的主要内容，不应冗长拖沓，要在适当的时候戛然而止。

二、掌握分寸，简明扼要

即席发言要看场合，看对象，也就是要注意讲话时的现实环境，比如时间、地点、人物和背景。不要信口开河，不说空洞无物的话，不对人评头论足，不自我吹嘘，不散播消极的思想。要选择能表现中心的素材，充实讲话的内容。同时语言表达要清晰流畅，尽量长话短说，同时克服口头禅。

三、灵活应变，新颖独到

即席发言没有事先精心准备的讲话稿，善于临场发挥是特别重要的。讲话者要善于捕捉时机，乘兴发挥，借以渲染气氛，使讲话横生妙趣。虽身在现场，但先要从思想上站在圈外，纵观全局，细察情势。若先说，就要先声夺人；后讲，也要后发制人，道别人之未道，方显独到。如"案例"中的发言者，在大家感到"些许疲劳和厌倦"的时候，从另一个角度切入，激发了大家的自豪之情，更强调了国人肩上的重任，赢得了老师、同学情感上的共鸣。

即席发言还要注意：一是克服紧张心理。即席发言具有临场性特点，很多人在讲话前都会紧张，要克服紧张感，平时就应该加强当众说话的训练，有意锻炼和培养胆量。一旦上场发言，就应该充满自信，临场不乱。二是注意讲话时的礼仪。讲话者要大方自然，音量适中，抑扬顿挫，还要适当地使用体态语言，增强讲话的感染力。三是注重积累。只有学识丰富，才能在短暂的时间内从脑海中找到生动贴切的材料和恰当的词汇，使即兴讲话充满魅力。四是要大胆与不同的人接触。通过与别人对话训练自己讲话时的思维方式，提高讲话技巧。只有这样才能在即席发言时做到条理清晰、要言不烦。

【口语实践】

一、从中等职业学校毕业前，学校安排成尧到一家旅行社实习。第一次带团去黄山游玩，成尧非常激动，因为自己对黄山的美景向往已久。呼吸着清新的空气，成尧一边为游客们引路，一边饱含深情地为大家讲解沿途的美景。到了山顶，成尧让大家围坐一起享受午餐。累极了的游客们拿出携带的食物，互相分发，气氛很热烈。没过一会儿，垃圾伴随着说笑声被丢得满地都是，几个孩子甚至将食物作为追逐打闹的武器。看到这情形，成尧很不舒服，立即出言让大家打扫卫生，可是，只有几个人把身边的垃圾捡了起来，其他人却无动于衷。下面是成尧对大家讲的话，阅读成尧的讲话并修改内容，以使游客们能听从成尧的建议。

各位游客，安静！安静！大家不能破坏环境！我们来黄山游玩，却不讲卫生，那我们的素质就太低了！请带孩子的游客管好自己的孩子，不要浪费食物！请大家赶紧将垃圾捡起来放进垃圾桶！拜托了！

二、在2019年省技能大赛中，孟妮所在的学校获得了5枚金牌、9枚银牌和8枚铜牌。孟妮第一次参加省级大赛就取得了高职组第一名的好成绩，实现了学校在省级职业学校技能大赛中该项目金牌"零"的突破。今天，学校召开技能大赛总结表彰大会，为孟妮等选手颁发奖状和奖金。应同学们的要求，校长决定请孟妮代表所有选手做一个即席发言。

此情此景，孟妮会说些什么呢？请为孟妮写一份即席发言稿，并与同学一起模拟即席发言。

写 作

现代文 论据：为观点提供有力的支撑

【案例】

谈 意 气

意气，是李白"仰天长啸出门去，我辈岂是蓬蒿人"的高歌；意气，是杜甫"致君尧舜上，再使风俗淳"的肺腑之言；意气，是毛泽东"数风流人物，还看今朝"的壮怀……

人要有意气，有自己的意志和气概，要意气风发。人不能没有意气，就像傲视苍穹的红杉不能没有坚固的根基，芳香四溢的鲜花不能没有给予它自信的阳光。

人有意气，才能有豁达的胸襟。"惟江上之清风，与山间之明月，耳得之而为声，目遇之而成色"，苏子有意气，虽遭官场与文场一齐泼来的污水，但他仍意气风发，"侣鱼虾而友麋鹿"，心胸豁达可见一斑。"安能摧眉折腰事权贵，使我不得开心颜"，遭人诽谤的李白，被玄宗赐金放还，虽有昭昭若明星之德、日月齐辉之才，终化为泡影，但他仍意气风发，"举杯邀明月，对影成三人"，酒入愁肠，七分酿成月亮，三分化为剑气，绣口一吐便是半个盛唐。若无意气，他怎会有如此豁达的胸襟？

人有意气，才能千古留名、流芳百世，才能在国家危难之时挺身而出。几百年的风风雨雨，涤荡了风波亭的点点残血；几百年的潮起潮落，淹没了零丁洋里的声声叹息；几百年的猎猎西风，拂走了牧羊的老者；几百年的漫漫黄沙，淹没了西域路上的声声驼铃……然而，岳武穆的满腔热血、文天祥的一颗丹心、苏武的一根竹杖、张骞的十几年牢狱之苦早已载入史册，成为民族的精神瑰宝。若无意气，他们怎会有如此壮行？

人有意气，才能摧不垮、压不倒，追求不泯，意志不衰。还记得舞台上那尊慈祥博爱的千手观音吗？邰丽华，虽是聋哑人，但她有意气，手臂练得青肿了，脚底磨出血泡了，她始终坚持练习。最终，她用手指勾勒了人性的美好，用舞姿诠释了内心的感觉，感动中国，感动你我。若无意气，她怎会从不幸的低谷达到艺术的巅峰？

意气，是成就人生所必需的。然而，现实生活中缺乏意气之人委实不少，他们在温柔富贵乡中麻木了神经，在歌舞升平中平息了壮志，在灯红酒绿中丧失了人性……凡此种种，我们要坚决反对，坚决打击，为构建社会主义和谐社会扫清道路。

人，要有意气，要意气风发。

解析：

本文以充分的论据为自己的观点提供了有力的支撑。作者在提出中心论点"人要有意气，有自己的意志和气概，要意气风发"后，将其分解为三个分论点，并以真实、典型、充分的论据进行了有力的阐述。在论述"人有意气，才能有豁达的胸襟"时，以诗文引出苏轼、李白事迹，充盈着浓厚的文化色彩。在论述"人有意气，才能千古留名、流芳百世，才能在国家危难之时挺身而出"时，以排比句式表述诸多事实，论据典型而充分。在论述"人有意气，才能摧不垮、压不倒，追求不泯，意志不衰"时，以整散结合的语句阐述了邰丽华的精神世界，事例新颖又富有启发性。论述时，作者抓住论点的内涵，叙议一体，体现了论据与论点的高度统一，也显示了作者较强的归纳、取舍和提炼的能力。

【相关知识】

论据是用来证明观点的材料和依据。在议论文中，鲜明地表达观点之后，还必须以充分的论据为观点提供有力的支撑。论据与观点是证明与被证明的关系，两者在逻辑上始终保持着一致。论据是立论的根据，其作用是为了证明观点，增强说服力。

论据可分为事实论据和理论论据。事实论据是对客观事物的真实的描述和概括，包括典型的事例、概括性的事实、统计的数据、亲身经历，等等。理论论据是指那些来源于实践，并且已被长期实践证明和检验，被断定为正确的观点，包括经典性的著作、权威性的言论（如名人名言等）、客观规律、科学原理、民间的谚语和俗语，等等。

为观点提供有力的支撑，必须选择真实、典型的论据。真实，就是合乎事实，准确无误；典型，就是在逻辑上能够证明观点，并且有一定的代表性。《贵在一个"新"字——略谈独立思考》中，作者以笛卡尔的言论和事例为据，有力地证明了独立思考要有质疑精神这一观点；在论述积累的重要作用时，运用王充、爱因斯坦、鲁迅等名人读书的实例，增强了观点的说服力。

丰富的论据可以有力地支撑作者的观点。《贵在一个"新"字——略谈独立思考》中，列举了"历史上许多有贡献的人物"独立思考的事实和言论，有力地阐述了"要创新，就必须善于独立思考"的观点。《漫话清高》中既有"许由洗耳"等正面的论据，也有诸葛亮、汲黯、苏武等反面的论据。

在真实、典型、充分的基础上，如能注意论据的新颖性，则更会启人深思，增强说理效果。《谈意气》中，作者联系实际，以邰丽华的事例，证明分论点"人有意气，才能摧不垮，压不倒，追求不泯，意志不衰"，不仅增强了说服力，还给人耳目一新之感。

要为观点提供有力的支撑，还要注意论据的表达，尤其是事实论据的表达。写作议论文时，常常出现以叙代议、论据与观点相脱节等问题。要解决这些问题，就必须围绕观点的内涵来选择和阐述论据。首先要分析观点和论据的内涵，确保两者内在的一致性；然后再围绕观点的内涵陈述论据，变叙述为夹叙夹议，在分析、阐述中揭示出论据与观点之间的内在联系。

论据来自我们的生活积累和阅读积累。我们既要善于从占有的材料中发现能够证明观点的论据，又要善于对相关材料进行归纳、取舍和提炼。阐述多个事实论据时，要紧扣观点，提炼论据的共同点，进行概括性的阐述。句式可相对一致，以增强论证的气势。

【写作实践】

一、阅读下面的语段，从备选的名著中选择和概括出一个相关的事例，为语段补写一个论据。

人生在世，要有面对苦难的意志和勇气。一个人只有敢于并勇于承受磨难，才能锻炼出无坚不克的意志和勇气，才能启迪智慧、丰富生命。孟子的"天将降大任于斯人也，必先苦其心志，劳其筋骨，饿其体肤……"说的也是这个意思。《老人与海》中圣地亚哥为了带回自己捕获的一条大鱼，与鲨鱼、与自然、与自己的心灵搏斗，无畏的勇气和坚强的意志为他赢得了做人的尊严。＿＿＿。

备选名著：《钢铁是怎样炼成的》《鲁滨孙漂流记》《西游记》。

二、下面提供了8则材料，根据这些材料，提炼一个中心论点，写一篇议论文。要求：不少于600字，至少使用3个提供的论据。

1. 明代李时珍，发现以前药物书中有很多错误，立志要编写一部药物书籍。他走了上万里路，用了30多年，终于写成了划时代的医药巨著——《本草纲目》。

2. 人最宝贵的是生命。生命对于每个人只有一次。一个人的生命应当这样度过：回

首往事的时候，他不会因为虚度年华而悔恨，也不会因为碌碌无为而羞耻。（奥斯特洛夫斯基）

3. 志当存高远。（诸葛亮）

4. 鸟最要紧的是翅膀，人最要紧的是理想。（谚语）

5. 明代著名地理学家徐霞客，年轻时便立下"探奇于名山大川"的宏愿。后来多次遇险，几乎丧命，但他始终没有畏惧，最终给人留下了有重大学术价值的《徐霞客游记》。

6. 老当益壮，宁移白首之心；穷且益坚，不坠青云之志。（王勃）

7. 周恩来上小学时回答校长为什么读书：为中华之崛起而读书。

8. 瑞典化学家诺贝尔为了发明炸药，整整4年，做了几百次实验，终于成功。

第七单元

把握命运

哲学家培根说："一个人的命运主要掌握在自己手中。"

我们无法左右天气，却可以改变心情。

我们无法改变出身，却可以砥砺人格。

我们无法决定生命的长度，却可以拓展其宽度。

大文豪雨果说："当命运递给我一个酸的柠檬时，让我们设法把它制成甜的柠檬汁。"

酸楚命运，有时无法逃避。社会的动荡、历史的转折、家庭的纷争、亲情的缺失，剧中人物说尽无数酸楚之事，让我们感动唏嘘。

酸中酿甜，才叫把握命运。明确目标，坚持梦想，不怕失败，命运的钥匙握在我们自己手中，让我们努力拼搏。

命运需要自己掌握，行动需要自己决定。

让我们走进戏剧世界，感悟剧中人物不同的命运。

单元导语

本单元安排了5篇中外话剧剧本。

学习本单元，我们要坚定命运掌握在自己手中的人生态度；要学习阅读与欣赏剧本的基本方法，还要学习写作计划的方法，和在一定场合进行应聘的技巧。

戏剧，是一种综合性的舞台表演艺术。剧本是戏剧演出的脚本，由人物语言（台词）和舞台说明组成。

欣赏剧本，首先要欣赏戏剧冲突，即欣赏剧本中展示的人物之间、人物自身以及人与环境的矛盾冲突。要在完整把握戏剧情节的基础上，抓住主要矛盾冲突，分析冲突形成的原因，理解冲突的性质。其次，欣赏人物语言。一方面要揣摩人物心理与思想感情，体会言外之意；另一方面要从人物对话中体会人物之间或隐或显的碰撞、交锋，分析人物语言是如何推动情节发展的。最后，欣赏人物形象。一要关注人物的主要性格特征；二要顺着戏剧冲突发展的线索，厘清人物性格发展变化的心路历程。

《雷雨》是中国现代话剧的经典作品。课文节选的第二幕，巧妙地将周、鲁两家30年来的爱恨情仇浓缩于发生在周家客厅的故事之中，矛盾冲突激烈，语言简练含蓄，人物形象鲜明。《茶馆》是中国话剧史上的"扛鼎之作"。课文节选的第二幕，犹如一幅徐徐展开的卷轴画，展示了社会动荡时期性格各异的人物，情节的衔接与穿插极其巧妙。《哈姆莱特》是体现欧洲文艺复兴时期人文精神的代表作品。节选的部分是全剧的高潮，围绕"比剑"这一生死决斗展开的情节悬念迭生、扣人心弦。人物内心世界复杂、细腻。独幕剧《三块钱国币》围绕该不该赔偿一只打碎的花瓶展开故事，反映了当时社会不公平、不合理的现象，情节更加集中，矛盾冲突的展开也更为迅速。《有一种毒药》（节选）巧妙地将理想与现实的矛盾融于一个家庭平常却不平淡的故事中，启人深思。

戏如人生。当我们被剧作中或悲或喜的人物故事感动，我们也会从人物独特的命运中获得启示，汲取积极的、进步的力量。

阅读与欣赏

二十六　雷雨（节选）^①

曹　禺

课文导读

　　《雷雨》是中国现代话剧的经典作品，共四幕。课文节选的是第二幕，作者巧妙地将周、鲁两家30年来的爱恨情仇浓缩于一个闷热的夏天午后发生在周家客厅的故事之中，矛盾冲突激烈，语言简练含蓄，人物形象鲜明。

　　阅读时，首先要通读全文，了解人物之间的关系，梳理剧情，厘清剧中的矛盾冲突。其次，品读人物语言，结合人物的命运和特定的语境，揣摩人物语言丰富的潜台词，体会人物情感，把握人物性格，分析人物语言是如何有力推动剧情发展的。最后，探究主要矛盾冲突的缘由及实质，从而领会课文主题深刻的社会意义。

　　课文讲述了一个延续30年的故事，一个两代人陷落其中的悲剧故事。30年前为什么相爱的人要痛苦分手？30年后为什么亲人相逢却不肯也不能相认？你认为，这些矛盾可以避免吗？

　　〔午饭后，天气更阴沉，更郁热。低沉潮湿的空气，使人异常烦躁。……

---

①　选自《曹禺全集》第二卷（中国戏剧出版社1998年版）。曹禺（1910—1996），原籍湖北潜江，生于天津市。剧作家。《雷雨》创作于20世纪30年代，写了周、鲁两家8个人物由于血缘纠葛和命运巧合造成的矛盾冲突。与课文相关的情节是：某煤矿董事长周朴园，年轻时爱上女仆梅侍萍，并且有了两个儿子。后来，为了和一个门当户对的阔小姐结婚，周家在年三十晚上赶走侍萍，强迫留下长子（剧中人物周萍），让侍萍带走刚刚出生3天且病得奄奄一息的次子（剧中人物鲁大海）。侍萍走投无路，跳河自尽，幸而被救，从此流落他乡。后来，侍萍嫁给鲁贵，又生女儿四凤。冲突发生前，侍萍在济南某校当佣人，鲁贵在周家当差，四凤做周家的使女，鲁大海在周家矿上当工人。一天，侍萍从济南来看望女儿，被周朴园续娶的繁漪叫到周公馆，发现这家的主人就是周朴园。这时，作为工人代表的鲁大海也恰好来找周朴园谈判。课文就是从这里开始的。

周朴园　（点着一支吕宋烟①，看见桌上的雨衣，向侍萍）这是太太找出来的雨衣么？

鲁侍萍　（看着他）大概是的。

周朴园　不对，不对，这都是新的。我要我的旧雨衣，你回头跟太太说。

鲁侍萍　嗯。

周朴园　（看她不走）你不知道这间房子底下人不准随便进来么？

鲁侍萍　不知道，老爷。

周朴园　你是新来的下人？

鲁侍萍　不是的，我找我的女儿来的。

周朴园　你的女儿？

鲁侍萍　四凤是我的女儿。

周朴园　那你走错屋子了。

鲁侍萍　哦。——老爷没有事了？

周朴园　（指窗）窗户谁叫打开的？

鲁侍萍　哦。（很自然地走到窗前，关上窗户，慢慢地走向中门）

周朴园　（看她关好窗门，忽然觉得她很奇怪）你站一站。（侍萍停）你——你贵姓？

鲁侍萍　我姓鲁。

周朴园　姓鲁。你的口音不像北方人。

鲁侍萍　对了，我不是，我是江苏的。

周朴园　你好像有点无锡口音。

鲁侍萍　我自小就在无锡长大的。

周朴园　（沉思）无锡？嗯，无锡，（忽而）你在无锡是什么时候？

鲁侍萍　光绪二十年，离现在有三十多年了。

周朴园　哦，三十年前你在无锡？

鲁侍萍　是的，三十多年前，那时候我记得我们还没有用洋火呢。

周朴园　（沉思）三十多年前，是的，很远啦，我想想，我大概是二十多岁的时候。那时候我还在无锡呢。

鲁侍萍　老爷是那个地方的人？

周朴园　嗯，（沉吟）无锡是个好地方。

鲁侍萍　哦，好地方。

---

① ［吕宋烟］雪茄烟，因菲律宾吕宋岛所产的质地优良而得名。

周朴园　你三十年前在无锡么?

鲁侍萍　是,老爷。

周朴园　三十年前,在无锡有一件很出名的事情——

鲁侍萍　哦。

周朴园　你知道么?

鲁侍萍　也许记得,不知道老爷说的是哪一件?

周朴园　哦,很远了,提起来大家都忘了。

鲁侍萍　说不定,也许记得的。

周朴园　我问过许多那个时候到过无锡的人,我也派人到无锡打听过。可是那个时候在无锡的人,到现在不是老了就是死了。活着的多半是不知道的,或者忘了。不过也许你会知道。三十年前在无锡有一家姓梅的。

鲁侍萍　姓梅的?

周朴园　梅家的一个年轻小姐,很贤惠,也很规矩。有一天夜里,忽然地投水死了。后来,后来,——你知道么?

鲁侍萍　不敢说。

周朴园　哦。

鲁侍萍　我倒认识一个年轻的姑娘姓梅的。

周朴园　哦? 你说说看。

鲁侍萍　可是她不是小姐,她也不贤惠,并且听说是不大规矩的。

周朴园　也许,也许你弄错了,不过你不妨说说看。

鲁侍萍　这个梅姑娘倒是有一天晚上跳的河,可是不是一个,她手里抱着一个刚生下三天的男孩。听人说她生前是不规矩的。

周朴园　(苦痛)哦!

鲁侍萍　她是个下等人,不很守本分的。听说她跟那时周公馆的少爷有点不清白,生了两个儿子。生了第二个,才过三天,忽然周少爷不要她了。大孩子就放在周公馆,刚生的孩子她抱在怀里,在年三十夜里投河死的。

周朴园　(汗涔涔①地)哦。

鲁侍萍　她不是小姐,她是无锡周公馆梅妈的女儿,她叫侍萍。

周朴园　(抬起头来)你姓什么?

———————————

① 〔汗涔(cén)涔〕汗水不断流下。

鲁侍萍　我姓鲁，老爷。

周朴园　（喘出一口气，沉思地）侍萍，侍萍，对了。这个女孩子的尸首，说是有一个穷人见着埋了。你可以打听到她的坟在哪儿么？

鲁侍萍　老爷问这些闲事干什么？

周朴园　这个人跟我们有点亲戚。

鲁侍萍　亲戚？

周朴园　嗯，——我们想把她的坟墓修一修。

鲁侍萍　哦，——那用不着了。

周朴园　怎么？

鲁侍萍　这个人现在还活着。

周朴园　（惊愕）什么？

鲁侍萍　她没有死。

周朴园　她还在？不会吧？我看见她河边上的衣服，里面有她的绝命书。

鲁侍萍　她又被人救活了。

周朴园　哦，救活啦？

鲁侍萍　以后无锡的人是没见着她，以为她那夜晚死了。

周朴园　那么，她呢？

鲁侍萍　一个人在外乡活着。

周朴园　那个小孩呢？

鲁侍萍　也活着。

周朴园　（忽然立起）你是谁？

鲁侍萍　我是这儿四凤的妈，老爷。

周朴园　哦。

鲁侍萍　她现在老了，嫁给一个下等人，又生了个女孩，境况很不好。

周朴园　你知道她现在在哪儿？

鲁侍萍　我前几天还见着她！

周朴园　什么？她就在这儿？此地？

鲁侍萍　嗯，就在此地。

周朴园　哦！

鲁侍萍　老爷，您想见一见她么？

周朴园　（连忙）不，不，不用。

鲁侍萍　她的命很苦。离开了周家，周家少爷就娶了一位有钱有门第的小姐。她一个单身人，无亲无故，带着一个孩子在外乡，什么事都做：讨饭，缝衣服，当老妈子，在学校里伺候人。

周朴园　她为什么不再找到周家？

鲁侍萍　大概她是不愿意吧。为着她自己的孩子，她嫁过两次。

周朴园　嗯，以后她又嫁过两次？

鲁侍萍　嗯，都是很下等的人。她遇人都很不如意，老爷想帮一帮她么？

周朴园　好，你先下去吧。

鲁侍萍　老爷，没有事了？（望着朴园。泪要涌出。）

周朴园　啊，你顺便去告诉四凤，叫她把我樟木箱子里那件旧雨衣拿出来，顺便把那箱子里的几件旧衬衣也拣出来。

鲁侍萍　旧衬衣？

周朴园　你告诉她在我那顶老的箱子里，纺绸的衬衣，没有领子的。

鲁侍萍　老爷那种绸衬衣不是一共有五件？您要哪一件？

周朴园　要哪一件？

鲁侍萍　不是有一件，在右袖襟上有个烧破的窟窿，后来用丝线绣成一朵梅花补上的？还有一件，——

周朴园　（惊愕）梅花？

鲁侍萍　旁边还绣着一个萍字。

周朴园　（徐徐立起）哦，你，你，你是——

鲁侍萍　我是从前伺候过老爷的下人。

周朴园　哦，侍萍！（低声）是你？

鲁侍萍　你自然想不到，侍萍的相貌有一天也会老得连你都不认识了。

〔周朴园不觉地望望柜上的相片，又望侍萍。半晌。

周朴园　（忽然严厉地）你来干什么？

鲁侍萍　不是我要来的。

周朴园　谁指使你来的？

鲁侍萍　（悲愤）命，不公平的命指使我来的！

周朴园　（冷冷地）三十年的工夫你还是找到这儿来了。

鲁侍萍　（怨愤）我没有找你，我没有找你，我以为你早死了。我今天没想到到这儿来，这是天要我在这儿又碰见你。

周朴园　你可以冷静点。现在你我都是有子女的人。如果你觉得心里有委屈，这么大年纪，我们先可以不必哭哭啼啼的。

鲁侍萍　哼，我的眼泪早哭干了，我没有委屈，我有的是恨，是悔，是三十年一天一天我自己受的苦。你大概已经忘了你做的事了！三十年前，年三十的晚上我生下你的第二个儿子才三天，你为了要赶紧娶那位有钱有门第的小姐，你们逼着我冒着大雪出去，要我离开你们周家的门。

周朴园　从前的旧恩怨，过了几十年，又何必再提呢？

鲁侍萍　那是因为周大少爷一帆风顺，现在也是社会上的好人物。可是自从我被你们家赶出来以后，我没有死成，我可把我的母亲给气死了，我亲生的两个孩子你们家里逼着我留在你们家里。

周朴园　你的第二个孩子你不是已经抱走了么？

鲁侍萍　那是你们老太太看着孩子快死了，才叫我带走的。（自语）哦，天哪，我觉得我像在做梦。

周朴园　我看过去的事不必再提了吧。

鲁侍萍　我要提，我要提，我闷了三十年了！你结了婚，就搬了家，我以为这一辈子也见不着你了；谁知道我自己的孩子偏偏要跑到周家来，又做我从前在你们家里做过的事。

周朴园　怪不得四凤这样像你。

鲁侍萍　我伺候你，我的孩子再伺候你生的少爷们。这是我的报应，我的报应。

周朴园　你静一静。把脑子放清醒点。你不要以为我的心是死了，你以为一个人做了一件于心不忍的事就会忘了么？你看这些家具都是你从前顶喜欢的东西，多少年我总是留着，为着纪念你。

鲁侍萍　（低头）哦。

周朴园　你的生日——四月十八——每年我总记得。一切都照着你是正式嫁过周家的人看，甚至于你因为生萍儿，受了病，总要关窗户，这些习惯我都保留着，为的是不忘你，弥补我的罪过。

鲁侍萍　（叹一口气）现在我们都是上了年纪的人，这些话请你也不必说了。

周朴园　那更好了。那么我们可以明明白白地谈一谈。

鲁侍萍　不过我觉得没有什么可谈的。

周朴园　话很多。我看你的性情好像没有大改，——鲁贵像是个很不老实的人。

鲁侍萍　你不要怕。他永远不会知道的。

周朴园　那双方面都好。再有，我要问你的，你自己带走的儿子在哪儿？

鲁侍萍　他在你的矿上做工。

周朴园　我问，他现在在哪儿？

鲁侍萍　就在门房等着见你呢。

周朴园　什么？鲁大海？他！我的儿子？

鲁侍萍　就是他！他跟你现在完完全全是两样的人。

周朴园　（冷笑）这么说，我自己的骨肉在矿上鼓动罢工，反对我！

鲁侍萍　你不要以为他还会认你做父亲。

周朴园　（忽然）好！痛痛快快的！你现在要多少钱吧！

鲁侍萍　什么？

周朴园　留着你养老。

鲁侍萍　（苦笑）哼，你还以为我是故意来敲诈你，才来的么？

周朴园　也好，我们暂且不提这一层。那么，我先说我的意思。你听着，鲁贵我现在要辞退的，四凤也要回家。不过——

鲁侍萍　你不要怕，你以为我会用这种关系来敲诈你么？你放心，我不会的。大后天我就带着四凤回到我原来的地方。这是一场梦，这地方我绝对不会再住下去。

周朴园　好得很，那么一切路费、用费，都归我担负。

鲁侍萍　什么？

周朴园　这于我的心也安一点。

鲁侍萍　你？（笑）三十年我一个人都过了，现在我反而要你的钱？

周朴园　好，好，好，那么，你现在要什么？

鲁侍萍　（停一停）我，我要点东西。

周朴园　什么？说吧。

鲁侍萍　（泪满眼）我——我——我只要见见我的萍儿。

周朴园　你想见他？

鲁侍萍　嗯，他在哪儿？

周朴园　他现在在楼上陪着他的母亲看病。我叫他，他就可以下来见你。不过是——（顿）他很大了，——（顿）并且他以为他母亲早就死了的。

鲁侍萍　哦，你以为我会哭哭啼啼地叫他认母亲么？我不会那样傻的。我明白他的地位、他的教育，不容他承认这样的母亲。这些年我也学乖了，我只想看看他，他究竟是我生的孩子。你不要怕，我就是告诉他，白白地增加他的烦恼，他也是不愿意认我的。

周朴园　那么，我们就这样解决了。我叫他下来，你看一看他，以后鲁家的人永远不许再到周家来。

鲁侍萍　好，我希望这一生不要再见你。

周朴园　（由衣内取出支票，签好）很好，这是一张五千块钱的支票，你可以先拿去用，算是弥补我一点罪过。

〔侍萍接过支票，把它撕了。

周朴园　侍萍。

鲁侍萍　我这些年的苦不是你拿钱算得清的。

周朴园　可是你——

〔外面争吵声。鲁大海的声音："让开，我要进去。"三四个男仆声："不成，不成，老爷睡觉呢。"

周朴园　（走至中门）来人！（仆人由中门进）谁在吵？

仆　人　就是那个工人鲁大海！他不讲理，非见老爷不可。

周朴园　哦。（沉吟）那你就叫他进来吧。等一等，叫人到楼上请大少爷下来，我有话问他。

仆　人　是，老爷。（由中门下）

周朴园　（向侍萍）侍萍，你不要太固执。这一点钱你不收下，将来你会后悔的。

〔侍萍望着周朴园，一句话也不说。

〔仆人领大海进。大海站在左边，三四个仆人立一旁。

鲁大海　（见侍萍）妈，您还在这儿？

周朴园　（打量大海）你叫什么名字？

鲁大海　你不要同我摆架子，难道你不知道我是谁么？

周朴园　我只知道你是罢工闹得最凶的工人代表。

鲁大海　对了，一点儿也不错，所以才来拜望拜望你。

周朴园　你有什么事吗？

鲁大海　董事长当然知道我是为什么来的。

周朴园　（摇头）我不知道。

鲁大海　我们老远从矿上来，今天我又在你府上门房里从早上六点钟一直等到现在，我就是要问问董事长，对于我们工人的条件，究竟是答应不答应？

周朴园　哦，——那么，那三个代表呢？

鲁大海　我跟你说吧，他们现在正在联络旁的工会呢。

周朴园　哦，——他们没有告诉你旁的事情么？

鲁大海　告诉不告诉于你没有关系。——我问你，你的意思，忽而软，忽而硬，究竟是怎么回事？

　　　　〔周萍由饭厅上，见有人，想退回。

周朴园　（看周萍）不要走，萍儿。（望了一下侍萍）

周　萍　是，爸爸。

周朴园　（指身侧）你站在这儿，（向大海）你这么只凭意气是不能交涉事情的。

鲁大海　哼，你们的手段，我都明白。你们这样拖延时候，不过是想花钱收买少数不要脸的败类，暂时把我们骗在这儿。

周朴园　你的见地也不是没有道理。

鲁大海　可是你完全错了。我们这次罢工是团结的，有组织的，我们代表这次来，并不是来求你们。你听清楚，不求你们。你们答应就答应；不答应，我们一直罢工到底，我们知道你们不到两个月整个地就要关门的。

周朴园　你以为你们那些代表们，那些领袖们都可靠么？

鲁大海　至少比你们只认识洋钱的结合要可靠得多。

周朴园　那么我给你一件东西看。

　　　　〔周朴园在桌上找电报，仆人递给他；此时周冲偷偷由左书房进，在旁谛听。

周朴园　（给大海电报）这是昨天从矿上来的电报。

鲁大海　（拿过去读）什么？他们又上工了。（放下电报）不会。

周朴园　矿上的工人已经在昨天早上复工，你当代表的反而不知道么？

鲁大海　（怒）怎么矿上警察开枪打死三十个工人就白打了么？（笑起来）哼，这是假的。你们自己假作的电报来离间我们的。你们这种卑鄙无赖的行为！

周　萍　（忍不住）你是谁？敢在这儿胡说？

周朴园　没有你的话！（低声向大海）你就这样相信你那同来的几个代表么？

鲁大海　你不用多说，我明白你这些话的用意。

周朴园　好，那我把那复工的合同给你瞧瞧。

鲁大海　（笑）你不要骗小孩子，复工的合同没有我们代表的签字是不生效力的。

周朴园　合同！

〔仆人进书房把合同拿给周朴园。

周朴园　你看，这是他们三个人签字的合同。

鲁大海　（看合同）什么？（慢慢地）他们三个人签了字？（伸手去拿，想仔细看一看）他们不告诉我，自己就签了字了？

周朴园　（顺手抽过来）对了，傻小子，没有经验只会胡喊是不成的。

鲁大海　那三个代表呢？

周朴园　昨天晚车就回去了。

鲁大海　（如梦初醒）这三个没有骨头的东西！他们把矿上的工人们卖了。哼，你们这些不要脸的董事长，你们的钱这次又灵了。

周　萍　（怒）你混账！

周朴园　不许多说话。（回头向大海）鲁大海，你现在没有资格跟我说话——矿上已经把你开除了。

鲁大海　开除了！？

周　冲　爸爸，这是不公平的。

周朴园　（向周冲）你少多嘴，出去！

〔周冲愤然由中门下。

鲁大海　哦，好，好，（切齿）你的手段我早明白，只要你能弄钱，你什么都做得出来。你叫警察杀了矿上许多工人，你还——

周朴园　你胡说！

鲁侍萍　（至大海前）走吧，别说了。

鲁大海　哼，你的来历我都知道，你从前在哈尔滨包修江桥，故意叫江堤出险，——

周朴园　（厉声）下去！

仆人们　（拉大海）走！走！

鲁大海　你故意淹死了两千二百个小工，每一个小工的性命你扣三百块钱！姓周的，你发的是绝子绝孙的昧心财！你现在还——

周　萍　（冲向大海，打了他两个嘴巴）你这种混账东西！

〔大海还手，被仆人们拉住。

周　萍　打他！

鲁大海　（向周萍）你！

〔仆人们一齐打大海。大海流了血。

周朴园　（厉声）不要打人！

〔仆人们住手，仍拉住大海。

鲁大海 （挣扎）放开我，你们这一群强盗！

周　萍 （向仆人们）把他拉下去！

鲁侍萍 （大哭）这真是一群强盗！（走至周萍面前）你是萍，……凭——凭什么打我
　　　　的儿子？

周　萍 你是谁？

鲁侍萍 我是你的——你打的这个人的妈。

鲁大海 妈，别理这东西，小心吃了他们的亏。

鲁侍萍 （呆呆地望着周萍的脸，又哭起来）大海，走吧，我们走吧！
　　　　〔大海为仆人们拥下，侍萍随下。

练习与思考

一、戏剧冲突，最常见的是剧中人物之间的矛盾冲突。课文中的主要矛盾冲突及冲突双方的矛盾焦点是什么？试结合课文内容简要分析。

二、剧本中的人物语言常常有丰富的潜台词，即在字面意义之外还有一种深层次的意义或言外之意。阅读下列文字，结合人物的遭遇及特定的情境，揣摩画线语句的潜台词以及人物表现出来的性格。

1. 周朴园 （忽然严厉地）你来干什么？

　　鲁侍萍 不是我要来的。

　　周朴园 谁指使你来的？

　　鲁侍萍 （悲愤）命，不公平的命指使我来的！

　　周朴园 （冷冷地）三十年的工夫你还是找到这儿来了。

2. 鲁侍萍 （叹一口气）现在我们都是上了年纪的人，这些话请你也不必说了。

　　周朴园 那更好了。那么我们可以明明白白地谈一谈。

　　鲁侍萍 不过我觉得没有什么可谈的。

周朴园　话很多。我看你的性情好像没有大改，——鲁贵像是个很不老实的人。

鲁侍萍　你不要怕。他永远不会知道的。

3.　鲁侍萍　（大哭）这真是一群强盗！（走至周萍面前）你是萍，……凭——凭什么打我的儿子？

周　萍　你是谁？

鲁侍萍　我是你的——你打的这个人的妈。

三、第二幕的幕前提示里说："午饭后，天气更阴沉，更郁热。低沉潮湿的空气，使人异常烦躁。"这对于剧情发展有什么作用？剧作又为何题名为"雷雨"？

四、周朴园对侍萍的怀念之情到底是真是假，人们一直有不同看法。结合课文内容，谈谈你的看法。

二十七 茶馆（节选）①

老 舍

课文导读

《茶馆》是中国话剧史上的"扛鼎之作"。全剧共3幕，依次截取清代末年、民国初年和抗战胜利后3个时期的横断面，通过裕泰茶馆由盛而衰的变迁，以及在茶馆中活动的各种各样人物的生活变迁，反映了前后近半个世纪的社会风貌。

课文节选的是第二幕，写的是民国初年军阀混战时期的社会生活。这一幕出场的人物有30多个，但人物没有明显的主次之分；每个人都有一个自己的故事，每个故事都很单一，没有统一的情节。阅读时，首先要梳理茶馆里出现了哪些人物，他们进行了什么活动，思考作者是如何将不同人物的活动巧妙地衔接起来的。其次，想一想每个人的故事汇在一起，反映了什么样的社会现实，这样的人物和情节安排具有怎样的特点，对表现主题有怎样的作用。最后，品味人物语言，透过语言的表层含义理解其中蕴涵的深层意义，体会人物性格及命运与时代的关系。

作者曾说："一个大茶馆，就是一个小社会。"学习本文，你认为剧中的"大茶馆"及其折射出的"小社会"，面临着怎样的命运？

人 物 王淑芬、报童、康顺子、李三、常四爷、康大力、王利发、松二爷、老

---

① 选自《老舍文集》第11卷（人民文学出版社1980年版）。老舍（1899—1966），北京人，满族。作家。《茶馆》共三幕，各写一个时代。第一幕：戊戌变法失败，裕泰茶馆开始营业，三三两两的旗人，走进茶馆来歇腿、喝茶。有两位茶客唱着京戏，另外几个围着桌子观赏瓦罐中的蟋蟀。茶馆中到处贴着"莫谈国事"的纸条。可是年轻力壮、为人正直的常四爷偏要谈谈国事，因一句"大清国要完"，被特务吴祥子和宋恩子抓进了监狱。相面骗人的唐铁嘴来讨碗茶喝。说媒拉纤的刘麻子要把康六15岁的女儿康顺子卖给70多岁的庞太监当老婆。主张实业救国的秦仲义决心办工厂，搞维新。顽固派代表庞太监则杀气腾腾地说："圣旨下来，谭嗣同问斩！告诉您，谁敢改祖宗的章程，谁就掉脑袋！"第三幕：抗日战争胜利，国民党特务和美国兵在北京横行。裕泰茶馆"莫谈国事"的纸条写得更多，字也写得更大。康妈妈商量去西山找康大力，由小刘麻子介绍来当女招待的小丁宝，也走进茶馆与老掌柜攀谈。小刘麻子向小唐铁嘴炫耀着他那一套拐骗妇女的缺德计划。被国民党党部雇用的打手小二德子跑到茶馆来抓人。庞四奶奶则来恐吓王利发，让他交出康顺子。包办满汉全席的有名厨师被迫到监狱去蒸窝头，出名的评书艺人一次挣不上三个杂合面饼子钱，常四爷的生活更加艰苦，秦仲义的工厂被抢走，王利发的茶馆也将被人霸占。王利发失去生活的信心，让儿子、儿媳、孙女都跟着康妈妈到西山去逃命。常四爷、秦仲义相继到茶馆，找阔别多年的老掌柜谈心。他们互诉不幸，含着眼泪为自己撒起了纸钱。

林、难民数人、宋恩子、老陈、巡警、吴祥子、崔久峰、押大令的兵七人、公寓住客二三人、军官、唐铁嘴、刘麻子、大兵三五人。

时　间　与前幕相隔十余年，现在是袁世凯死后，帝国主义指使中国军阀进行割据，时时发动内战的时候。初夏，上午。

地　点　同前幕。

〔幕启：北京城内的大茶馆已相继关了门。"裕泰"是硕果仅存的一家了，可是为避免被淘汰，它已改变了样子与作风。现在，它的前部仍然卖茶，后部却改成了公寓。前部只卖茶和瓜子什么的；"烂肉面"等已成为历史名词。厨房挪到后边去，专包公寓住客的伙食。茶座也大加改良：一律是小桌与藤椅，桌上铺着浅绿桌布。墙上的"醉八仙"大画，连财神龛，均已撤去，代以时装美人——外国香烟公司的广告画。"莫谈国事"的纸条可是保存了下来，而且字写得更大。王利发真像个"圣之时者也"，不但没使"裕泰"灭亡，而且使它有了新的发展。

〔因为修理门面，茶馆停了几天营业，预备明天开张。王淑芬正和李三忙着布置，把桌椅移了又移，摆了又摆，以期尽善尽美。

〔王淑芬梳时行的圆髻，而李三却还带着小辫儿。

〔二三学生由后面来，与他们打招呼，出去。

王淑芬　（看李三的辫子碍事）三爷，咱们的茶馆改了良，你的小辫儿也该剪了吧？

李　三　改良！改良！越改越凉，冰凉！

王淑芬　也不能那么说！三爷你看，听说西直门的德泰、北新桥的广泰、鼓楼前的天泰，这些大茶馆全先后脚儿关了门！只有咱们裕泰还开着，为什么？不是因为栓子的爸爸懂得改良吗？

李　三　哼！皇上没啦，总算大改良吧？可是改来改去，袁世凯还是要做皇上。袁世凯死后，天下大乱，今儿个打炮，明儿个关城，改良？哼！我还留着我的小辫儿，万一把皇上改回来呢！

王淑芬　别顽固啦，三爷！人家给咱们改了民国，咱们还能不随着走吗？你看，咱们这么一收拾，不比以前干净、好看？专招待文明人，不更体面？可是，你要还带着小辫儿，看着多么不顺眼哪！

李　三　太太，你觉得不顺眼，我还不顺心呢！

王淑芬　哟，你不顺心？怎么？

李　三　你还不明白？前面茶馆，后面公寓，全仗着掌柜的跟我两个人，无论怎么说，也忙不过来呀！

王淑芬　前面的事归他，后面的事不是还有我帮助你吗？

李　三　就算有你帮助，打扫二十来间屋子，侍候二十多人的伙食，还要沏茶灌水，买东西送信，问问你自己，受得了受不了！

王淑芬　三爷，你说的对！可是呀，这兵荒马乱的年月，能有个事儿做也就得念佛！咱们都得忍着点！

李　三　我干不了！天天睡四五个钟头的觉，谁也不是铁打的！

王淑芬　唉！三爷，这年月谁也舒服不了！你等着，大栓子暑假就高小毕业，二栓子也快长起来，他们一有用处，咱们可就清闲点啦。从老王掌柜在世的时候，你就帮助我们，老朋友、老伙计啦！

〔王利发老气横秋地从后面进来。

李　三　老伙计？二十多年了，他们可给我长过工钱？什么都改良，为什么工钱不跟着改良呢？

王利发　哟！你这是什么话呀！咱们的买卖要是越做越好，我能不给你长工钱吗？得了，明天咱们开张，取个吉利，先别吵嘴，就这么办吧！All right？

李　三　就这么办啦？不改我的良，我干不下去啦！

〔后面叫："李三！李三！"

王利发　崔先生叫，你快去！咱们的事，有工夫再细研究！

李　三　哼！

王淑芬　我说，昨天就关了城门，今儿个还说不定关不关，三爷，这里的事交给掌柜的，你去买点菜吧！别的不说，咸菜总得买下点呀！

〔后面又叫："李三！李三！"

李　三　对，后边叫，前边催，把我劈成两半儿好不好！（愤愤地往后走）

王利发　栓子的妈，他岁数大了点，你可得……

王淑芬　他抱怨了大半天了！可是抱怨的对！当着他，我不便直说；对你，我可得说实话：咱们得添人！

王利发　添人得给工钱，咱们赚得出来吗？我要是会干别的，可是还开茶馆，我是孙子！

〔远处隐隐有炮声。

王利发　听听，又他妈的开炮了！你闹，闹！明天开得了张才怪！这是怎么说的！

王淑芬　明白人别说糊涂话，开炮是我闹的？

王利发　别再瞎扯，干活儿去！嘿！

王淑芬　早晚不是累死，就得叫炮轰死，我看透了！（慢慢地往后边走）

王利发　（温和了些）栓子的妈，甭害怕，开过多少回炮，一回也没打死咱们，北京城是宝地！

王淑芬　心哪，老跳到嗓子眼里，宝地！我给三爷拿菜钱去。（下）

〔一群男女难民在门外央告。

难　民　掌柜的，行行好，可怜可怜吧！

王利发　走吧，我这儿不打发，还没开张！

难　民　可怜可怜吧！我们都是逃难的！

王利发　别耽误工夫！我自己还顾不了自己呢！

〔巡警上。

巡　警　走！滚！快着！

〔难民散去。

王利发　怎么样啊？六爷！又打得紧吗？

巡　警　紧！紧得厉害！仗打得不紧，怎能够有这么多难民呢！上面交派下来，你出八十斤大饼，十二点交齐！城里的兵带着干粮，才能出去打仗啊！

王利发　您圣明，我这儿现在光包后面的伙食，不再卖饭，也还没开张，别说八十斤大饼，一斤也交不出啊！

巡　警　你有你的理由，我有我的命令，你瞧着办吧！（要走）

王利发　您等等！我这儿千真万确还没开张，这您知道！开张以后，还得多麻烦您呢！得啦，您买包茶叶喝吧！（递钞票）您多给美言几句，我感恩不尽！

巡　警　（接票子）我给你说说看，行不行可不保准！

〔三五个大兵，军装破烂，都背着枪，闯进门口。

巡　警　老总们，我这儿正查户口呢，这儿还没开张！

大　兵　屄！

巡　警　王掌柜，孝敬老总们点茶钱，请他们到别处喝去吧！

王利发　老总们，实在对不起，还没开张，要不然，诸位住在这儿，一定欢迎！（递钞票给巡警）

巡　警　（转递给兵们）得啦，老总们多原谅，他实在没法招待诸位！

大　兵　屄！谁要钞票？要现大洋！

王利发　老总们，让我哪儿找现洋去呢？

大　兵　屌！揍他个小舅子！

巡　警　快！再添点！

王利发　（掏）老总们，我要是还有一块，请把房子烧了！（递钞票）

大　兵　屌！（接钱下，顺手拿走两块新桌布）

巡　警　得，我给你挡住了一场大祸！他们不走呀，你就全完，连一个茶碗也剩不下！

王利发　我永远忘不了您这点好处！

巡　警　可是为这点功劳，你不得另有份意思吗？

王利发　对！您圣明，我糊涂！可是，您搜我吧，真一个铜子儿也没有啦！（掀起褂子，让他搜）您搜！您搜！

巡　警　我干不过你！明天见，明天还不定是风是雨呢！（下）

王利发　您慢走！（看巡警走去，跺脚）他妈的！打仗，打仗！今天打，明天打，老打，打他妈的什么呢？

〔唐铁嘴进来，还是那么瘦，那么脏，可是穿着绸子夹袍。

唐铁嘴　王掌柜！我来给你道喜！

王利发　（还生着气）哟！唐先生？我可不再白送茶喝！（打量，有了笑容）你混得不错呀！穿上绸子啦！

唐铁嘴　比从前好了一点！我感谢这个年月！

王利发　这个年月还值得感谢！听着有点不搭调！

唐铁嘴　年头越乱，我的生意越好！这年月，谁活着谁死都碰运气，怎能不多算算命、相相面呢？你说对不对？

王利发　Yes，也有这么一说！

唐铁嘴　听说后面改了公寓，租给我一间屋子，好不好？

王利发　唐先生，你那点嗜好，在我这儿恐怕……

唐铁嘴　我已经不吃大烟了！

王利发　真的？你可真要发财了！

唐铁嘴　我改抽"白面儿"啦。（指墙上的香烟广告）你看，哈德门烟是又长又松，（掏出烟来表演）一顿就空出一大块，正好放"白面儿"。大英帝国的烟、日本的"白面儿"，两大强国侍候着我一个人，这点福气还小吗？

王利发　福气不小！不小！可是，我这儿已经住满了人，什么时候有了空房，我准给你留着！

唐铁嘴　你呀，看不起我，怕我给不了房租！

王利发　没有的事！都是久在街面上混的人，谁能看不起谁呢？这是知心话吧？

唐铁嘴　你的嘴呀比我的还花哨！

王利发　我可不光耍嘴皮子，我的心放得正！这十多年了，你白喝过我多少碗茶？你
　　　　自己算算！你现在混得不错，你想着还我茶钱没有？

唐铁嘴　赶明儿我一总还给你，那一共才有几个钱呢！（搭讪着往外走）

　　　　〔街上卖报的喊叫："长辛店大战的新闻，买报瞧，瞧长辛店大战的新闻！"
　　　　报童向内探头。

报　童　掌柜的，长辛店大战的新闻，来一张瞧瞧？

王利发　有不打仗的新闻没有？

报　童　也许有，您自己找！

王利发　走！不瞧！

报　童　掌柜的，您不瞧也照样打仗！（对唐铁嘴）先生，您照顾照顾？

唐铁嘴　我不像他，（指王利发）我最关心国事！（拿了一张报，没给钱即走）

　　　　〔报童追唐铁嘴下。

王利发　（自言自语）长辛店！长辛店！离这里不远啦！（喊）三爷，三爷！你倒是抓
　　　　早儿买点菜去呀，待一会儿准关城门，就什么也买不到啦！嘿！
　　　　（听后面没人应声，含怒往后跑）
　　　　〔常四爷提着一串腌萝卜，两只鸡，走进来。

常四爷　王掌柜！

王利发　谁？哟，四爷！您干什么哪？

常四爷　我卖菜呢！自食其力，不含糊！今儿个城外头乱乱哄哄，买不到菜；东抓西
　　　　抓，抓到这么两只鸡，几斤老腌萝卜。听说你明天开张，也许用得着，特
　　　　意给你送来了！

王利发　我谢谢您！我这儿正没有辙呢！

常四爷　（四下里看）好啊！好啊！收拾得好啊！大茶馆全关了，就是你有心路，能
　　　　随机应变地改良！

王利发　别夸奖我啦！我尽力而为，可就怕天下老这么乱七八糟！

常四爷　像我这样的人算是坐不起这样的茶馆喽！

　　　　〔松二爷走进来，穿得很寒酸，可是还提着鸟笼。

松二爷　王掌柜！听说明天开张，我来道喜！（看见常四爷）哎哟！四爷，可想死

我喽！

常四爷　二哥！你好哇？

王利发　都坐下吧！

松二爷　王掌柜，你好？太太好？少爷好？生意好？

王利发　（一劲儿说）好！托福！（提起鸡与咸菜）四爷，多少钱？

常四爷　瞧着给，该给多少给多少！

王利发　对！我给你们弄壶茶来！（提物到后面去）

松二爷　四爷，你，你怎么样啊？

常四爷　卖青菜哪！铁杆庄稼没有啦，还不卖膀子力气吗？二爷，您怎么样啊？

松二爷　怎么样？我想大哭一场！看见我这身衣裳没有？我还像个人吗？

常四爷　二哥，您能写能算，难道找不到点事儿做？

松二爷　嗻，谁愿意瞪着眼挨饿呢！可是，谁要咱们旗人呢！想起来呀，大清国不一
　　　　定好啊，可是到了民国，我挨了饿！

王利发　（端着一壶茶回来。给常四爷钱）不知道您花了多少，我就给这么点吧！

常四爷　（接钱，没看，揣在怀里）没关系！

王利发　二爷，（指鸟笼）还是黄鸟吧？哨得怎样？

松二爷　嗻，还是黄鸟！我饿着，也不能叫鸟儿饿着！（有了点精神）你看看，看看，
　　　　（打开罩子）多么体面！一看见它呀，我就舍不得死啦！

王利发　松二爷，不准说死！有那么一天，您还会走一步好运！

常四爷　二哥，走！找个地方喝两盅儿去！一醉解千愁！王掌柜，我可就不让你啦，
　　　　没有那么多的钱！

王利发　我也分不开身，就不陪了！

　　　　〔常四爷、松二爷正往外走，宋恩子和吴祥子进来。他们俩仍穿灰色大衫，
　　　　但袖口瘦了，而且罩上青布马褂。

松二爷　（看清楚是他们，不由得上前请安）原来是你们二位爷！

　　　　〔王利发似乎受了松二爷的感染，也请安，弄得二人愣住了。

宋恩子　这是怎么啦？民国好几年了，怎么还请安？你们不会鞠躬吗？

松二爷　我看见您二位的灰大褂呀，就想起了前清的事儿！不能不请安！

王利发　我也那样！我觉得请安比鞠躬更过瘾！

吴祥子　哈哈哈哈！松二爷，你们的铁杆庄稼不行了，我们的灰色大褂反倒成了铁杆
　　　　庄稼，哈哈哈！（看见常四爷）这不是常四爷吗？

常四爷　是呀，您的眼力不错！戊戌年我就在这儿说了句"大清国要完"，叫您二位给抓了走，坐了一年多的牢！

宋恩子　您的记性可也不错！混得还好吧？

常四爷　托福！从牢里出来，不久就赶上庚子年；扶清灭洋，我当了义和团，跟洋人打了几仗！闹来闹去，大清国到底是亡了，该亡！我是旗人，可是我得说公道话！现在，每天起五更弄一挑子青菜，绕到十点来钟就卖光。凭力气挣饭吃，我的身上更有劲了！什么时候洋人敢再动兵，我姓常的还准备跟他们打打呢！我是旗人，旗人也是中国人哪！您二位怎么样？

吴祥子　瞎混呗！有皇上的时候，我们给皇上效力；有袁大总统的时候，我们给袁大总统效力；现而今，宋恩子，该怎么说啦？

宋恩子　谁给饭吃，咱们给谁效力！

常四爷　要是洋人给饭吃呢？

松二爷　四爷，咱们走吧！

吴祥子　告诉你，常四爷，要我们效力的都仗着洋人撑腰！没有洋枪洋炮，怎能够打起仗来呢？

松二爷　您说的对！嗐！四爷，走吧！

常四爷　再见吧，二位，盼着你们快快升官发财！（同松二爷下）

宋恩子　这小子！

王利发　（倒茶）常四爷老是那么又倔又硬，别计较他！（让茶）二位喝碗吧，刚沏好的。

宋恩子　后面住着的都是什么人？

王利发　多半是大学生，还有几位熟人。我有登记簿子，随时报告给"巡警阁子"。我拿来，二位看看？

吴祥子　我们不看簿子，看人！

王利发　您甭看，准保都是靠得住的人！

宋恩子　你为什么爱租学生们呢？学生不是什么老实家伙呀！

王利发　这年月，做官的今天上任，明天撤职；做买卖的今天开市，明天关门，都不可靠！只有学生有钱，能够按月交房租，没钱的就上不了大学啊！您看，是这么一笔账不是？

宋恩子　都叫你咂摸透了！你想的对！现在，连我们也欠饷啊！

吴祥子　是呀，所以非天天拿人不可，好得点津贴！

宋恩子　就仗着有错拿，没错放的，拿住人就有津贴！走吧，到后边看看去！

吴祥子　走！

王利发　二位，二位！您放心，准保没错儿！

宋恩子　不看，拿不到人，谁给我们津贴呢？

吴祥子　王掌柜不愿意咱们看，王掌柜必会给咱们想办法！咱们得给王掌柜留个面子！对吧？王掌柜！

王利发　我……

宋恩子　我出个不很高明的主意：干脆来个包月，每月一号，按阳历算，你把那点……

吴祥子　那点意思！

宋恩子　对，那点意思送到，你省事，我们也省事！

王利发　那点意思得多少呢？

吴祥子　多年的交情，你看着办！你聪明，还能把那点意思闹成不好意思吗？

李　三　（提着菜筐由后面出来）喝，二位爷！（请安）今儿个又得关城门吧！（没等回答，往外走）

〔二三学生匆匆地回来。

学　生　三爷，先别出去，街上抓伕呢！（往后面走去）

李　三　（还往外走）抓去也好，在哪儿也是当苦力！

〔刘麻子丢了魂似的跑来，和李三碰了个满怀。

李　三　怎么回事呀？吓掉了魂儿啦！

刘麻子　（喘着）别，别，别出去！我差点叫他们抓了去！

王利发　三爷，等一等吧！

李　三　午饭怎么开呢？

王利发　跟大家说一声，中午咸菜饭，没别的办法！晚上吃那两只鸡！

李　三　好吧！（往回走）

刘麻子　我的妈呀，吓死我啦！

宋恩子　你活着，也不过多买卖几个大姑娘！

刘麻子　有人卖，有人买，我不过在中间帮帮忙，能怪我吗？（把桌上的三个茶杯的茶先后喝净）

吴祥子　我可是告诉你，我们哥儿们从前清起就专办革命党，不大爱管贩卖人口、拐带妇女什么的臭事。可是你要叫我们碰见，我们也不再睁一眼闭一眼！还

	有，像你这样的人，弄进去，准锁在尿桶上！
刘麻子	二位爷，别那么说呀！我不是也快挨饿了吗？您看，以前，我走八旗老爷们、宫里太监们的门子。这么一革命啊，可苦了我啦！现在，人家总长次长、团长师长，要娶姨太太讲究要唱落子的坤角、戏班里的女名角，一花就三千五千现大洋！我干瞧着，摸不着门！我那点芝麻粒大的生意算得了什么呢！
宋恩子	你呀，非锁在尿桶上，不会说好的！
刘麻子	得啦，今天我孝敬不了二位，改天我必有一份儿人心！
吴祥子	你今天就有买卖，要不然，兵荒马乱的，你不会出来！
刘麻子	没有！没有！
宋恩子	你嘴里半句实话也没有！不对我们说真话，没有你的好处！王掌柜，我们出去绕绕，下月一号，按阳历算，别忘了！
王利发	我忘了姓什么，也忘不了您二位这回事！
吴祥子	一言为定啦！（同宋恩子下）
王利发	刘爷，茶喝够了吧？该出去活动活动啦！
刘麻子	你忙你的，我在这儿等两个朋友。
王利发	咱们可把话说开了，从今以后，你不能再在这儿做你的生意，这儿现在改了良，文明啦！
	〔康顺子提着个小包，带着康大力，往里边探头。
康大力	是这里吗？
康顺子	地方对呀，怎么改了样儿？（进来，细看，看见了刘麻子）大力，进来，是这儿！
康大力	找对啦？妈！
康顺子	没错儿！有他在这儿，不会错！
王利发	您找谁？
康顺子	（不语，直奔过刘麻子去）刘麻子，你还认识我吗？（要打，但是伸不出手去，一劲地颤抖）你，你，你个……（要骂，也感到困难）
刘麻子	你这个娘儿们，无缘无故地跟我捣什么乱呢？
康顺子	（挣扎）无缘无故？你，你看看我是谁？一个男子汉，干什么吃不了饭，偏干伤天害理的事！呸！呸！
王利发	这位大嫂，有话好好说！

康顺子 你是掌柜的？你忘了吗？十几年前，有个娶媳妇的太监？

王利发 您，您就是庞太监的那个……

康顺子 都是他（指刘麻子）做的好事，我今天跟他算算账！（又要打，仍未成功）

刘麻子 （躲）你敢！你敢！我好男不跟女斗！（随说随往后退）我，我找人来帮我说说理！（撒腿往后面跑）

王利发 （对康顺子）大嫂，你坐下，有话慢慢说！庞太监呢？

康顺子 （坐下喘气）死啦。叫他的侄子们给饿死的。一改民国呀，他还有钱，可没了势力，所以侄子们敢欺负他。他一死，他的侄子们把我们轰出来了，连一床被子都没给我们！

王利发 这，这是……？

康顺子 我的儿子！

王利发 您的……？

康顺子 也是买来的，给太监当儿子。

康大力 妈！你爸爸当初就在这儿卖了你的？

康顺子 对了，乖！就是这儿，一进这儿的门，我就晕过去了，我永远忘不了这个地方！

康大力 我可不记得我爸爸在哪里卖了我的！

康顺子 那时候，你不是才一岁吗！妈妈把你养大了的，你跟妈妈一条心，对不对？乖！

康大力 那个老东西，掐你，拧你，咬你，还用烟签子扎我，他们人多，咱们打不过他们！要不是你，妈，我准叫他们给打死了！

康顺子 对！他们人多，咱们又太老实！你看，看见刘麻子，我想咬他几口，可是，可是，连一个嘴巴也没打上，我伸不出手去！

康大力 妈，等我长大了，我帮助你打！我不知道亲妈妈是谁，你就是我的亲妈妈！

康顺子 好！好！咱们永远在一块儿，我去挣钱，你去念书！（稍愣了一会儿）掌柜的，当初我在这儿叫人买了去，咱们总算有缘，你能不能帮帮忙，给我找点事做？我饿死不要紧，可不能饿死这个无倚无靠的好孩子！

〔王淑芬出来，立在后边听着。

王利发 你会干什么呢？

康顺子 洗洗涮涮，缝缝补补，做家常饭，都会！我是乡下人，我能吃苦，只要不再做太监的老婆，什么苦处都是甜的！

王利发　要多少钱呢？

康顺子　有三顿饭吃，有个地方睡觉，够大力上学的，就行！

王利发　好吧，我慢慢给你打听着！你看，十多年前那回事，我到今天还没忘，想起来心里就不痛快！

康顺子　可是，现在我们母子上哪儿去呢？

王利发　回乡下找你的老父亲去！

康顺子　他？他是活是死，我不知道。就是活着，我也不能去找他！他对不起女儿，女儿也不必再叫他爸爸！

王利发　马上就找事，可不大容易！

王淑芬　（过来）她能洗能做，又不多要钱，我留下她了！

王利发　你？

王淑芬　难道我不是内掌柜的？难道我跟李三爷就该累死？

康顺子　掌柜的，试试我！看我不行，您说话，我走！

王淑芬　大嫂，跟我来！

康顺子　当初我是在这儿卖出去的，现在就拿这儿当作娘家吧！大力，来吧！

康大力　掌柜的，你要不打我呀，我会帮助妈妈干活儿！（同王淑芬、康顺子下）

王利发　好家伙，一添就是两张嘴！太监取消了，可把太监的家眷交到这里来了！

李　三　（掩护着刘麻子出来）快走吧！（回去）

王利发　就走吧，还等着真挨两个脆的吗？

刘麻子　我不是说过了吗，等两个朋友！

王利发　你呀，叫我说什么才好呢！

刘麻子　有什么法子呢！隔行如隔山！你老得开茶馆，我老得干我这一行！到什么时候，我也得干我这一行！

　　　　〔老林和老陈满面笑容地走进来。

刘麻子　（二人都比他年轻，他却称呼他们哥哥）林大哥，陈二哥！（看王不满意，赶紧说）王掌柜，这儿现在没有人，我借个光，下不为例！

王利发　她（指后边）可是还在这儿呢！

刘麻子　不要紧了，她不会打人！就是真打，他们二位也会帮助我！

王利发　你呀！哼！（到后边去）

刘麻子　坐下吧，谈谈！

老　林　你说吧！老二！

老　陈　你说吧！哥！

刘麻子　谁说不一样啊！

老　陈　你说吧，你是大哥！

老　林　那个，你看，我们俩是把兄弟！

老　陈　对！把兄弟，两个人穿一条裤子的交情！

老　林　他有几块现大洋！

刘麻子　现大洋？

老　陈　林大哥也有几块现大洋！

刘麻子　一共多少块呢？说个数目！

老　林　那，还不能告诉你咧！

老　陈　事儿能办才说咧！

刘麻子　有现大洋，没有办不了的事！

老　林
　　　真的？
老　陈

刘麻子　说假话是孙子！

老　林　那么，你说吧，老二！

老　陈　还是你说，哥！

老　林　你看，我们是两个人吧？

刘麻子　嗯！

老　陈　两个人穿一条裤子的交情吧？

刘麻子　嗯！

老　林　没人耻笑我们的交情吧？

刘麻子　交情嘛，没人耻笑！

老　陈　也没人耻笑三个人的交情吧？

刘麻子　三个人？都是谁？

老　林　还有个娘儿们！

刘麻子　嗯！嗯！嗯！我明白了！可是不好办，我没办过！你看，平常都说小两口儿，哪有小三口儿的呢！

老　林　不好办？

刘麻子　太不好办啦！

老　林　（问老陈）你看呢？

老　陈　还能白拉倒吗？

老　林　不能拉倒！当了十几年兵，连半个媳妇都娶不上！他妈的！

刘麻子　不能拉倒，咱们再想想！你们到底一共有多少块现大洋？

　　　　〔王利发和崔久峰由后面慢慢走来。刘麻子等停止谈话。

王利发　崔先生，昨天秦二爷派人来请您，您怎么不去呢？您这么有学问，上知天文，下知地理，又做过国会议员，可是住在我这里，天天念经；干嘛不出去做点事呢？您这样的好人，应当出去做官！有您这样的清官，我们小民才能过太平日子！

崔久峰　惭愧！惭愧！做过国会议员，那真是造孽呀！革命有什么用呢？不过自误误人而已！唉！现在我只能修持、忏悔！

王利发　您看秦二爷，他又办工厂，又忙着开银号！

崔久峰　办了工厂、银号又怎么样呢？他说实业救国，他救了谁？救了他自己！他越来越有钱了！可是他那点事业，哼，外国人伸出一个小指头，就把他推倒在地，再也起不来！

王利发　您别这么说呀！难道咱们就一点盼望也没有了吗？

崔久峰　难说！很难说！你看，今天王大帅打李大帅，明天赵大帅又打王大帅。是谁叫他们打的？

王利发　谁？哪个混蛋？

崔久峰　洋人！

王利发　洋人？我不能明白！

崔久峰　慢慢地你就明白了。有那么一天，你我都得做亡国奴！我干过革命，我的话不是随便说的！

王利发　那么，您就不想想主意，卖卖力气，别叫大家做亡国奴？

崔久峰　我年轻的时候，以天下为己任，的确那么想过！现在，我可看透了，中国非亡不可！

王利发　那也得死马当活马治呀！

崔久峰　死马当活马治？那是妄想！死马不能再活，活马可早晚得死！好啦，我到弘济寺去，秦二爷再派人来找我，你就说，我只会念经，不会干别的！（下）

　　　　〔宋恩子、吴祥子又回来了。

王利发　二位！有什么消息没有？

　　　　〔宋恩子、吴祥子不语，坐在靠近门口的地方，看着刘麻子等。

　　　　　〔刘麻子不知如何是好，低下头去。

　　　　　〔老陈、老林也不知如何是好，相视无言。

　　　　　〔静默了有一分钟。

老　陈　哥，走吧？

老　林　走!

宋恩子　等等!（立起来，挡住路）

老　陈　怎么啦？

吴祥子　（也立起）你说怎么啦？

　　　　　〔四人呆呆相视一会儿。

宋恩子　乖乖地跟我们走!

老　林　上哪儿？

吴祥子　逃兵，是吧？有些块现大洋，想在北京藏起来，是吧？有钱就藏起来，没钱
　　　　　就当土匪，是吧？

老　陈　你管得着吗？我一个人揍你这样的八个。（要打）

宋恩子　你？可惜你把枪卖了，是吧？没有枪的干不过有枪的，是吧？（拍了拍身上
　　　　　的枪）我一个人揍你这样的八个!

老　林　都是弟兄，何必呢？都是弟兄!

吴祥子　对啦! 坐下谈谈吧! 你们是要命呢？还是要现大洋？

老　陈　我们那点钱来得不容易! 谁发饷，我们给谁打仗，我们打过多少次仗啊!

宋恩子　逃兵的罪过，你们可也不是不知道!

老　林　咱们讲讲吧，谁叫咱们是弟兄呢!

吴祥子　这像句自己人的话! 谈谈吧!

王利发　（在门口）诸位，大令过来了!

老　陈
　　　　　啊!（惊慌失措，要往里边跑）
老　林

宋恩子　别动! 君子一言：把现大洋分给我们一半，保你们俩没事! 咱们是自己人!

老　陈
　　　　　就那么办! 自己人!
老　林

　　　　　〔"大令"进来：二捧刀——刀缠红布——背枪者前导，手捧令箭的在中，
　　　　　四持黑红棍者在后。军官在最后押队。

吴祥子　（和宋恩子、老林、老陈一齐立正，从帽中取出证章，军官看）报告官长，

我们正在这儿盘查一个逃兵。

军　官　就是他吗?（指刘麻子）

吴祥子　（指刘麻子）就是他!

军　官　绑!

刘麻子　（喊）老爷! 我不是! 不是!

军　官　绑!（同下）

吴祥子　（对宋）到后面抓两个学生!

宋恩子　走!（同往后疾走）

——幕落

练习与思考

一、戏剧艺术从某种程度上说是一种结构的艺术。课文节选部分人物众多，分散的人物、分散的情节却安排得环环相扣。阅读课文，用简洁的语言概括故事情节，并说说故事情节是怎样巧妙衔接与穿插的。

二、没有冲突就没有戏剧。课文节选部分虽然集中了形形色色的人物，但他们之间并不存在直接的、具体的、针锋相对的冲突，人物命运与茶馆的兴衰也没有直接关系。那么,《茶馆》的戏剧冲突是什么? 主题又是怎样体现的?

三、语言是剧本的基础。老舍一向重视通过对话描写人物，取得"话到人到"的艺术效果。品读下列对话，分析人物性格。

1. 李　三　老伙计? 二十多年了，他们可给我长过工钱? 什么都改良，为什么工钱不跟着改良呢?

王利发 哟！你这是什么话呀！咱们的买卖要是越做越好，我能不给你长工钱吗？得了，明天咱们开张，取个吉利，先别吵嘴，就这么办吧！All right?

李　三 就这么办啦？不改我的良，我干不下去啦！

2. 松二爷 四爷，你，你怎么样啊？

常四爷 卖青菜哪！铁杆庄稼没有啦，还不卖膀子力气吗？二爷，您怎么样啊？

松二爷 怎么样？我想大哭一场！看见我这身衣裳没有？我还像个人吗？

常四爷 二哥，您能写能算，难道找不到点事儿做？

松二爷 嗻，谁愿意瞪着眼挨饿呢！可是，谁要咱们旗人呢！想起来呀，大清国不一定好啊，可是到了民国，我挨了饿！

四、剧中写道：茶馆的墙上"'莫谈国事'的纸条可是保存了下来，而且字写得更大"。王利发为什么把纸条上"莫谈国事"的字写得越来越大？"国事"真的与他无关，也与茶馆中各色人等无关吗？为什么？

二十八 哈姆莱特（节选）①

[英] 莎士比亚

课文导读

　　莎士比亚的戏剧被公认是不可企及的艺术典范。《哈姆莱特》是他的代表作。剧作通过一个古老的宫廷仇杀的悲剧故事，深刻反映了那个时代的社会生活，塑造了一个代表当时进步的人文主义思想的艺术典型。

　　课文节选的第五幕第二场，写的是哈姆莱特和雷欧提斯比剑，这是全剧的高潮，也是结尾部分。课文情节紧张激烈，悬念迭生，扣人心弦，对人物内心的描写复杂、细腻。阅读时，首先要厘清主要人物之间的复杂关系和矛盾，看看这些矛盾是如何推动情节发展的。其次，细细体味比剑前和比剑中每个人的内心活动，体会作者是怎样表现人物的内心世界的。最后，诵读精彩的人物台词，品味动作化和个性化的人物语言。

　　哈姆莱特说："一个人的生命可以在说一个'一'字的一刹那之间了结。"生存还是毁灭？这句话从他的灵魂深处发出，也在我们每个人耳畔回响。那么，面对即将到来的与对手同归于尽的结局，哈姆莱特能否改变自己的命运？

第 五 幕

第二场　城堡中的厅堂

　　〔哈姆莱特及霍拉旭②上。

哈姆莱特　这事谈到这里为止，现在我可以让你知道另外一段事情。你还记得当初的一切经过情形③吗？

霍 拉 旭　记得，殿下！

---

① 选自《莎士比亚全集第六卷》（人民文学出版社1978年版）。朱生豪译。有改动。莎士比亚（1564—1616），欧洲文艺复兴时期英国伟大的诗人和戏剧家。《哈姆莱特》的主要情节是：克劳狄斯谋杀了老国王，夺取了王位并娶老国王之妻为妻。王子哈姆莱特为父报仇，误杀大臣波洛涅斯——情人奥菲莉娅的父亲。奥菲莉娅受到情人哈姆莱特"变心"和父亲被杀的双重打击后，精神恍惚，落水而亡。奥菲莉娅的哥哥雷欧提斯为给父亲和妹妹报仇，接受了国王克劳狄斯比剑的毒计。课文就是从这里开始的。

② ［霍拉旭］哈姆莱特的好友。

③ ［当初的一切经过情形］指哈姆莱特一路上被克劳狄斯的亲信吉尔登斯吞和罗森格兰兹监视着遣往英国一事。吉尔登斯吞和罗森格兰兹本来是哈姆莱特的儿时好友，被克劳狄斯收买，一直奉命刺探、监视哈姆莱特。

哈姆莱特　当时在我的心里有一种战争，使我不能睡眠。我觉得我的处境比戴了脚镣的叛徒还要难受。我就鲁莽行事。——结果倒鲁莽对了，我们应该承认，有时候一时孟浪①，往往反而可以作出一些为我们的深谋密虑所做不成功的事。从这一点上，我们可以看出来，无论我们怎样辛苦图谋，我们的结果却早已有一种冥冥中的力量把它布置好了。

霍拉旭　这是无可置疑的。

哈姆莱特　我从舱里起来，把一件航海的宽衣罩在我的身上，在黑暗之中摸索着找寻那封公文，果然给我达到目的，摸到了他们的包裹。我拿着它回到我自己的地方，害怕使我忘记了礼节，我大胆地拆开了他们的公文，在那里面，霍拉旭——啊，堂皇的诡计！——我发现一道严厉的命令，借了许多好听的理由为名，说是为了丹麦和英国双方的利益，绝不能让我这个险恶的人物逃脱，接到公文之后，必须不等磨好利斧，立即枭下我的首级。

霍拉旭　有这等事？

哈姆莱特　这一封就是原来的国书，你有空的时候可以仔细读一下。可是你愿意听我告诉你后来我怎么办了吗？

霍拉旭　请您告诉我。

哈姆莱特　我既然感觉到危机四伏，——我还没有向我的脑筋商量一段序幕，脑筋就把全戏安排好了。我坐下来另外写了一通国书，字迹清清楚楚。从前我曾经抱着跟我们那些政治家们同样的意见，认为字体端正是一件有失体面的事，总是想竭力忘记这一种技能，可是现在它却对我有了大大的用处。你知道我写些什么话吗？

霍拉旭　嗯，殿下。

哈姆莱特　我用国王的名义，向英王提出恳切的要求，因为英国是他忠心的藩属，因为两国之间的友谊，必须让它像棕榈树一样繁茂，因为和平的女神必须永远戴着她的荣冠，沟通彼此的情感，以及许许多多诸如此类的重要理由，请他在读完这一封信以后，不要有任何的迟延，立刻把那两个传书的来使处死，连忏悔的时间都不要准。

霍拉旭　可是国书上没有盖印，那怎么办呢？

哈姆莱特　啊，就在这件事上，也可以看出一切都是上天预先注定。我的衣袋里恰巧

---

① ［孟浪］鲁莽、草率。

藏着我父亲的私印，它跟丹麦的国玺是一个式样的。我把伪造的国书照着原来的样子折好，签上名字，盖上印玺，把它小心封好，归还原处，一点没有露出破绽。下一天就遇见了海盗，那以后的情形，你早已知道了。

霍　拉　旭　这样说来，吉尔登斯吞和罗森格兰兹是去送死的了。

哈姆莱特　哎，朋友，他们本来是自己钻求这件差使的，我在良心上没有对不起他们的地方，是他们自己的阿谀献媚断送了他们的生命。两个强敌猛烈争斗的时候，不自量力的微弱之辈，却去插身在他们的刀剑中间，这样的事情是最危险不过的。

霍　拉　旭　想不到竟是这样一个国王！

哈姆莱特　你想，我是不是应该——他杀死了我的父王，奸污了我的母亲，篡夺了我嗣位的权利，用这种诡计谋害我的生命，凭良心说我是不是应该亲手向他复仇雪恨？如果我不去剪除这一个戕害天性的蟊贼，让他继续为非作恶，岂不是该受天谴吗？

霍　拉　旭　他不久就会从英国得到消息，知道这一回事情产生了怎样的结果。

哈姆莱特　时间虽然很局促，可是我已经抓住眼前这一刻工夫。一个人的生命可以在说一个"一"字的一刹那之间了结。可是我很后悔，好霍拉旭，不该在雷欧提斯之前失去了自制。因为他所遭遇的惨痛，正是我自己的怨愤的影子。我要取得他的好感。可是他倘不是那样夸大他的悲哀，我也绝不会动起那么大的火性来的。

霍　拉　旭　不要作声！谁来了？

〔奥斯里克上。

奥斯里克　殿下，欢迎您回到丹麦来！

哈姆莱特　谢谢您，先生。（向霍拉旭旁白）你认识这只水苍蝇吗？

霍　拉　旭　（向哈姆莱特旁白）不，殿下。

哈姆莱特　向霍拉旭旁白）那是你的运气，因为认识他是一件丢脸的事。他有许多肥田美壤。一头畜生要是做了一群畜生的主子，就有资格把食槽搬到国王的席上来了。他"咯咯"叫起来简直没个完，可是——我方才也说了——他拥有大批粪土。

奥斯里克　殿下，您要是有空的话，我奉陛下之命，要来告诉您一件事情。

哈姆莱特　先生，我愿意恭聆大教。您的帽子是应该戴在头上的，您还是戴上去吧。

奥斯里克　谢谢殿下，天气真热。

哈姆莱特　不，相信我，天冷得很，在刮北风哩。

奥斯里克　真的有点儿冷，殿下。

哈姆莱特　可是对于像我这样的体质，我觉得这一种天气却是闷热得厉害。

奥斯里克　对了，殿下，真是说不出来的闷热。可是，殿下，陛下叫我来通知您一声，他已经在您身上下了一个很大的赌注。殿下，事情是这样的——

哈姆莱特　请您不要这样多礼。（促奥斯里克戴上帽子）

奥斯里克　不，殿下，我还是这样舒服些，真的。殿下，雷欧提斯新近到我们的宫廷里来。相信我，他是一位完美的绅士，充满着最卓越的特点，他的态度非常温雅，他的仪表非常英俊。说一句发自衷心的话，他是上流社会的指南针，因为在他身上可以找到一个绅士所应有的品质的总汇。

哈姆莱特　先生，他对于您这一番描写，的确可以当之无愧。虽然我知道，要是把他的好处一件一件列举出来，不但我们的记忆将要因此而淆乱，交不出一篇正确的账目来，而且他这一艘满帆的快船，也绝不是我们失舵之舟所能追及。可是，凭着真诚的赞美而言，我认为他是一个才德优异的人，他的高超的禀赋是那样稀有而罕见，说一句真心的话，除了在他的镜子里以外，再也找不到第二个跟他同样的人，纷纷追踪求迹之辈，不过是他的影子而已。

奥斯里克　殿下把他说得一点不错。

哈姆莱特　您的用意呢？为什么我们要用尘俗的呼吸，嘘在这位绅士的身上呢？

奥斯里克　殿下？

霍拉旭　自己所用的语言，到了别人嘴里，就听不懂了吗？先生，你有话直说了吧。

哈姆莱特　您向我提起这位绅士的名字，是什么意思？

奥斯里克　雷欧提斯吗？

霍拉旭　（向哈姆莱特旁白）他的钱袋已经空了，所有金子般的漂亮话都用尽了。

哈姆莱特　正是雷欧提斯。

奥斯里克　我知道您不是不明白——

哈姆莱特　您真能知道我这人不是不明白，那倒很好。可是，说老实话，即使你知道我是明白人，对我也不是什么光彩的事。好，您怎么说？

奥斯里克　我是说，您不是不明白雷欧提斯有些什么特长——

哈姆莱特　那我可不敢说，否则我要和他较量较量；可是要知道一个人的底细，应该先知道他自己。

奥斯里克　殿下，我的意思是说他的武艺，人家都称赞他的本领一时无两。

哈姆莱特　他会使些什么武器？

奥斯里克　长剑和短刀。

哈姆莱特　他会使这两种武器吗？很好。

奥斯里克　殿下，陛下已经用六匹巴巴里的骏马跟他打赌。在他的一方面，照我所知道的，押的是六柄法国的宝剑和好刀，连同一切鞘带钩子之类的附件，其中有三柄的悬链尤其珍奇可爱，跟剑柄配得非常合适，式样非常精致，花纹非常富丽。

哈姆莱特　您所说的悬链是什么东西？

霍拉旭　（向哈姆莱特旁白）我知道您要听懂他的话，非得翻查一下注解不可。

奥斯里克　殿下，悬链就是挂带。

哈姆莱特　要是我们腰间挂着大炮，用这个名词倒还合适。在那一天没有来到以前，我看还是就叫它挂带吧。好，说下去：六匹巴巴里骏马对六柄法国宝剑，附件在内，外加三个花纹富丽的悬链：法国产品对丹麦产品。可是，为什么要有这一番你所谓的"打赌"呢？

奥斯里克　殿下，陛下跟他打赌，要是你们两人交起手来，在十二个回合之中，他至多不过多赢您三招；可是他却觉得他可以稳赢九个回合。殿下要是答应的话，马上就可以试一试。

哈姆莱特　要是我答应个"不"字呢？

奥斯里克　殿下，我的意思是说，假如您答应跟他当面比较高低。

哈姆莱特　先生，我还要在这厅堂里散散步。您去回陛下说，现在倒正是我一天之中休息的时间。叫他们把比赛用的钝剑预备好了，要是这位绅士愿意，陛下也不改变他的意见的话，我愿意尽力为他博取一次胜利；如果失败，那我也不过丢了一次脸，受他几击罢了。

奥斯里克　我就照这样去回话吗？

哈姆莱特　您就照这个意思去说，随便您再加上一些什么新颖辞藻都行。

奥斯里克　我保证为殿下效劳。

哈姆莱特　不敢，不敢。（奥斯里克下）多亏他自己保证，别人谁也不会替他张口的。

霍拉旭　这一只小鸭子顶着壳儿逃走了。

哈姆莱特　他在母亲怀抱里的时候，也要先把他母亲的奶头恭维几句，然后吮吸。像他这一类靠着一些繁文缛节撑撑场面的家伙，正是愚妄的世人所醉心的；

他们的浅薄的牙慧使傻瓜和聪明人同样受他们的欺骗，可是一经试验，他们的水泡就爆破了。

〔一贵族上。

贵　　族　殿下，陛下刚才叫奥斯里克前来见您，据他回去报告，说您在这厅上相候。他叫我再来问您一声，您是不是仍旧愿意跟雷欧提斯比剑，还是慢慢再说。

哈姆莱特　我没有改变我的初心，一切服从陛下的旨意。现在也好，无论什么时候都好，只要他方便，我总是随时准备着，除非我丧失了现在所有的力气。

贵　　族　陛下、娘娘，跟其他的人都要到这儿来了。

哈姆莱特　他们来得正好。

贵　　族　娘娘请您在开始比赛以前，对雷欧提斯客气几句。

哈姆莱特　我愿意服从她的教诲。

〔贵族下。

霍 拉 旭　殿下，您在这一回打赌中间，多半要失败的。

哈姆莱特　我想我不会失败。自从他到法国去以后，我练习得很勤。我一定可以把他打败。可是你不知道我的心里是多么不舒服，那也不用说了。

霍 拉 旭　啊，我的好殿下——

哈姆莱特　那不过是一种傻气的心理，可是一个女人也许会因为这种莫名其妙的疑虑而惶惑。

霍 拉 旭　要是您心里不愿意做一件事，那么就不要做吧。我可以去通知他们不用到这儿来，说您现在不能比赛。

哈姆莱特　不，我们不要害怕什么预兆，一只雀子的死生，都是命运预先注定的。注定在今天，就不会是明天；不是明天，就是今天。逃过了今天，明天还是逃不了，随时准备着就是了。一个人既然在离开世界的时候只能一无所有，那么早早脱身而去，不是更好吗？随它去。

〔国王、王后、雷欧提斯、众贵族、奥斯里克及侍从等持钝剑等上。

国　　王　来，哈姆莱特，来，让我替你们两人和解和解。（牵雷欧提斯、哈姆莱特二人手使相握）

哈姆莱特　原谅我，雷欧提斯，我对你不起，可是你是个堂堂男子，请你原谅我吧。这儿在场的众人都知道，你也一定听见人家说起，我是怎样被疯狂害苦了。凡是我的所作所为，足以伤害你的感情和荣誉、激起你的愤怒来的，我现在声明都是我在疯狂中犯下的过失。难道哈姆莱特会做对不起雷欧提斯的事吗？哈姆莱特绝不会做这种事。要是哈姆莱特在丧失他自己的心神的时候，做了对不起雷欧提斯的事，那么就不能算是哈姆莱特做的，哈姆莱特不能承认。那么是谁做的呢？是他的疯狂。既然是这样，那么哈姆莱特也是属于受害的一方，他的疯狂是可怜的哈姆莱特的敌人。当着在座众人，我承认我隔屋放箭误伤了我的兄弟，我现在要向他请求大度包涵，宽恕我的不是出于故意的罪恶。

雷欧提斯　按理讲，对这件事情，我的感情应该是激起我复仇的主要力量，现在我在感情上总算满意了。但是另外还有荣誉这一关，除非有什么为众人所敬仰的长者，告诉我可以跟你捐除宿怨，指出这样的事是有前例可援的，不至于损害我的名誉，那时我才可以跟你言归于好。目前我且先接受你友好的表示，并且保证绝不会辜负你的盛情。

哈姆莱特　我绝对信任你的诚意，愿意奉陪你举行这一次友谊的比赛。给我们剑。来。

雷欧提斯　来，给我一柄。

哈姆莱特　雷欧提斯，我的剑术荒疏已久，只能给你帮场；正像最黑暗的夜里一颗吐耀的明星一般，彼此相形之下，一定更显得你的本领的高强。

雷欧提斯　殿下不要取笑。

哈姆莱特　不，我可以举手起誓，这不是取笑。

国　　王　奥斯里克，把剑给他们。哈姆莱特侄儿，你知道我们怎样打赌吗？

哈姆莱特　我知道得很清楚，陛下，可惜您把赌注下在实力较弱的一方了。

国　　王　我想我的判断不会有错。你们两人的技术我都领教过，但是后来他又有了进步，所以才规定他必须多赢几招。

雷欧提斯　这一柄太重了；换一柄给我。

哈姆莱特　这一柄我很满意。这些剑都一样长吗？

奥斯里克　是，殿下。（二人准备比剑）

国　　王　替我在那桌子上斟下几杯酒。要是哈姆莱特击中了第一剑或是第二剑，或者在第三次交锋的时候争得上风，让所有的碉堡上一齐鸣起炮来，国王将要饮酒慰劳哈姆莱特，他还要拿一颗比丹麦四代国王戴在王冠上的更贵重的珍珠丢在酒杯里。把杯子给我，鼓声一起，喇叭就接着吹响，通知外面的炮手，让炮声震彻天地，报告这一个消息："现在国王为哈姆莱特祝饮了！"来，开始比赛吧！你们，裁判员，留心看啊。

哈姆莱特　请了，先生。

雷欧提斯　请了，殿下。（二人比剑）

哈姆莱特　一剑。

雷欧提斯　不，没有击中。

哈姆莱特　请裁判员公断。

奥斯里克　中了，很明显的一剑。

雷欧提斯　好，再来。

国　　王　且慢，拿酒来。哈姆莱特，这一颗珍珠是你的，祝你健康！把这一杯酒给他。（喇叭齐奏。内鸣炮）

哈姆莱特　让我先赛完这一局，暂时把它放在一旁。来！（二人比剑）又是一剑，你怎么说？

雷欧提斯　我承认给你碰着了。

国　　王　我们的孩子一定会胜利。

王　　后　他身体太胖，有些喘不过气来。来，哈姆莱特，把我的手巾拿去，揩干你额上的汗。王后为你饮下这一杯酒，祝你的胜利了，哈姆莱特。

哈姆莱特　好妈妈！

国　　王　乔特鲁德，不要喝。

王　　后　我要喝的，陛下，请您原谅我。

国　　王　（旁白）这一杯酒里有毒！太迟了！

哈姆莱特　母亲，我现在还不敢喝酒，等一等再喝吧。

王　　后　来，让我擦干你的脸。

雷欧提斯　陛下，现在我一定要击中他了。

国　　王　我怕你击不中他。

雷欧提斯　（旁白）可是我的良心却不赞成我干这件事。

哈姆莱特　来，该第三个回合了，雷欧提斯。你怎么一点不起劲？请你使出你全身的本领来吧，我怕你在开我的玩笑哩。

雷欧提斯　你这样说吗？来！（二人比剑）

奥斯里克　两边都没有中。

雷欧提斯　受我这一剑！（雷欧提斯挺剑刺伤哈姆莱特；二人在争夺中彼此手中之剑各为对方夺去，哈姆莱特以夺来之剑刺雷欧提斯，雷欧提斯亦受伤）

国　　王　分开他们！他们动起火来了。

哈姆莱特　来，再试一下。（王后倒地）

奥斯里克　哎哟，瞧王后怎么啦！

霍　拉　旭　他们两人都在流血。这是怎么回事，殿下？

奥斯里克　您怎么啦，雷欧提斯？

雷欧提斯　唉，奥斯里克，正像一只自投罗网的山鹬，我用诡计害人，反而害了自己，这也是我应得的报应。

哈姆莱特　王后怎么啦？

国　　王　她看见他们流血，昏过去了。

王　　后　不，不，那杯酒，那杯酒——啊，我的亲爱的哈姆莱特！那杯酒，那杯酒！我中毒了。（死）

哈姆莱特　啊，奸恶的阴谋！喂！把门锁上！阴谋！查出来是哪一个人干的。（雷欧提斯倒地）

雷欧提斯　凶手就在这儿，哈姆莱特。哈姆莱特，你已经不能活命了！世上没有一种药可以救治你，不到半小时，你就要死去。那杀人的凶器就在你的手里，它的锋利的刃上还涂着毒药。这奸恶的诡计已经回转来害了我自己！瞧！我躺在这儿，再也不会站起来了。你的母亲也中了毒。我说不下去了。国王——国王——都是他一个人的罪恶。

哈姆莱特　锋利的刃上还涂着毒药！——好，毒药，发挥你的力量吧！（刺国王）

众　　人　反了！反了！

国　　王　啊！帮帮我，朋友们，我不过受了点伤。

哈姆莱特　好，你这败坏伦常、嗜杀贪淫、万恶不赦的丹麦奸王！喝干了这杯毒药——你那颗珍珠是在这儿吗？——跟我的母亲一道去吧！（国王死）

雷欧提斯　他死得应该，这毒药是他亲手调下的。尊贵的哈姆莱特，让我们互相宽恕！我不怪你杀死我和我的父亲，你也不要怪我杀死你！（死）

哈姆莱特　愿上天赦免你的错误！我也跟着你来了。我死了，霍拉旭。不幸的王后，别了！你们这些看见这一幕意外的惨变而战栗失色的无言的观众，倘不是因为死神的拘捕不给人片刻的停留，啊！我可以告诉你们——可是随它去吧。霍拉旭，我死了，你还活在世上，请你把我的行事的始末根由昭告世人，解除他们的疑惑。

霍　拉　旭　不，我虽然是个丹麦人，可是在精神上我却更是个古代的罗马人。这儿还留剩着一些毒药。

哈姆莱特　你是个汉子，把那杯子给我！放手，凭着上天起誓，你必须把它给我。霍拉旭，我死之后，要是世人不明白这一切事情的真相，我的名誉将要永远蒙着怎样的损伤！你倘若爱我，请你暂时牺牲一下天堂的幸福，留在这一个冷酷的人间，替我传述我的故事吧。

练习与思考

一、本文故事情节跌宕起伏、扣人心弦。速读课文，梳理人物关系，复述故事情节，说说文中有哪些情节悬念，它们有何作用。

二、戏剧语言具有动作性，能推动情节发展。"比剑"这一关键情节中，哪些话使得雷欧提斯与哈姆莱特的比剑越来越凶险？

三、俗话说："一千个观众心目中就有一千个哈姆莱特。"在你的眼中，哈姆莱特是一个怎样的人？

*二十九 三块钱国币 ①

丁西林

课文导读

    《三块钱国币》是丁西林先生创作于抗日战争时期的一部独幕喜剧，写的是大学生杨长雄与女主人吴太太围绕女仆李嫂该不该为不慎打破的一只花瓶赔钱而展开的激烈争辩，反映出当时社会恃强凌弱、无理无法的不公平现象。

    戏剧取材于生活小事，情节颇为简单，但构思精妙，一波三折；作者还善于从人物性格差异与碰撞中挖掘日常生活中的喜剧性。阅读时，首先，要看看矛盾冲突发生在哪些人身上，想想作者是如何巧妙地设计情节、一步一步推动情节发展的。其次，要仔细品味人物语言，把握人物性格，体会人物诙谐幽默的语言特点。

    一只花瓶，赔与不赔，引发了一次冲突、一场争辩。最终将鹿死谁手呢？学习课文后，我们可以想一想：这样的一次邻里之间争吵的故事，为什么在时隔数十年后，还能引起人们阅读与观赏的兴致？

时   间   民国二十八年抗战期间

地   点   西南的某一省城

剧中人

吴太太   ——抗战期间西南某一省城的热闹街上所看到、听到、碰到的无数外省人之一。年三十以上，擅长口角，说得出，做得出。如果外省人受本省人的欺侮是一条公例，她是一个例外。

杨长雄   ——抗战期间，跟着学校转移，上千的流离颠沛的大学生之一。年二十左右，能言善辩，见义勇为，有年轻人爱管闲事之美德。如果外省人袒护外省人是一条公例，他是一个例外。

成   众   ——休假日期，杨长雄卧室中进进出出的许多少年朋友之一。年岁与杨相若，言语举动常带有自然而不自觉的幽默。如果一个人厌恶女人的啰唆，喜欢替朋友排难解纷是一条公例，他好像是一个例外。

---

① 选自1980年第4期《戏剧创作》。有改动。丁西林（1893—1974），江苏泰兴人，剧作家、物理学家。

李　嫂　——物价飞涨的非常时期中，许多从乡间来省城谋生赚钱的年轻女佣之一。年二十以下，毫无职业经验。初出茅庐，虽得其时，而未得其主。如果一个女佣只会赚钱，不会贴钱，只会正当的或不正当的增加财产，不会损失财产是一条公例，她确实是一个例外。

警　察　——当然是西南某一省城内许多维持治安的警察之一。但在数目的比率上，微有不同。因为在这一个城内，不但警察数目较多，卫队、宪兵、纠察、侦探亦较多，然这与本剧无关，没有说明之必要。如果警察应该尊重权威、专门招呼汽车是一条公例，他不是一个例外。

布　景　一个旧式住宅的四合院子。上面是有廊子的三间正房，是吴太太的住所。右面是两间矮小的厢房，是杨长雄的公寓。左面两间厢房，一为厨房，一为出门的过道。院子里有树有花，也有晒着的被单、女人的内衣和小孩的尿布等。廊子上堆着别无放处的桌子、椅子、茶几、板凳和小孩的车马等。

〔开幕时，吴太太在收拾晒干的东西，有的只是折好，有的先需熨平。杨长雄坐在窗外的一个蒲团上看书，晒太阳。

吴太太　（继续开幕以前的口角）穷人，穷人，这个年头，哪一个不穷呢，哪一个不是穷人呢！白米卖到六十块钱一担，猪肉一块五毛钱一斤，三毛钱一棵白菜，一毛钱一盒洋火，从来没有听说过。穷人，穷人，是的，做娘姨的是穷人，做主人的个个是发财的吗？这个年头，只有军阀，只有奸商，没有良心的人，才会发财呀，我们可不是这样的人——这样的三间破房子，一个月要四十块钱的房租。打仗以前，连四块钱都没有人要。简直是硬敲竹杠！这样的事，才是欺负人的事，这样的人，才需要旁人去教管教管……（一面说话，一面已折好几件衣服，说时，目常向杨长雄藐视，他显然是她在教管的对象）

〔杨长雄想用两手掩耳，则无手拿书。不得已，用一手把对着声浪的一耳掩上。

吴太太　是的，我用的娘姨是一个穷人，我承认，可是我并没有欺负她。这样贵的伙食，她一个人吃三个人的饭，我并没有扣她的工钱呢。（转调）打破了我的东西，不赔！还有旁人帮忙，说不应该赔。我倒要听听这个大道理。

成　众　（正当他的朋友预备讲道理的时候，从右厢房走出。一手提着一张方凳，一手拿着一盒象棋，走到杨长雄的面前，放下凳子）下棋，下棋。

杨长雄　（放下书本，预备下棋。忽然看了吴一眼，想逃出对于下棋不利的恶劣环境）拿到里面去下好不好？

成　众　（没有懂得杨的提议的理由）里面很冷，外面有太阳，外面比里面好得多。

（刚说完，就看见杨长雄用大拇指向后指指那恶劣环境的产生者，了解了杨的意思）喔！里面和外面一样！

〔两人排好棋子，开始下棋。

吴太太 （将已经整理过的几件衣服收进屋去，一会儿走出，手里拿着一只花瓶。）咳，看罢，就是同这个一模一样的一只花瓶。还是五年前我从牯岭避暑回上海的时候在九江买的。他要二十块钱一对，是我还了六块钱买下的。用到现在，没有见打破一点。我因为喜欢它的样子，才特地当宝贝似的带在身边。她把那一只打个粉碎！你说可恨不可恨？现在你就是出十块钱一只，也没地方可以买得到。我要她照原价赔我三块钱，可算是十二分的客气了。（说着，将宝贝玩赏了一回，顺手放在廊上的一张茶几上。继续做她未完的工作）

成　众 老兄，你也应该客气客气啊！怎么连将军你说都不说一声！

吴太太 ……现在的三块钱，值什么？抵不到以前的三毛钱。照道理应该照市价赔我才是。不过我既说了只要她赔我三块钱，已经说出的话，我不反悔。可是如果连三块钱都不赔我，那可不行！

成　众 （并非认真的）唉，老杨，我和你赌一个输赢好不好？这盘棋，如果你赢了，我出三块钱；如果我赢了，你出三块钱。赢的钱送给李嫂让她还债，怎么样？

杨长雄 李嫂没有债，我也没有钱。你是阔人，三块钱不在乎；我是一个穷光蛋，我的三块钱用处多得很。（用刚听到的口吻）这个年头，自来水笔，卖到六十块钱一支；钢笔头，两块钱一打。九毛钱一瓶墨水，一毛钱一只信封。从来没有听说过！

吴太太 （得到了一个进攻的机会，回头向杨）啊，你知道说穷，你也会说你是一个穷人，那么刚才你说的全是废话！你既知道大家都是穷人，还说什么替穷人想想！你说你是一个穷光蛋，请问，现在哪一个不是穷光蛋？

杨长雄 （被迫抗战）吴太太，你还要多讲吗？

吴太太 我为什么不能多讲？难道我连在我自己家里说话的权利都没有了吗？

杨长雄 （放弃了纸上谈兵）好罢，你既要讲，我就再和你讲好了。你刚才要我讲道理，我为省事起见，没有理会。现在我把这个道理就来讲给你听听。我们都是穷人，不错，不过穷人也有穷人的等级。一个用得起娘姨服侍的太太，如果穷的话，是一个高级的穷人；一个服侍太太的娘姨，是一个低级的穷人；像我这样一个扫地抹桌子要自己动手的穷学生，是一个中级的穷人。如果今天是我这样一个中级穷人，打破了像你这样高级穷人的一只花瓶，也许还可以勉强赔得起。现在不幸得很，打破花瓶的是李嫂，她是你雇用的一个娘姨，她是一个低级穷人，她赔不起。三块钱在你可以不在乎，在她……

吴太太　你这话不通，什么叫作不在乎？……

杨长雄　不要忙，不要忙。请你让我把话讲完。不在乎，就是说，一桌酒席，一场麻将，一双丝袜，一瓶雪花膏，……

吴太太　废话。那是我的钱，我爱怎样花就可以怎样花，旁人管不着。

杨长雄　好，好，好，就说是我说错了，你说对了。就承认这个问题不是在乎不在乎，也不是赔得起赔不起的问题。这正是我要说的话。穷不穷，赔得起，赔不起，讲的是一个情，人情之情。现在我要说的是一个理，事理之理。我们争的是：一个娘姨打破了主人的一件东西，应该不应该赔偿的问题。我的意见是：一个娘姨打破了主人的东西，不应当赔，主人不应该要她赔。完了。

吴太太　喔！不应该赔？

杨长雄　不应该。

吴太太　花瓶是不是我的东西？

杨长雄　是的。

吴太太　是不是李嫂打破的？

杨长雄　是的。

吴太太　一个人毁坏了别人的东西，应该不应该赔偿？

杨长雄　应该赔偿。

吴太太　好了，还要说什么？

杨长雄　啊，别忙，别忙，你说的是毁坏了别人的东西，可是你不是别人啊！我问你，李嫂是不是你的佣人？

吴太太　是的。

杨长雄　佣人应该不应该替主人做事？

吴太太　当然。

杨长雄　你的花瓶脏了，你要不要她替你擦擦？

吴太太　要她擦擦，是的，可是我没有叫她打破啊。

杨长雄　当然你没有叫她打破。如果是你叫她打破，那就变成执行主人的命令，替主人打破花瓶，那就只有做得快不快、打得好不好的问题，而没有赔偿的问题了。我现在再请问你：从古到今，瓷窑里烧出来的花瓶，少说，也有几十万几百万。这些花瓶，现在到哪里去了？一个花瓶是不是有打破的可能？

吴太太　有的。谁可以把它打破？

杨长雄　是呀，谁可以把它打破？我请问你。

吴太太　花瓶的主人可以把它打破。

杨长雄　你这就错了，有花瓶的人，不会把花瓶打破，因为他没有打破的机会。动花瓶的人、擦花瓶的人，才会把它打破。擦花瓶是娘姨的职务，娘姨是代替主人做事。所以娘姨有打破花瓶的机会，有打破花瓶的权利，而没有赔偿花瓶的义务。好了，还要说什么？

吴太太　胡说八道！

杨长雄　胡说八道？我还有话要说，你要听不要听？

吴太太　我不要听！

杨长雄　你不要听？没有关系！我还是一样地要说。因为你刚才说了半天，你并没有征求我的同意，你说你在你的家里，有你说话的权利，现在我在我的家里，也有我说话的权利。刚才我说的是理，现在我还要说势，"理所当然，势所必至"的势。刚才我听说，你已毫不客气地把李嫂的身上都搜过了。一个主人有没有搜查她雇用的娘姨的身上的权利，这是一个极严重的法律问题，现在且不去说它。你搜查的结果，你发现了她身上只有三毛钱，对不对？现在你要她赔的不是三毛钱，而是三块钱。这三块钱的巨大赔款你叫她从何而来？所以我劝你……

吴太太　那不用你担心，你等着看好了。

成　众　下棋，下棋。

〔杨就此下台，回到象棋的战场，继续未完的棋局。吴太太也继续回到她未完的家事。少停，外面先传进一阵敲门的声音，接着走进一男一女。男的一望而知是一个警察，女的一手提了一个小包袱，从她的可怜神情，也不难猜出，她就是闯了祸的李嫂。

吴太太　啊，警士！你来了，好得很，谢谢你！

警　察　太太！

吴太太　（放下工作，走到来人的近边，指着李嫂，对警士）她是我雇用的一个娘姨。现在我把她回了，她就要走。她今天早上把我的一只花瓶打破了，我的花瓶原来是一对，（说着，从茶几上将另一只花瓶拿来作证）请你看一看，她打破了的那一只，同这一只一模一样。这一对花瓶，是我亲自在江西买的，江西是全国出最好瓷器的地方，你知道，原价六块钱国币一对，现在要到市上去买，十块钱一只也买不到。现在我要她照原价赔我三块钱国币，她自己也已经答应了赔我。她要我扣除她的工钱，可是她以前的工钱，我已经都给了她了。现在我不愿意再用她，因为——因为一对花瓶已经打碎了一只，这剩下的一只，我一时还不想把它打碎。（为谨慎起见，将一时不想打破的花瓶放还到原处）现在我先请问你，她打破了我的东西，应该不应该赔偿？

警　察　是啦吗。

吴太太　好，请你问问她，花瓶是不是她打破的？是不是她答应了愿意赔我？

警　察　（认为用不着问）是啦吗。

吴太太　请你问一问，她是不是答应了赔我三块钱？

警　察　（向李嫂）你懂吗？你打碎了主人家的花瓶，太太要你赔她，赔三块钱国币，你听懂了没有？

〔李嫂低头无言。

吴太太　好了。我已经看过她的包袱和她身上，她只有三毛钱。现在请你等一等。（向杨看了一眼，走进正房。一会，提了一个小包袱走出，向警士）这是她的铺盖。这条巷子的对面，就是一家当铺，我请你带着她把这个铺盖拿到那家当铺去押三块钱交给我。

杨长雄　（从蒲团上跳起来）什么？你要押她的铺盖！

吴太太　是的。

杨长雄　（走到吴的面前大有抢夺铺盖之势）岂有此理！你把她的铺盖押了，你叫她睡什么？

吴太太　这是她的铺盖，不是你的铺盖，与你无关！（转向警士）警士，请你过来，我指给你看那一家当铺在哪里。（向门走去）

杨长雄　（走去拦住去路）不行！

吴太太　什么叫不行？这是不是你的东西？打破的是不是你的花瓶？我的事要你来管！——先生，请走开，让我走路！

成　众　（走去把杨长雄拉开）下棋，下棋，下棋，下棋，下棋，下棋！

〔吴太太、警察、李嫂同走出。杨回到蒲团上，气得说不出话来。

成　众　（燃着了一支香烟，也回到原来的位置，静默了一会）这盘棋大概是没有希望下完了罢？（无意地一人代表两方，进行未完的棋局）

杨长雄　（转过气来）唉，气人不气人？这样的蛮家伙，见过没有？捶她一顿，出出气，赞成不赞成？

成　众 （似乎经过了一番考虑）和一个女人打架？不大妙。可是我赞成给她一个
　　　　教训。

杨长雄 这样的女人，除了拳头的教训，没有别的办法。我想给她几拳，打一个痛快
　　　　再说。（站了起来，好像真想预备动手的样子）

成　众 （知道这不过只是说说，所以也就随便应应）不甚赞成。（又走了几着棋）
　　　　〔杨在院子里走来走去，成一人着棋。一会，吴从大门走进，面有余怒，
　　　　进来后，即走进正屋。不久，警察走进，一手提了李嫂的铺盖，一手拿了
　　　　三张纸币。

警　察 太太！

吴太太 （从屋内走出，看见纸币，同时也看见了铺盖）怎么了？

警　察 这里是三块钱国币，交给你。（呈上手中的纸币）

吴太太 （收下应得的赔款）铺盖怎么了？

警　察 是啦吗，当铺的少奶奶，给了三块钱，听说太太是外省人，她不要李嫂的
　　　　铺盖。

吴太太 （不甚中听，赶紧将警察向大门引去）对不住得很，对不住得很，谢谢你，
　　　　谢谢你。（引着警士一同走出）

杨长雄 （向成）你说丢人罢？……这样的一个无耻的泼妇！

吴太太 （走进，不幸听到了对她的批评，向杨）什么？你讲什么？你骂人是不是？
　　　　（向成）成先生，你听见的，他破口骂人……

成　众 对不起，我在下棋，没有留心到我四周围的环境。

吴太太 （再转向杨，一逼）你以为我没有听见是不是？无耻，我请问你什么叫无
　　　　耻？（得不到答复）无耻，是的，旁人的事，不用他管，他来多事，才是无
　　　　耻。一个在背后骂人的人，才是无耻。
　　　　…………
　　　　〔杨仍旧无言，一忍。

吴太太 （再逼）……一个大学生，以为了不得，自己说话不通，还想来教训旁人，
　　　　自己以为是受过高等教育，开口骂人！泼妇，请问什么叫作泼妇？哪一个
　　　　是泼妇？讲啊！
　　　　〔杨欲言而止者再，再忍。

吴太太 （三逼，转到杨的面前）你没得说了是不是？刚才你很会说话，怎么现在连

屁也不放了？你骂了人你不承认。你骂了人你不敢承认。这才是无耻。是的，无耻！下流！混蛋！

〔杨面白手颤，忍无可忍，忽然看到了茶几上放着的花瓶，急忙地走去，抱在手中，走到吴的面前，双手将花瓶拼命地往地上一掷，花瓶粉碎。

吴太太 （血管暴涨，双手撑腰）你这怎么说！

杨长雄 （理屈词穷，闭紧了嘴唇，握紧了拳头，没得说。忽然灵犀一点，恢复了面色，伸手从衣袋中摸出了三张纸币，送上）三块钱——国币！

〔吴事出意外，一时想不出适合环境的言词。抢了纸币，握在手内，捏成纸团，鼓着眼，看着对方。

成　众 （危险风波渡过，得到了这一场恶斗的结论）和棋。

（收拾棋子）

（幕下）

练习与思考

一、与多幕剧相比，独幕剧要求戏剧矛盾冲突更加集中。阅读课文，说说作者是如何巧妙安排戏剧矛盾冲突的。

二、课文中的人物语言轻松、俏皮、幽默、夸张，体现了剧本的喜剧性。试结合课文简要分析。

三、有人说丁西林的讽刺喜剧"惯于在世俗风情的描绘中蕴含着对民族历史文化的反省与批判，与改造国民性的艰难探索"。阅读课文，说说该剧为何以"三块钱国币"为题。

*三十　有一种毒药（节选）①

万　方

课文导读

　　《有一种毒药》创作于2006年，作者万方以此纪念其父曹禺先生逝世10周年。戏剧讲述了一个家庭中的成员各自追逐梦想却又无法逾越现实的故事，希望人们在现代社会的压力下认真思考"怎样活着"，希望这个世界有爱和宽容存在。

　　课文节选的第九场，是戏剧的高潮部分，戏剧人物的全部矛盾在这一场里集中迸发：丈夫、儿媳、儿媳的表弟、儿子都怨恨母亲摧毁了他们的梦想，但他们又离不开这个女人。阅读时，首先，要注意厘清剧中人物之间的矛盾冲突及其原因，看看作者是如何巧妙构思，把多样的矛盾融在家庭日常故事中的。其次，品味人物语言，体会剧中每个人物复杂的性格和内心的情感矛盾。最后，透过剧中人物命运分析现实社会中的种种压力，理解戏剧深刻的主题。

　　每个人都有梦想，都希望做自己喜欢的事。当梦想受到了现实的撞击，我们应当怎样把握自己的命运？

　　时　间：当代

　　地　点：兰宏的家

　　人　物：兰　宏——50岁左右的中年女人。

　　　　　　高希天——兰宏的丈夫。

　　　　　　高　科——兰宏的儿子。

　　　　　　小　雅——高科的妻子。

　　　　　　季　杰——小雅的表弟。

　　　　　　青年甲、乙、丙——季杰的同伴。

---

① 选自2007年第1期《剧本》。《有一种毒药》的主要情节是：有一家4口，丈夫高希天歌唱家的梦想破灭，整日酗酒。妻子兰宏一个人撑起家庭。儿子高科听从妈妈安排接手公司管理，可兰宏对儿媳小雅这个残疾的画家很不满意。公司账上少了10万元，是高科偷偷给了小雅，小雅借给表弟季杰去拍电影。兰宏发现后要求高科和小雅马上离婚，并揭露了儿子的一次背叛。在高科请求下小雅原谅了他。课文就是从这里开始的。

九　场

〔响起收音机里的天气预报声："今天白天多云转晴，西北风五六级，阵风七级，最高温度摄氏十一度，最低温度摄氏零度。"天气预报完毕，响起欢快的音乐。

〔天幕上霞光四射。兰宏和高希天在晨练。两个人随着音乐的节奏扭动腰肢，作出一连串微显夸张的动作，像是一段编排滑稽的有趣的舞蹈。音乐渐弱，兰宏和高希天边舞边倒退，舞下场去。

〔从舞台一侧走上季杰和他的两个同伴，青年乙和青年丙。他们依旧穿着邋遢，肩扛手提着一堆摄影器材，走到舞台中间，放下沉重的器材，默默动作，支起照明设备，架起摄影机，调光。

季　杰　（掌握着摄影机，从镜头里观看）嗨，太亮，呲了！

青年丙　（调整灯光）怎么样？

〔季杰没有说话。

青年丙　怎么样，成不成啊？

季　杰　（抑制着不满）你自己来看看！

〔青年丙走到摄影机前，看了一眼，走开，再次摆弄灯光。高科推着坐在轮椅里的小雅上。

小　雅　还没准备好吗？

季　杰　马上，马上就好。（命令地）话筒！

〔青年乙把话筒递给小雅。

小　雅　（接过话筒，笑着）喂，喂，听见了吗？

季　杰　可以。

小　雅　可以开始了？

季　杰　（看看大家）好，准备开始。（顿了一下）开始！

小　雅　（小心地）开始了？

季　杰　对，可以说了。

小　雅　直接说，没有人问我问题？

季　杰　（在摄影机后面）问题是一样的，下辈子你想干什么。

小　雅　（略略思忖，忽然把话筒递向高科）你先说吧。

高　科　不不，让我想想，我还没想好……

小　雅　那好，那我说。（把话筒凑到嘴边，一边思考着）在我年轻的时候，我曾经幻想过……

高　科　（插话）你现在也不老啊。

小　雅　我说的是心理年龄，我经历的事儿太多了……（问季杰）没关系吧？

季　杰　没关系，接着说。

小　雅　（重新起头）在我年轻的时候，我曾幻想人生应该是什么样子。那些幻想都被一层粉红色的光笼罩着，很美丽，十分美丽。后来，光，逐渐黯淡、消逝，但是我并不甘心，不死心，还是心存幻想。我幻想过自己是个超人，可以不为命运祸福左右；幻想我四肢强壮，画箱背在肩上毫无分量，翻山越岭，健步如飞；我还曾幻想我是一只飞翔的猫，尾巴在巨大气流的吹拂下上下翻飞，浑身的毛紧贴着皮肤，形销骨立……

高　科　你画过那样一幅画。

小　雅　对，我画过那样一只猫……（微微垂下头，又抬起来）我要说的是现在。现在幻想离开了，真的离我而去，再也不会有"老天爷，这是为什么"这类疑问了。我看清了事情的本来面目，一个人，若不自杀就该接受生命，自杀和接受，二者选其一……

高　科　（似乎想阻止）小雅……

小　雅　听我说完。我选择的是接受，接受生活，接受我自己……（转向高科，克制着感情）知道为什么吗？因为我不想辜负你。高科，我会努力的。

〔高科呆呆地望着小雅。

季　杰　（忽然命令）快，把话筒给他，给高科！

〔小雅把话筒递向高科。高科没有反应。

季　杰　拿着，该你了。

〔高科接过话筒。

季　杰　说，高科，说话！

高　科　（咬了咬嘴唇，一边思索着）好，好吧，我只有一句话，就一句，如果有下辈子，我是说如果，小雅，我还要和你在一起。完了。（把话筒递回到小雅手里）

〔高科、小雅两人四目相对。青年乙和青年丙似乎被感染，无言地望着他们。季杰扛着摄影机，围着小雅和高科慢慢迂回、迂回……突然，兰宏冲上来，高希天紧随在她身后。

兰　宏　啊，是你们，果然是。你们居然还敢来，好啊！来得正好……

〔众人愣住。

兰　宏　你这个骗子，不要脸的！（逼近季杰）

　　　　〔季杰忽然把摄影机对准兰宏。

兰　宏　把钱还回来！告诉你，要是不还我就去报警，我绝不是吓唬你。

　　　　〔季杰边后退边拍摄。

兰　宏　干吗？拍我？（大吼一声）给我站住！

　　　　〔季杰脚下一绊，差点儿摔倒，连忙抱住摄影机。

兰　宏　（果断地冲上前，从季杰手里夺过摄影机）这机器我扣下啦，等你把钱拿来
　　　　再还你。

季　杰　这机器不是我的，是租的。

兰　宏　我管不着，拿钱去吧。

季　杰　我没钱。

兰　宏　想赖？（回头命令高希天）你过来，拿着这机器。

　　　　〔高希天上前接过摄影机。

兰　宏　去，拿到屋里去。（见高希天微显迟疑）去啊！

　　　　〔高希天转身要走。

季　杰　高叔叔！

　　　　〔高希天站住。

兰　宏　别理他，走你的……

季　杰　等等，你们不能这样！我是在拍电影，拍电影，你们懂吗？

兰　宏　（注视季杰，突然地）好，季杰，我问你一句话，你要是能回答我，我就把
　　　　机器还给你。

季　杰　太好了，谢谢。问吧。

兰　宏　（盯视着季杰）你说，你是从哪儿来？

季　杰　（有点儿意外）这就是你要问的？我从郊区来，我住在郊区……

兰　宏　不不，你误会了。我问的是你，你这个人是从哪儿来的？

季　杰　人？（耸耸肩，觉得有点儿好笑）从地球上，反正不是从外星。

兰　宏　这就是你的回答？

季　杰　你还要什么样的回答？

兰　宏　（深深吸气，严厉地）听着，你是从你妈妈的肚子里来的。

季　杰　（一怔）噢，这意思啊。当然，那还用说，我不是从石头里蹦出来的。

兰　宏　可你为你妈妈做过什么？

季　杰　我妈有工作，不需要我养活她。

兰　宏　（压低声音，一点点释放）对，她需要你偷她的存折，把存折上的钱一分不
　　　　剩地取走，把存折再放回去……

季　杰　谁说的？

兰　宏　她需要你过年回家的时候把家里的电视机卖了，需要你动手打你的父亲，拿
　　　　菜刀劈了家里的门！（气势逼人）你为什么不拍拍你自己，一个畜生是怎么
　　　　对待生他养他的父母的？啊？

季　杰　（无言，咬牙沉思，声音里流露出感情）对，也许我会拍这样一个电影，早
　　　　晚会拍的，但是现在我还没有这个力量，我还没有准备好。（咬牙）是，我是
　　　　做过一些事情。我们每个人的生活里都有黑暗和光明，我取走了我妈存折上
　　　　的钱，可我在存折里留了一张条子，我告诉了她为什么。

兰　宏　为什么？

季　杰　我喜欢拍电影，只想拍电影。如果非让我去挣钱，我会有被胁迫的感觉；如
　　　　果让我为挣钱而活着，我会恨我自己。

兰　宏　那你怎么活，要谁养活你？

季　杰　人怎么都能活，你看我像要死吗？

兰　宏　我看你该死。

季　杰　没有人该死，任何人做任何事都是有理由的，我拍电影就是要找出
　　　　那些理由。

兰　宏　（无比轻蔑）你？你拍的是垃圾。

季　杰　（笑了）那是你的标准。这个世界的标准可不由你定。

兰　宏　咱们可以走着瞧。

季　杰　同意！对极了，你会看见的。

兰　宏　看见什么？

季　杰　一个大师。

兰　宏　大师？

季　杰　对，我，我就是大师。

兰　宏　（瞪视季杰）大师？老天爷，我的妈呀！（扑哧笑了，继而爆发出一阵哈
　　　　哈大笑，笑得前仰后合，几乎跌倒，渐渐止住笑，喘息着）好玩儿，真
　　　　好玩儿……

季　杰　（显得极轻松）对，当然好玩儿，好玩儿得不得了，太好玩儿啦！

兰　宏　（疑惑）什么好玩儿？

季　杰　（故意气兰宏）拍电影啊。拍电影对我来说是世上最好玩儿的事儿，就像小孩儿过家家。

兰　宏　（讥讽地）你不是大师吗？

季　杰　我只是要做自己喜欢做的事儿。

兰　宏　（不知说什么好）你、你喜欢个屁！

季　杰　兰阿姨，你真爱骂人。我认识你的时间不算短了，很少看见你笑，你活得一点儿不快活。想过你为什么不快活吗？

兰　宏　见你的鬼！（对高希天）走，不听他胡扯。

季　杰　等等，等一下！我给你朗诵一首诗。（挺直身子）"如果我不能做/我想做的事/那么我的工作就是/不做我不想做的/事情/这不是同一回事/但这是我能做的最好的事情。"

兰　宏　（无比厌恶地）放屁，都是放屁！（对高希天）走，跟我走！（转身朝门口走去）

〔高希天却没有动。

兰　宏　走啊！

〔高希天默默呆立。

兰　宏　老高，高希天！你听见没有，聋了吗？

〔高希天依然不动，所有人的目光都集中在高希天身上。

季　杰　（有所感觉，期待地）高叔叔……

〔高希天忽然走向餐桌，把摄影像机放到桌上。众人愣愣地看着。

兰　宏　你，你疯啦！（欲上前）

〔季杰敏捷地冲在兰宏前面拿走了摄影机。兰宏冲过去与季杰争夺，发疯地扯住季杰厮打。

季　杰　（不顾挨打，护住摄影机，对同伴）嗨，把机器拿走，快呀！

〔青年丙上前，趁乱从季杰手里接过摄影机。

季　杰　走，快跑！

〔青年丙和青年乙向下跑去，兰宏欲去阻拦，季杰反手揪住她，死死地揪住。两个年轻人抱着摄影机跑下。季杰慢慢放开手。兰宏剧烈地喘息着，除了她的喘息声，舞台上一片死寂，气氛紧张得令人窒息。忽然间兰宏双手捂住

　　　　　脸，不能自持地啜泣起来，凶猛的抽噎使她浑身颤抖。所有人呆住。

高　科　（慢慢走近兰宏，难过地）妈，妈……（伸出一只手安抚地摸了摸兰宏的
　　　　后背）

兰　宏　（止住了抽泣，抬起头，泪眼蒙眬地看着高科）科……

高　科　（哄劝地）别闹了妈……

　　　　〔兰宏一怔，猛地用力推开高科。

高　科　（向后踉跄了两步，惊愕）妈！

兰　宏　（痛心疾首地）你不是我儿子，你走！（指指小雅）带着她，你的老婆，滚，
　　　　滚出这个家！

　　　　〔高科不由看看小雅……

小　雅　（反抗地）为什么，这个家也有他一份，这些年高科一直辛辛苦苦……

兰　宏　住嘴！（一腔愤恨，指着小雅和季杰）你，还有你，你们不是别的，你们是
　　　　毒药！你们疯疯癫癫，无法无天，自己不好好活，还要把别人的生活搅得
　　　　一团糟。你们什么都不在乎，心里只有你们自己！可你们还要靠着我，靠
　　　　我这样的人来养活你们……

高　科　妈！

兰　宏　可怜啊儿子，你……不过也不怪你，魔鬼要迷惑人，人能怎么办。跟她去
　　　　吧，但愿你能有清醒的一天。这个家的门对你是敞开的，记住，只对你一
　　　　个人。

高　科　（难以置信）你要我走，真的？

兰　宏　（怀着一丝希望）你愿意留下来吗？

　　　　〔高科的目光从母亲身上移开，转向小雅。

高　科　（小心翼翼地）怎么办？

小　雅　（微笑，平和地）那咱们就走吧。（随即招呼季杰）走，季杰，咱们走。

　　　　〔高科上前推起小雅的轮椅，三个人往门口走。

高希天　（突然地）站住，你们上哪儿去？你们哪有地方可去啊！

季　杰　没关系，可以先到我那儿挤挤。

高希天　不不，不要这样，兰宏，你不要……

兰　宏　小心，高希天，我还没跟你算账呢，你还是别闹的好。

高希天　（看着兰宏，忽然冷笑一声）怎么个好法？

兰　宏　好就好在我还能容你。

高希天　可我要是容不了你呢？

兰　宏　你说什么？你敢再说一遍！

高希天　你以为我不敢吗？

兰　宏　（意外，微感惶恐）你要怎么样？

高希天　我……（忽然转过头，向着三个年轻人，情绪激动地）你们想不想听我唱歌。我会唱歌！

〔众人愣住，有些瞠目结舌。

高希天　不骗你们，是真的。（兴奋，几乎有些迫不及待）听着，你们听我说，我有话要告诉你们。从16岁到39岁，整整23年，我都在学声乐。我的老师遍布全中国，他们都是声乐界鼎鼎有名的人物。我、我还上过意大利音乐学院。为了去意大利我辞了职。我辞过3次职，被开除过4次。不能怪人家，用我妻子兰宏的话，我是个疯子。可是她错了，我不疯，我心里知道我有多清醒。这个社会所能提供给我的好处根本无法和我所追求的目标相比，我想，就想当一个歌唱家。随你们怎么说，不负责任也好，不称职也好，也许我确实不配当丈夫和父亲，可没有牺牲哪儿来的成功！我想成功，没人比我更想！可是……（顿住，有些茫然）成功是结果，是我不能控制的事儿。我唯一能控制的是我自己，对不对？20多年，我日复一日，拼尽全力地学、唱。当一个歌唱家实在太难了，不是有一条好嗓子就能当歌唱家的。我的声带小结了，后来长了息肉。有一次我失声了，三个月说不出话。到后来所有的老师都不收我的费了，他们为我而感动……

兰　宏　（粗暴地打断）你的老师说你根本没有悟性，没有希望……

高希天　不，他们说我一直在进步，他们鼓励我坚持。（注视兰宏）只有你，到死我也不会原谅你。那次演唱会是我这辈子唯一的一次。我订了剧场，定好了时间，票都发出去了，可到了那天……

季　杰　（心急地）那天怎么了？

高希天　剧场是黑的，黑得像座坟墓，大门锁着，连看门老头儿都回家了。（直指兰宏）她负责发票，一切都是她设计好的，是她的阴谋……（说不下去）

兰　宏　（干巴巴一笑）哈，歌唱家的美梦终于破灭了。

季　杰　那后来呢？

兰　宏　后来我给他找了工作，在街道幼儿园。

季　杰　音乐老师？

兰　宏　　不，值夜班。

〔高希天默默站立在那儿，垂着头。舞台的气氛被一股深深的哀伤所笼罩。

季　杰　　（走向高希天，伸手拍了拍他的肩膀）没事儿吧高叔叔……

高希天　　（晃了晃脑袋，努力恢复）没事儿，没什么……（看一眼季杰，也拍了拍他的肩膀）一切正常。年轻人，小伙子，你要走就走吧。

季　杰　　（真心关切地）那你呢？

高希天　　我？我能走到哪儿去，这是我的家……（望向高科和小雅）孩子，这儿也是你们的家……

〔季杰转身看了看高科和小雅，什么话也没说，拔腿向门口走，打开门径直走了出去。屋子里剩下这一家4口人。死寂。

兰　宏　　（沉重地叹息）这家伙走了，（看着高科和小雅）你们俩呢？

高希天　　（惶恐，乞求地）兰宏，别再说了，你还要怎么样啊？

兰　宏　　我？你问我要怎么样……（苦笑一声）但愿我知道，但愿有人能告诉我。（向高科）你说，我该怎么样？（转向小雅）还有你，我听你的，你想要我怎么样，你说出来！

小　雅　　（没有理兰宏，望着高科）高科，咱们走吧。

〔高科看看小雅，又看看兰宏。两个女人一齐向他看着，而他却一动不动，仿佛动弹不得。

〔响起风声。天幕上，漫天的树叶打着旋地飘飞。

〔高科终于作出决定，他走向小雅，推起轮椅朝门口走去。两个人就要走出门了。

兰　宏　　（急促地）等等！

〔高科站住。

兰　宏　　你可以走，看一样东西再走……（从衣袋里摸出那张纸）我请你看看，看一眼。

高　科　　是什么？

兰　宏　　你怕吗？没什么可怕的，不过是一张诊断书，一张纸。

高　科　　（看看小雅，慢慢走过去，从兰宏手里拿过那张纸，低头看，惊异）什么，癌症？你得了癌症？胃癌？这是真的吗？

兰　宏　　（轻声反问）你说呢？

〔高科目瞪口呆，高希天和小雅也目瞪口呆。

兰　宏　你再看看，看看日期。

高　科　（又看）1984……这，这不是20年前吗？

兰　宏　对，21年前。

高　科　（糊涂，急切地）我不懂，怎么回事儿？

兰　宏　你当然不懂，我告诉你。21年前我得了癌症，那个时候你7岁，刚刚上小学一年级。我对自己说，我不能死，我要是死了你怎么活？我谁也没告诉，一个人都不知道。夜里，我躺在床上，你躺在我身边，你爸爸不在，他总是不在家。我满脑子只想着一件事儿，怎么办？怎么才能活下去？后来我想到了一样东西——石头。石头这样东西，只会风化，不会生病，我应该就是一块石头。我就这么和自己说，我是石头，我是石头，我没有病，不会生病。每天夜里我都在黑暗里说，不停地说……（倒抽了一口气，怀着极深的骄傲）老天爷是有眼睛的，他什么都看见了，结果他站在我一边。我好了，癌症没了，我一直活到今天……就是这么回事儿。

〔一片死寂。

兰　宏　（望望高科，望望高希天，目光最后从小雅的脸上扫过，走上前，从高科手里拿回诊断书，最后看了一眼，手轻轻一动，将诊断书撕成两半；再一动，撕成四半，扔到地上，喃喃地）问我要怎么样，好像我要了过分的东西，要了我不该要的。天知道，生活怎么一天天张着大嘴把我吞进去，吐出来；再吞进去，再吐出来……我累了，真的累了……（摇晃了两下，垮了似的倒在沙发里）

〔高科呆立。小雅无声地转动轮椅，来到他身边。高科感觉到了，二人默默攥住对方的手，攥得紧紧的。

〔高希天走到门口，把屋门关上。

〔风透过屋子的缝隙钻进来，发出低低的哨音。

〔高希天咳嗽了一声，嗽了嗽嗓子，接着深深呼吸，挺起胸，开口唱起来。他用德文唱出舒伯特的《冬之旅》套曲中的《菩提树》，曲调舒缓，微带哀伤。他是用美声唱法唱的，嗓音低沉，微微发颤……

〔风声越来越大，渐渐盖过了歌声。

〔舞台上的灯光暗下去，与此同时天幕亮了，一条马路伸向远方，路边的树猛烈摇动，所有叶子都翻向一边。

〔一束灯光照亮季杰，他独自在风中行走，不得不倾斜着身子奋力与风搏斗。

他的喉咙被强劲的风噎住，这感觉使他难受，同时也刺激他，使他兴奋，不由扯开嗓子发出一声尖叫。他被自己尖锐的喊声逗笑了，于是憋足一口气，发出更加高亢的呐喊。季杰边走边跳，一声接一声地嚎叫，痛快淋漓地发泄着心中的愤怒与快乐……

〔随着季杰的喊声，天幕变化成无边的原野，荒草在风中倒卧。天空中，巨大的硫磺色的云团缓缓移动，在那里，从更高的高空，传来《菩提树》那清越的歌声。

——剧终

练习与思考

一、戏剧情节的发展变化，实际上就是戏剧冲突的发生、发展、高潮直到最终解决的过程。联系本单元所学知识，说说《雷雨》和《有一种毒药》在戏剧冲突引导戏剧情节发展变化方面有什么异同。

二、受时间和空间的限制，戏剧语言中的台词必须具有丰富性和深刻性。请举例分析。

三、万方认为，"什么事情到了极致都会成为一种毒药"。对此你如何理解？剧终"传来《菩提树》那清越的歌声"意味着什么？

四、本单元安排的5篇中外话剧，展示了不同人物的命运。学习时，要把握人物的鲜明个性，分析造成人物命运的原因，从而获得独特的情感体验和人生启示。仔细阅读本单元课文，完成下列任务。

1. 悲剧以表现主人公与现实社会之间不可调和的矛盾及造成的悲惨结局为基本内容。鲁侍萍、王利发、哈姆莱特的悲剧命运无不与现实社会有着各种各样的矛盾冲突。阅读课文，看看这些人物身上折射出了怎样的社会现实，与同学交流。

2. 戏剧冲突的主要表现之一是剧中人物的性格冲突。阅读课文《三块钱国币》和《有一种毒药》，看看冲突是怎样造成的，体会人物的命运与个人性格的关系。

3. 阅读剧本，能让我们直观感受到剧本的戏剧冲突、戏剧语言；表演剧本，能让我们全方位体会到戏剧的无穷魅力。从5篇课文中任选一个片段加以改编，在班级演出。

表达与交流

口语交际

应　聘

【情境】

　　王雪在大学主修文秘专业，辅修金融管理专业，毕业后到一家商业银行应聘经理秘书一职。第一轮笔试合格后，她得到面试的机会。面试安排在一个周六的上午，在银行的一间会议室里进行。王雪推门进去，见到会议室靠窗位置坐着两位面试主考官——银行的经理助理和人事部主任。按照银行经理的要求，他们将重点考查应聘者的业务能力、应变能力和沟通合作能力。

　　假如你是王雪，将如何表现自己的实力呢？

【案例】

　　助理：王雪小姐，首先感谢你应聘××银行。请你先做一下自我介绍。

　　王雪：各位考官，上午好。我叫王雪，××大学文秘专业毕业，大三时取得了国家秘书职业资格证；在大学里我还兼修金融管理专业，获得文秘和金融管理双学位。大学4年，我较好地掌握了专业知识，多次被评为三好学生并获得奖学金，毕业时荣幸地被评为优秀毕业生。课余时间，我曾做过4次兼职工作，并曾在省工商联合会实习半年，所从事的都是文秘方面的工作。我性格外向随和，善于与人沟通合作。我自信凭借我的专业知识水平和业务能力，能够胜任贵公司经理秘书这一职位。谢谢。

　　助理：王小姐，刚才你谈到曾在省工商联合会做过秘书，你能告诉我们一些当时实习的具体情况吗?

　　王雪:好的。从去年暑假起到今年初,我在省工商联合会秘书处实习了半年多,主要从事整理日常文件、收发信件、接听电话和收集资料的工作。

　　助理:那么,这段实习经历给了你哪些收获?又存在哪些困难呢?

　　王雪:虽然实习时我做的都是一些简单的工作,但也让我获益匪浅。我认识到作为秘书要有强烈的责任心,经过我手的每一封邮件、每一份文件、每一个电话都可能关系到公司的利益,都要认真对待、及时处理,绝不能错漏拖延。另外,我还懂得了处理问题要随机应变,不能拘泥于常规做法。实习中让我感到困难的是人际关系的处理。秘书身处老板和员工之间,有时很难做。不过,我认为自己较好地处理了这个关系。

　　助理:是吗?能否具体说一下?

　　王雪:好的。比方说有时老板做了决定,要员工去实现,但员工并不理解,有不满情绪。秘书作为沟通双方的纽带,不能单纯偏向哪一方,而要提醒双方多换位思考,了解对方产生这种想法的原因,体谅对方面临的困难。

　　主任:很好。王小姐,从你的简历中我们了解到,你的家乡是在××省,为什么不回到家乡找工作,而选择到我们银行来应聘呢?

　　王雪:这是因为贵银行所在的这个城市,是我大学四年所在的城市。我喜欢这个城市的活力和节奏,也喜欢这里的人们身上普遍拥有的进取精神和竞争意识。我认为在这种环境下工作和生活,能让我一直保持积极进取和热爱生活的态度。对于贵银行,我来应聘之前,曾做过一些调查了解,贵银行的发展战略、企业文化、工作风格和管理模式都是我认同和向往的,我认为你们能给像我这样虽然初出茅庐但有着明确人生规划的年轻人提供很好的成长平台。我热切盼望能加入贵银行,成为你们中的一员。

　　助理:如果你到我们银行工作,你希望与什么样的上级共事?

　　王雪:作为刚步入社会的新人,我应该多要求自己尽快熟悉环境、适应环境,而不应该对环境提出什么要求,只要能发挥我的专长就很满意了。希望我的上级能够在工作中对我多指导,对我工作中的错误能够立即指出,以帮助我尽快成长。

　　助理:好的,今天我们谈了很多,就先到这里,再次感谢你对我行的信任。面试结果3天后我们会电话通知你的。祝你生活愉快。

　　王雪:谢谢两位,再见。(起立,握手告别)

　　助理、主任:谢谢,再见。

解析：

　　这是一次较为成功的应聘案例。首先，王雪展示了自己的业务知识和能力，自我介绍条理清晰、重点突出、实事求是，同时表现出自己的自信和礼貌，赢得考官好感。其次，王雪表现出很强的应变能力，如在回答实习经历问题时，她抓住机会，通过回顾自己在实习中的收获和经验，展现了自己善于沟通合作、踏实好学、能独立思考的良好品质。再如，在谈到为何不回家乡工作的问题时，王雪聪明地回避了对家乡的负面评价，而转向赞美银行所在城市，并借机透露出对这家银行的兴趣和对这份工作的向往，同时表达了自己对未来的规划，树立自己有上进心的形象。最后，在整个应聘过程中，王雪应对得体，如在谈及对领导的希望时，王雪态度谦逊低调，处理得当。

【相关知识】

　　口语交际中的应聘指应聘者在求职面试中接受聘问的过程。面试时，招聘方根据招聘条件和要求，通过对应聘者的观察、与之的直接交流，考察应聘者的水平能力、实践经验、个性品质等综合素质。对于应聘者，面试是自我展示、自我推荐的机会，也是让招聘方加深了解、做出明智抉择的过程。

　　应聘应做到以下几点。

一、实事求是

　　应聘时，要用事实说话，如实介绍自己情况，不能夸大。既不要讲大话和空话，过高地宣扬自己；也不要过于谦虚，将自己的能力说得平平。要用成绩和事实来代替华而不实的修饰语，恰如其分地进行自荐。不可为了获得职位，捏造事实或夸大其词。

二、重点突出

　　应聘时，一般需要介绍自己的成果、抱负、个人素养、专项特长等内容。要重点介绍自己的条件和用人单位人才要求相对应的内容，尤其是特长方面，并相机呈上能证明自己能力的材料，如获奖证书、学业成绩等；与应聘岗位无关的情况点到即可，或略而不谈。如"案例"中的王雪，做自我介绍时不失时机地展示了自己的专业知识和技能以及自己的实习经历，强调自己符合所应聘岗位的各项优势条件。

三、应对得体

回答问题时，应围绕问题，结合自己的实际情况回答，使回答既有针对性，又凸显个人特色。回答一般采取先总后分的表述方式，即先表达自己的中心意思，再做具体阐述。当招聘方想了解应聘者的一些具体情况时，回答要具体实在、有理有据，不可简单地以"是"或"不是"作答。当招聘方问及一些敏感问题，如怎样对待领导的失误或对工资待遇的要求等问题，应该坚持原则，客观理性，但表达应委婉得体。如"案例"中的王雪在谈及对领导的希望时，王雪没有正面回答，而是谈对自己的要求，态度谦逊低调，处理得当。

四、语言通俗

应聘时，用人单位重在考察应聘者的综合素质，而不是语言技巧。因此，语言要通俗易懂，明确详尽。一般不用或少用过于专业化或者书面化的语言；如果用人单位为了进一步考察专业能力，问及具体的专业知识及专业技能时，则要尽可能使用专业术语。还可以在适当的时候插进幽默的语言，既能营造轻松愉快的谈话气氛，又能展示自己的从容风度和聪明才智。

应聘应注意：一是准备充分，知己知彼。应事先了解应聘单位的基本情况、发展战略、岗位特点及要求。然后根据招聘要求，梳理自己的专业技能、特长、爱好，明确自己的优势和弱项。同时列出用人单位可能提出的问题，根据问题的指向及目的，思考如何回答才能获得招聘者的认可，并设计回答要点。二是乐观自信，坦率真诚。言行举止得体，不卑不亢，落落大方，言语中要充满恳切之情，不妄自菲薄或狂妄自大，不闪烁其词或夸夸其谈，做到"诚于中而形于外"，从而赢得对方的信任。三是审时度势。要善于观察招聘者的神情举止，注意倾听招聘者的话语，准确把握对方的真实意图和心理取向，及时调整自己的应对策略。

【口语实践】

一、你所在班级进行班委会、团委会部分干部改选，提供了以下岗位供参选者选择，学生可根据自己的条件选择其中一个岗位进行自荐。如果你参加了这次改选活动，你将如何自我推荐？

序号	岗位名称	岗位职责	岗位能力要求
1	团委宣传部部长	负责统筹宣传工作，规划未来校园宣传工作。协调整个部门的工作	组织协调能力强，有较好的策划能力和语言表达能力，有相关工作经验者优先
2	团委信息部部长	团委微博微信及网络管理，统筹信息工作，对外信息发布联络，规划未来校园信息工作	有信息软件处理基础，信息整合能力强，有一定沟通合作能力，有信息公共平台管理经验者优先
3	团委组织部副部长	负责勤工助学人员招募、人员培训、定期例会，以及团委活动的策划工作	有较强的组织能力和人际沟通能力，责任心强。有组织策划学生活动经验者优先
4	团委宣传部副部长	负责校内海报栏和各个教室宣传栏的布置工作，负责团委各类手绘宣传品制作，团委各项活动摄影及照片整理工作	沟通合作能力强，能写会画，有较好的语言表达能力，有相关工作经验者优先

二、假如你大学毕业后去一家企业应聘，针对招聘者提出的下列问题，你打算如何回答？

1. 你是应届毕业生，缺乏工作经验，如何能胜任这项工作？

2. 我们公司在业务量较大的时候，会要求员工加班，请谈谈你对加班的看法？

3. 你的专业是A，怎么会选择我们这个B行业呢？

4. 你认为自己有哪些优缺点？

写 作

应用文 计划

【情境】

秋风徐徐，淡淡的桂花香洒满了校园的每个角落……

肖扬的手机忽然响起，是张嘉，肖扬的"死党"。

"肖扬，看到食堂门口橱窗里的通知了吗？学生会要选拔各部部长了！我们都认为你最合适去做文娱部部长，赶紧去报名吧！"透过手机，肖扬似乎可以看到张嘉兴奋的脸庞。

"我？文娱部部长？不行吧！"肖扬深深地吸了一口桂花香，甜甜的。

"怎么不行？怎么不行啊！这次选拔分为两个部分，第一是才艺表演，你是才艺达人，绝对没问题。第二是每人要上交一份文娱部的学期工作计划，主要是想看你能够给我们带来什么活动，有什么工作打算，能不能切实做好文娱部的工作。要不，等会儿我们到宿舍楼后面那棵桂花树下碰头，看看这个计划怎么写吧！我相信你没有问题的！"

学期工作计划在格式上应该注意哪些问题？计划内容怎么写才能保证切实可行呢？

【案例】

学生会文娱部××××—××××学年第一学期工作计划

为使我校学生文娱活动开展得更加丰富多彩，我部将进一步组织好各项文娱活动，并协助学生会各部搞好有关工作，特制订本部工作计划如下。

一、任务

我部将通过多种渠道、多种形式做好本部工作。具体的工作任务是：组织好迎新晚会和元旦晚会；举办吉他培训班、舞蹈培训班和健美操训练班；组织一次音乐欣赏会或音乐知识讲座；招聘文娱部干事。

二、时间安排

1.9月初（第一、二周），筹备迎新晚会，向各班发通知组织节目，并确定彩排日期。

2. 9月中旬（第三周），发出招聘干事的启事，通过笔试、面试发掘新生中的人才，增强本部力量。

3. 9月下旬（第四周），组织节目彩排，并通过彩排选出晚会节目。组织晚会。

4. 10月上旬（第五、六周），举办一期吉他培训班。拟聘请××学校老师任教。

5. 10月中旬（第七、八周），举办舞蹈培训班，拟分初、中级两个班先后进行。拟聘请我校教师×××、×××任教。

6. 11月上旬（第九周），举办一次音乐欣赏会或音乐知识讲座，拟请我校美育教师××主讲。

7. 11月中旬（第十一周），协助搞好校运会的有关工作。

8. 11月下旬（第十二周），努力创造条件，举办一期女子健美操培训班，以满足广大女生的要求；筹备元旦晚会的节目，充分调动新生的积极性。

9. 12月中旬（第十五周），组织元旦晚会节目的彩排，选出正式演出的节目。

10. 12月下旬（第十六周），组织元旦晚会。

三、措施

1. 与学生会各部团结协作，组织好两次大型晚会。本着"分工不分家"的原则，搞好各项工作。

2. 各项工作分工明确，责任到人。

3. 增购舞曲CD盘。

四、各项活动所需资金

1. 需购舞曲CD盘2张，约100元。

2. 迎新、元旦两次大型文艺晚会，分别评出一等奖1名（200元）、二等奖2名（共200元）、三等奖3名（共240元）、表演奖5名（共250元）。每次合计890元，两次共计1 780元。

以上活动共需资金1 880元。

××××年7月10日

解析：

这是一份综合性计划。全文由标题、正文、落款组成，结构完整。开头为前言部分，阐述了制订计划的目的、意义及主要工作，是全文的总纲。正文分4个部分，依次说明"做什么"（任务）、"分几步做"（时间安排）、"如何做好"（措施）及其他事项（各项活动所需资金）。目标明确，步骤清晰，措施具体，切实可行，对于学生会文娱部开展工作具有较强的指导作用。

【相关知识】

计划是对未来一定时期内的工作目标、步骤、措施做出安排的一种应用文。具有预见性、明确性、指导性、可行性等特点。

计划是一个统称，依据不同的标准，可以把计划分成不同的种类：按内容分，有工作计划、生产计划、学习计划等；按性质分，有综合性计划、专题性计划等；按范围分，有单位计划、部门计划、个人计划等；按时间分，有长期计划、短期计划、月份计划等。

常见的计划格式有条文式、表格式、条文表格结合式3种。条文式计划主要是用叙述和说明的表达方式，分条分项地表述，内容、形式比较灵活，机关工作中的计划一般都采用条文式。表格式计划主要是用表格的形式体现计划的项目和内容，它侧重数据，其内容、项目基本上是固定的。这种形式的计划多用于经济领域中的各个部门，如销售类计划。条文与表格结合式计划主要是以文字说明为主，并辅以数据表格。企业生产经营计划、财务计划等一般都使用这种形式。

无论哪种形式的计划，其结构一般都包括标题、正文和落款三项。

一、标题

标题一般采用公文式或主副标题式。公文式标题通常由单位名称、时限、内容、文种组成，如《学生会文娱部×××—×××学年第一学期工作计划》。有的时候也可以省略制订单位、时限，如《工作计划》。主副式标题，主标题使用鼓动性或口号化的语言概括计划的主旨，副标题则为公文式标题，如《开拓创新　再创辉煌——××公司×××年第一季度生产计划》。

二、正文

正文即计划的内容，这部分是计划的主体。

条文式计划正文的结构一般包括前言和主体两个部分。

1. 前言。主要介绍制订计划的背景、依据，说明制订计划的目的和意义，一般以"特制订本计划"之类的语言结束。这部分是全文的导语，说明"为什么做"或"依据什么做""能不能做"的问题，无须展开叙述或论证，篇幅不宜太长，语言应准确鲜明、简练扼要，切忌套话、大话和空话。

2. 主体。由目标、步骤和措施3方面内容组成。目标、步骤、措施是计划的"三要素"，是计划的核心部分。只有做到目标明确、步骤清楚、措施具体，计划才是合理、可行的。目标，即要完成的任务和要达到的指标，解决"做什么""做到什么程度"的问题。提出任务时，要确定重点，分清主次；提出要求时，应写明数量和质量标准。步骤，即工作分几步做，每一步做什么，在什么时间做。这是工作的进程和时序，解决"分几步做"的问题，能使任务按时有序地进行。如案例中的"时间安排"部分，就具体说明了每个月的上旬、中旬、下旬分别做什么工作。措施，即为完成目标和任务应该采取的具体方法。这是实现计划的保证，是解决"怎么做"的关键。要写明达到既定目标需要的手段、办法，依靠和动员的力量，需创造的条件及排除的困难。对于力量的部署，要明确负责的主管部门、协同配合的单位，对于非常规、跨部门的任务，更要明确分工。此外还要写明检查、奖惩的事项。

表格式计划的主体，是通过填报数据反映计划事项的表格，其特点是把计划的内容数字化。从任务到项目，到执行单位或个人，以及完成时间等，都用表格表示。常见的课程表、日程表、周程表等，都是这类计划的简单样式。

条文与表格结合式，就是在叙述计划内容条文的同时，遇到较多的数据资料时，就将数据填写在表格中。

条文与表格结合式计划和表格式计划均使用表格，但文字与表格结合式计划，重点在文字，文字说明较全面、细致，在整个计划中比重较大；表格式计划，重点在表格，文字说明相当简略，所占比重较小。

三、落款

落款一般包括制订计划的单位和日期两项，写在正文的右下方。如果在标题中已冠以单位名称，落款就不必再写。日期一定要详写，包括年、月、日。个人计划，制订者的姓名不写在标题中，而写在落款处。

写作计划要注意：一是要从实际出发，量力而行。计划的任务、指标、措施要求等一定要实事求是，要对未来工作过程中可能出现的情况进行充分的评估，制订出有效的措施和步骤，以保证计划的顺利实施。二是内容要具体明确。计划的目标任务应该主次、轻重分明，任务的数量、质量要明确具体。三是语言要朴实明白。计划不需要生动形象的语言，一般使用通俗易懂的语言，但表达要清楚准确。

【写作实践】

一、阅读下面的计划，指出存在的问题，并修改。

××班本学期学习雷锋活动计划设想

为了搞好本学期学雷锋活动，特制订如下计划：

一、把学雷锋活动和专业学习紧密结合起来，要求每个同学认真学好各门功课，不得无故缺课、旷课。

二、把学雷锋活动和精神文明建设紧密结合起来，要求每个同学搞好个人和教室卫生，遵守校纪，尊敬老师，不吵嘴打架。

三、请校内外雷锋式人物做报告。

四、第四周结合学校安排的值周活动，多做好人好事。

五、第十周结合期中考试，学习雷锋的学习精神，好好学习，争取考出好成绩。

六、第十三周到放假，以雷锋精神对照自己，找出差距，总结经验，宣传典型。

七、大力提倡岗位学雷锋，真正把雷锋精神融入学习、生活中去。

××班
×年×月×日

二、请根据下面的材料，为××市蔬果公司制订第一季度反季节蔬菜生产的表格式计划。

为了更好地实施××市政府的菜篮子工程，为市民提供品种丰富的高质量蔬果，××市蔬果公司决定利用塑料大棚试验种植一些反季节蔬菜，以便积累经验后大面积推广。他们打算种植小白菜0.5亩，使用1号大棚地块，首次播种日期安排在2019年1月2日前，负责人为张××。因小白菜生长期短，要求在收获后及时整理地块继续播种，估计在第一季度小白菜的产量为××××千克。四季豆种植1亩，使用2号大棚地块，1月3日前播种，由王××负责，估计产量为××××千克。西红柿于1月2日前播种，青椒于1月4日前播种，各种植1亩，分别由李××和赵××负责，估计产量分别为××××千克和××××千克，使用3号和4、5号大棚。

语文综合实践

重读经典

赫尔曼·黑塞曾说，每一位思想家的每一部著作，每一位诗人的每一个诗篇，过一些年都会对读者呈现出新的、变化了的面貌，都将得到新的理解，在读者心中唤起新的共鸣。经典之所以成为经典，就是因为它不但历久弥新，而且常读常新。

请根据自己的兴趣，选择一篇或一部自己喜欢的经典作品，可以是文学、人文、哲学等方面的经典，个人认真阅读，或与同学共读。

任务一：我给大家读经典

"故书不厌百回读，熟读深思子自知"。经典作品，是需要大声读出来的。阅读诗歌，可以感受音乐美和形象美；阅读小说，可以欣赏典型的人物形象；阅读散文，可以探寻作者的内心世界……经典是人类思想所能达到的高峰，阅读经典，将让我们永远行走在追求完美的自我和高尚的精神境界之路上。请向同学朗读你阅读的经典。

要求：

1. 选择最能体现作品思想内容和艺术成就的片段或篇章，时间控制在3~5分钟。

2. 掌握并运用一定的诵读技巧。

3. 既可以个人读，也可以集体读，最好能配乐读。

任务二：我给大家荐经典

经典作品，不同的心情去读，会有不同的体验；不同的年龄去读，会有不同的感受。阅读经典，就是与经典对话。与文化经典对话，我们的思想会更加睿智；与文学经典对话，我们的灵魂会更加光亮；与科学经典对话，我们的精神会不断提升。

请在深度阅读的基础上，向同学们推荐你阅读的经典作品。

要求：

1. 在小组中以即席发言的形式交流读书心得。

2. 吸收同学的意见和建议，写作推荐文稿，参加班级"经典推介会"。

3. 通过班级群、微信等形式发布推荐文稿。

任务三：我要做"阅读达人"

一个民族的精神境界取决于民族的阅读水平；一个人的精神发育史，就是这个人的阅读史。阅读经典，不仅需要沉浸的状态，把自己放入其中；更需要批判的姿态，不要轻易被经典俘虏。只有这样，才能举一反三，才能对经典产生新的认识。请你把阅读经典作品时产生的新的认识写下来。如果你的认识有独创性或者思辨性，你将是我们的"阅读达人"。

要求：

1. 围绕经典著作的某一个方面写一篇解读文字，要有一定的独创性、思辨性。

2. 在小组交流，小组推选出优秀作品，进入班级交流环节。

3. 班级交流可以将书面发言和答辩相结合，评委投票和班级成员投票相结合，推出最佳作品，授予作者"阅读达人"称号。

孔子说："温故而知新。"常读经典，将帮助我们在喧嚣的尘世中获得宁静，在纷繁的路上坚定前行的方向。让我们拿起经典，常读经典，在阅读的过程中丰富我们的精神世界！

郑重声明

高等教育出版社依法对本书享有专有出版权。任何未经许可的复制、销售行为均违反《中华人民共和国著作权法》，其行为人将承担相应的民事责任和行政责任；构成犯罪的，将被依法追究刑事责任。为了维护市场秩序，保护读者的合法权益，避免读者误用盗版书造成不良后果，我社将配合行政执法部门和司法机关对违法犯罪的单位和个人进行严厉打击。社会各界人士如发现上述侵权行为，希望及时举报，我社将奖励举报有功人员。

反盗版举报电话　　（010）58581999　58582371

反盗版举报邮箱　dd@hep.com.cn

通信地址　北京市西城区德外大街4号　高等教育出版社法律事务部

邮政编码　100120

读者意见反馈

为收集对教材的意见建议，进一步完善教材编写并做好服务工作，读者可将对本教材的意见建议通过如下渠道反馈至我社。

咨询电话　400-810-0598

反馈邮箱　zz_dzyj@pub.hep.cn

通信地址　北京市朝阳区惠新东街4号富盛大厦1座
　　　　　高等教育出版社总编辑办公室

邮政编码　100029

防伪查询说明

用户购书后刮开封底防伪涂层，使用手机微信等软件扫描二维码，会跳转至防伪查询网页，获得所购图书详细信息。

防伪客服电话

（010）58582300

学习卡账号使用说明

一、注册/登录

访问http://abook.hep.com.cn/sve，点击"注册"，在注册页面输入用户名、密码及常用的邮箱进行注册。已注册的用户直接输入用户名和密码登录即可进入"我的课程"页面。

二、课程绑定

点击"我的课程"页面右上方"绑定课程"，在"明码"框中正确输入教材封底防伪标签上的20位数字，点击"确定"完成课程绑定。

三、访问课程

在"正在学习"列表中选择已绑定的课程，点击"进入课程"即可浏览或下载与本书配套的课程资源。刚绑定的课程请在"申请学习"列表中选择相应课程并点击"进入课程"。

如有账号问题，请发邮件至：4a_admin_zz@pub.hep.cn。